CB059724

Dia a dia com

JONATHAN EDWARDS

DEVOCIONAL DIÁRIO

Publicações
Pão Diário

Dia a dia com

JONATHAN EDWARDS

DEVOCIONAL DIÁRIO

Compilado e editado por
Randall J. Pederson

Jonathan EDWARDS

Originally published in English under the title
Day by Day with Jonathan Edwards by Randall J. Pederson
Copyright © 2018 by Hendrickson Publishers
Peabody, MA, 01961, U.S.A.
All rights reserved.

COORDENAÇÃO EDITORIAL: Dayse Fontoura
TRADUÇÃO: Cláudio F. Chagas
REVISÃO: Dalila de Assis, Dayse Fontoura, Lozane Winter, Rita Rosário, Thaís Soler
PROJETO GRÁFICO: Audrey Novac Ribeiro
CAPA: Audrey Novac Ribeiro
DIAGRAMAÇÃO: Rebeka Werner

Dados Internacionais de Catalogação na Publicação (CIP)

Pederson, Randall J.
Dia a dia com Jonathan Edwards
Tradução: Cláudio F. Chagas – Curitiba/PR, Publicações Pão Diário.
Título original: *Day by day with Jonathan Edwards*
1. Teologia prática   2. Religião prática
3. Vida cristã   4. Meditação e devoção

Proibida a reprodução total ou parcial sem prévia autorização, por escrito, da editora.
Todos os direitos reservados e protegidos pela Lei 9.610, de 19/02/1998.
Permissão para reprodução: permissao@paodiario.org

Exceto quando indicado o contrário, os trechos bíblicos mencionados são da edição
Revista e Atualizada de João F. de Almeida © 2009 Sociedade Bíblica do Brasil.

Publicações Pão Diário
Caixa Postal 4190
82501-970 Curitiba/PR, Brasil
publicacoes@paodiario.org
www.publicacoespaodiario.com.br
Telefone: (41) 3257-4028

Capa dura: QF646
ISBN: 978-1-68043-616-7
Capa couro: SJ027
ISBN: 978-1-68043-668-6

1.ª edição 2019
2.ª impressão 2020

Impresso na China

Prefácio

Jonathan Edwards é uma figura colossal do início da história dos Estados Unidos. Nascido no início do século 18 em East Windsor, Connecticut, Edwards cresceu em um mundo que estava no limiar de uma transformação. O mundo puritano centrado em Deus estava sendo substituído, em escala generalizada, por uma religião mais formal e racionalista. Em meio a esse complexo clima cultural, Edwards promoveu uma forma de devoção sincera frequentemente ignorada no contexto em que vivia. Essa convicção levou Edwards a instigar e sustentar os enormes reavivamentos nas colônias da América do Norte conhecidos como o Primeiro Grande Despertamento. Nesses avivamentos, ele procurou promover a obra de Cristo na alma do pecador, defender o agir do Espírito daqueles que tentavam impedir o avivamento, e provar que Deus não havia se esquecido da Nova Inglaterra.

O que era válido para Edwards, mais de 250 anos atrás, ainda é relevante no presente. Ao lê-lo, você será impactado, desafiado e consolado. Sentir-se-á chamado a uma maior consciência de si mesmo e das coisas de Deus. Para Edwards, o cristianismo é um assunto sério que abrange a vida e a morte. Nós precisamos desse grande pregador, não apenas como um exemplo de como a mente e a fé podem (e devem) agir juntas, mas como um rememorador. Edwards nos lembra de que Deus está nos detalhes — que, independentemente de onde estejamos ou o que façamos, Deus está conosco. Isso deve ser reconfortante para quem crê, mas aterrorizante para quem duvida.

Recentemente, tive o privilégio de ler Edwards em uma aula no *Calvin Theological Seminary*. Nossas discussões foram úteis para compreendê-lo — um homem inebriado pela glória de Cristo. Devo reconhecer com gratidão o Dr. John Bolt, que, mais do que qualquer outra pessoa, ajudou a vivificar Edward em minha mente. Também desejo reconhecer minha grande dívida com o Dr. George M. Marsden, não somente por suas sugestões para este livro, mas por sua útil biografia *Jonathan Edwards: A Life* (Jonathan Edwards: Uma vida). Como Marsden mostra, Edwards não era apenas a força por trás do Grande Despertamento, mas também um marido, pai e amigo amoroso.

Agradecimentos são devidos ao Dr. Kenneth P. Minkema, o atual editor de *The Works of Jonathan Edwards*, de Yale, por fornecer várias transcrições inéditas para este livro. Meus sinceros agradecimentos vão também para Sara Scott e Dawn Harrell por sua inestimável ajuda em tornar este projeto uma realidade; e, como sempre, para minha esposa Sarah, sem a qual nem isto nem tantas outras coisas poderiam ser feitas.

Minha oração é que você cresça mais na consciência da soberania e eminente beleza de Deus; que, como Edwards, você seja arrebatado com o amor divino.

Randall J. Pederson

Jonathan
EDWARDS

Jonathan Edwards
(1703-1758)

COMO A FORÇA por trás do Primeiro Grande Despertamento, Jonathan Edwards foi um defensor do zelo religioso em seu tempo; por isso, não admira que estudiosos seculares e religiosos tenham concordado com sua importância na história dos Estados Unidos. Os tesouros provenientes da caneta de Edwards têm sido minerados, ponderados e avaliados até os dias atuais. Seu famoso sermão "Pecadores nas mãos de um Deus irado" é lido e estudado nas escolas públicas dos EUA como uma amostra da literatura de seu tempo. Alunos de história dos EUA têm grande consideração aos escritos científicos, filosóficos e psicológicos de Edwards; estudiosos consideram o trabalho de Edwards sobre avivamentos como insuperável em análise e abrangência. Cristãos continuam a ler seus sermões com grande apreciação por sua rica doutrina, estilo claro e contundente e representação poderosa da majestade de Deus, da pecaminosidade e do poder de Cristo para salvar.

Ainda assim, nem todos concordam acerca do lugar de Edwards na história do pensamento cristão. Estudiosos continuam a debater suas reflexões filosóficas, sua fidelidade a certas doutrinas calvinistas históricas e sua influência sobre as gerações subsequentes. Conforme observa Iain H. Murray, "Edwards dividiu os homens durante sua vida e continua igualmente a dividir os seus biógrafos".[1]

Como mostra o enorme corpo de seus escritos, Edwards era intelectualmente brilhante, multifacetado em seus interesses e incrivelmente criativo. Espiritualmente, era profundo, reflexivo, experiencial e intenso. Ainda cedo, desenvolveu o hábito do autocontrole e a capacidade de incansável labuta. Embora trabalhando em lugares distantes dos centros culturais de sua sociedade, Edwards influenciou muitas pessoas enquanto viveu e lançou uma extensa sombra ao longo das gerações seguintes.

Jonathan Edwards nasceu em 5 de outubro de 1703 em East Windsor, Connecticut. Era filho do Rev. Timothy Edwards e de Esther Stoddard, filha do Rev. Solomon Stoddard, de Northampton. O pai e o avô materno de Edwards influenciaram fortemente sua educação e carreira. Solomon Stoddard serviu durante 60 anos como ministro da igreja paroquial de Northampton, Massachusetts. Ele era uma força poderosa no púlpito, um líder das igrejas do oeste de Massachusetts, e ao longo do rio Connecticut, e um escritor empolgante. Timothy Edwards era altamente instruído e também muito conhecido como pregador e, como Stoddard, não era estranho a avivamentos religiosos.

Como fizeram muitos outros ministros naquela época, Timothy Edwards teve em sua casa uma escola de gramática, preparando meninos para a *Collegiate School* de Connecticut, que passou a ser conhecida como Yale College após 1718. A escola foi fundada em 1701 como uma alternativa congregacionalista ortodoxa ao *Harvard College*, onde os partidos dominantes eram hostis às ideias propostas em *Way of the Churches of Christ in New-England* (Caminho das igrejas de Cristo na Nova Inglaterra), de John Cotton, ou, no mínimo, favoráveis ao episcopalismo.

Edwards recebeu sua formação educacional inicial na escola de seu pai. Aos 12 anos, foi para a Collegiate School, que ainda não tinha uma sede permanente. Várias cidades estavam competindo

---

[1] Iain H. Murray, Jonathan Edwards: A New Biography (Edinburgh; Carlisle, Pa.: Banner of Truth Trust, 1987; reimpr., Edinburgh: Banner of Truth, 2003), p. xix.

pela honra de ser a anfitriã da instituição nascente. Edwards foi até o local mais próximo, Wethersfield, situado rio abaixo de Windsor, para iniciar seus estudos com Elisha Williams. Quando, finalmente, a faculdade se alocou em New Haven em 1716, sob o reitorado de Timothy Cutler, Edwards foi para essa localidade. Foi o melhor aluno de sua classe e, em 1720, recebeu o grau de Bacharel em Artes. Edwards permaneceu em Yale para cursar um mestrado.

A vida espiritual de Edwards foi influenciada por diversos fatores. Seus pais, cristãos fervorosos e cultos, ofereceram um exemplo piedoso e encorajaram Edwards em direção à piedade. Ele passou por vários períodos de convicções espirituais em sua infância e juventude, que culminaram em sua conversão em 1721, após ser convencido pelas palavras de Paulo: "Assim, ao Rei eterno, imortal, invisível, Deus único, honra e glória pelos séculos dos séculos. Amém!" (1 TIMÓTEO 1:17). Mais tarde, ele escreveu:

> *Quando li [essas] palavras, entrou em minha alma... uma percepção da glória do Ser divino; uma nova percepção, muito diferente de qualquer coisa que eu já havia experimentado. [...] Eu continuava falando e, por assim dizer, cantando sobre aquelas palavras das Escrituras para mim mesmo e passei a orar a Deus para que eu pudesse apreciá-lo. [...] A partir daquele momento, comecei a ter um novo tipo de entendimento e ideias acerca de Cristo, da obra da redenção e do glorioso caminho da salvação por meio dele. E minha mente ficou muito empenhada em dedicar meu tempo a ler e meditar em Cristo, na beleza de Sua pessoa e no adorável caminho da salvação nele por pura graça.*[2]

A carreira ministerial de Edwards começou em 1722, com uma breve permanência de oito meses na cidade de Nova Iorque. Havia atritos entre os membros ingleses da Primeira Igreja Presbiteriana e a maioria escocesa-irlandesa, liderada pelo ministro escocês James Anderson. Os ingleses acabaram se retirando e começaram a reunir-se separadamente. Edwards aceitou o convite para pregar a eles. Mais adiante, ele escreveu:

---

[2] Extraído de Jonathan Edwards, "A Personal Narrative".

> *Fui a Nova Iorque para pregar, e meus anseios por Deus e por santidade aumentaram muito. Senti um desejo ardente de estar, em tudo, conforme a bendita imagem de Cristo... como eu deveria ser mais santo e viver em maior santidade... eu desejava um Céu de santidade, estar com Deus e passar minha eternidade e santa comunhão com Cristo.[3]*

Em abril de 1723, Edwards foi persuadido por seu pai a retornar a Connecticut. Após concluir o mestrado em Yale, ele discursou em uma cerimônia de formatura. O título de seu discurso era "Um pecador não é justificado perante Deus exceto pela justiça de Cristo obtida por fé". Naquele mês de novembro, Edwards atendeu a um chamado para a igreja paroquial de Bolton, aproximadamente 24 km a leste de Hartford.

No ano seguinte, Edwards retornou a New Haven para servir como tutor na faculdade. Yale estava em convulsão devido à decisão do reitor Timothy Cutler, em 1722, de abandonar o congregacionalismo e retornar à Igreja da Inglaterra. Nenhum candidato adequado concordaria em substituí-lo; por isso, a faculdade ficou nas mãos de um reitor temporário. Cada ministro local servia durante um mês em rodízio, enquanto os aproximadamente 40 alunos eram deixados sob os cuidados de dois tutores. Os alunos eram um grupo de desordeiros, o que acrescentava disciplina ao pesado fardo de ensino de Edwards. Ele permaneceu ali até 1726, quando recebeu um chamado do povo de Northampton, Massachusetts, para subir o rio e servir como assistente de seu avô idoso, Solomon Stoddard. Edwards foi empossado em 15 de fevereiro de 1727 e se tornou o único ministro da igreja paroquial quando Stoddard morreu em 1729.

Enquanto estava em New Haven, Edwards fez amizade com Sarah Pierrepont, que conheceu quando tinha 16 anos e ela, apenas 13. A amizade floresceu em romance e os dois se casaram oito anos depois, em 1727, após Edwards estabelecer-se em Northampton. Seus 11 filhos foram o início de uma grande progênie que influenciou grandemente a vida e a história da Nova Inglaterra.

---

[3]Extraído de Jonathan Edwards, "A Personal Narrative".

A vida espiritual de Edwards foi aperfeiçoada por várias provações e dificuldades. Às vezes, ele agonizava acerca de decisões; às vezes, sofria breves períodos de exaustão, depressão e enfermidade grave (certo episódio foi tão grave que, depois, Edwards disse que Deus o havia levado e sacudido sobre o poço do inferno); e, frequentemente, enfrentava problemas e desafios no pastorado, bem como em sua vida pessoal e familiar. Como verdadeiro puritano, Edwards procurava discernir a mensagem da Providência em todos os acontecimentos e aprimorar-se espiritualmente em tudo que lhe acontecia, quer bom ou ruim.

Edwards se envolveu no Grande Despertamento, iniciado em 1740, e se tornou um dos mais capazes defensores e instrumentos do avivamento. Ele pregou "Pecadores nas mãos de um Deus irado" (DEUTERONÔMIO 32:35) em Enfield, Connecticut, em 8 de julho de 1741. A congregação foi profundamente impactada. Uma testemunha escreveu: "Antes de o sermão terminar, houve um grande gemido e clamor em toda a casa: 'O que devo fazer para ser salvo? Ó, irei para o inferno! Ó, o que devo fazer por Cristo?'". Edwards pediu silêncio, mas o tumulto aumentou até que Edwards teve que parar de pregar. Um monumento ao sermão está ainda hoje no local de reuniões de Enfield.[4]

Edwards permaneceu em Northampton até 1750, quando se envolveu em controvérsias sobre quem deveria participar da Ceia do Senhor. Solomon Stoddard havia ensinado que o sacramento poderia ser uma "ordenança de conversão" à qual qualquer pessoa batizada de vida irrepreensível deveria ser admitida. Edwards se opôs a essa visão, dizendo que somente pessoas que professassem ser convertidas e estivessem produzindo os frutos da conversão em sua vida deveriam ser recebidas à Mesa do Senhor. Como corolário, Edwards disse que o batismo deveria ser administrado somente aos filhos de cristãos que tivessem feito uma profissão de fé crível. Isso era contrário à prática, há muito estabelecida, da conhecida "Aliança do meio-caminho", como era chamada a visão de Stoddard. A controvérsia da Comunhão resultou na demissão de Edwards como

---

[4] "The Diary of Stephen Williams" in Oliver Means, A Sketch of the Strict Congregation Church of Enfield, Connecticut (Hartford, 1899).

ministro. No ano seguinte, Edwards deixou Northampton com sua família, refugiando-se no assentamento de fronteira de Stockbridge como missionário para os índios.

Em 1758, Edwards aceitou ser o presidente do College of New Jersey, em Princeton. Ele deixou sua família naquele mês de janeiro, "carinhosamente como se não fosse voltar", escreveu uma de suas filhas; ao partir, voltou-se para a esposa e disse: "Eu entrego você a Deus".[5]

Edwards pregou seu sermão inaugural em Princeton acerca de Hebreus 13:8 — "Jesus Cristo, ontem e hoje, é o mesmo e o será para sempre". O sermão durou mais de duas horas e causou grande impacto sobre seus ouvintes. Durante sua permanência em Princeton, Edwards esperava completar dois grandes tratados: um mostrando "A harmonia entre o Antigo e o Novo Testamentos" e o outro, um extenso tratado sobre "A história da obra da Redenção". Entretanto, Edwards não viveu o suficiente para concluir esses trabalhos. Em 22 de março de 1758, após apenas alguns meses em Princeton, ele morreu de complicações devido a uma vacina contra varíola.

Edwards é frequentemente lembrado por passar 13 horas por dia estudando. Os leitores modernos podem se inspirar ou se assustar com isso, mas devemos perceber que, naquele tempo, a maioria dos obreiros dedicava aproximadamente essa quantidade de tempo como cumprimento de seu chamado. Sob tais circunstâncias, Edwards teria sido diligente e fiel ao seu chamado, não demasiadamente comprometido com o estudo ou desequilibrado em seu uso do tempo. Dessas longas horas de estudo, e especialmente do período de relativo isolamento em Stockbridge, veio o vasto corpo dos escritos de Edwards.

Entretanto, o efeito da visão teológica desse gigante espiritual sobre o cristianismo da Nova Inglaterra tem sido alvo de acalorado debate. Alguns dizem que Edwards forneceu o impulso para levar a Nova Inglaterra além do pensamento primitivo de seus fundadores. Nesse sentido, Edwards foi um verdadeiro filósofo.

---

[5]Carol F. Karlson and Laurie Crumpacker, eds., The Diary of Esther Edwards Burr: 1754–1757 (Yale University Press, 1984), p. 302.

Outros dizem que Edwards foi o último representante da teologia e do pensamento puritanos no Novo Mundo, onde o puritanismo seria, mais tarde, desdenhado. Um terceiro grupo encontra pouca culpa em Edwards ou em sua teologia, mas acusa seus seguidores de se desviarem das verdades que inspiraram o próprio Edwards. Embora ele tenha enfatizado a vida piedosa, alguns de seus sucessores descartaram a base biblicamente reformada que apoiava essa piedade quando tentaram adotar as visões e os métodos mais especulativos de Edwards. Isso, por sua vez, fomentou um declínio do calvinismo doutrinário e experimental na Nova Inglaterra. Esse grupo sustenta que Edwards foi um teólogo-filósofo cuja visão morreu com ele.

Talvez a avaliação mais precisa de Edwards seja uma combinação dessas três visões. Edwards era um profundo teólogo, como podem atestar os leitores de *O fim para o qual Deus criou o mundo*. Edwards foi também um ministro com grande sensibilidade pastoral — considere seu livro *Afeições religiosas* (Vida Nova, 2018). Os conhecimentos mais recentes se focaram na metafísica de Edwards, recolhida primariamente de seus escritos científicos (por exemplo, *The Philosophical Theology of Jonathan Edwards* (A teologia filosófica de Jonathan Edwards), de Sang Hyun Lee [2000], e *Jonathan Edwards: Philosophical Theologian* (Jonathan Edwards: teólogo filósofo), de Paul Helm [2003]. Qualquer que seja a opinião que se possa ter sobre Edwards, todos concordam que seus escritos, especificamente seus sermões, são amostras proveitosas de um dos melhores e últimos puritanos dos Estados Unidos.

Randall J. Pederson
Joel R. Beeke

ZELOSO POR SUA GLÓRIA

*Porque zelo por vós com zelo de Deus;
visto que vos tenho preparado para vos apresentar
como virgem pura a um só esposo, que é Cristo.*
2 CORÍNTIOS 11:2

O amor de Cristo por um verdadeiro cristão é tão grande que Ele é zeloso por seu bem-estar, e nada jamais o provocará mais do que ver alguém prejudicar um filho Seu. "Qualquer, porém, que fizer tropeçar a um destes pequeninos..." (MATEUS 18:6). E tal é o espírito de um cristão em relação a Cristo que ele é zeloso por Sua glória; ele tem um espírito de zelo pela glória do seu Redentor, e nada o entristecerá e ofenderá mais do que vê-lo desonrado e Seu quinhão sofrendo. Cristo e a alma do verdadeiro cristão têm complacência mútua, e Ele tem especialmente deleite no cristão: "...como o noivo se alegra da noiva, assim de ti se alegrará o teu Deus" (ISAÍAS 62:5). Cristo se agrada e se compraz extremamente nas graças e virtudes do cristão, naquela beleza e amabilidade que Ele colocou nele: "Arrebataste-me o coração..." (CÂNTICO DOS CÂNTICOS 4:9).

Cristo se deleita nas graças e virtudes do cristão.

Jonathan Edwards

ACIMA DE TUDO

Quem mais tenho eu no céu?
Não há outro em quem eu me compraza na terra.
SALMO 73:25

Está no espírito de um homem piedoso preferir Deus acima de todas as outras coisas da Terra. E o deleite de Deus, pelo qual esse homem espera daqui para frente, é melhor do que qualquer coisa deste mundo. Os santos preferem, acima de todas as coisas, o que pode ser obtido de Deus neste mundo. Eles não apenas preferem aquela gloriosa vastidão do deleite de Deus prometida para a eternidade em vez de qualquer coisa deste mundo, mas também preferem tudo aquilo que pode ser alcançado de Deus aqui, neste estado presente, embora ainda não possam ter muito do que será desfrutado no Céu. Há uma grande diferença nas realizações espirituais dos santos neste mundo. Alguns alcançam muito maior conhecimento e comunhão com Deus, e conformidade com Ele, do que outros. Porém, as maiores realizações são muito pequenas em comparação com o que haverá no futuro. O santo prefere aquilo que já tem de Deus acima de qualquer coisa do mundo. Aquilo que foi infundido em seu coração, em sua conversão, é para ele mais precioso do que qualquer coisa que o mundo possa lhe proporcionar. Ele não abriria mão do conhecimento e da intimidade que tem com Deus por qualquer coisa que o mundo possa lhe oferecer. As visões da beleza e excelência de Deus que, às vezes, são dadas a ele lhe são mais preciosas do que todos os tesouros dos perversos. Ele valoriza mais a imagem de Deus estampada em sua alma do que qualquer ornamento terreno.

O santo prefere aquilo que já tem de Deus
acima de qualquer coisa do mundo.

Jonathan Edwards

ATENÇÃO GRACIOSA

*Como um pai se compadece de seus filhos,
assim o Senhor se compadece dos que o temem.*
SALMO 103:13

Cristo tem infinita compaixão. Ninguém é tão inferior ou tem tão baixa posição que a condescendência de Cristo não seja suficiente para lhe dar uma graciosa atenção. Ele condescende não somente com os anjos, humilhando-se para contemplar as coisas que são feitas no Céu, mas também condescende com criaturas tão pobres quanto os homens; e isso não somente ao notar príncipes e grandes homens, mas também ao observar os que pertencem às posições mais simples, "os que para o mundo são pobres" (TIAGO 2:5). Cristo não despreza os que são comumente desprezados por seus semelhantes. "...Deus escolheu as coisas humildes do mundo, e as desprezadas..." (1 CORÍNTIOS 1:28). Cristo condescende para dar atenção a mendigos (LUCAS 16:22) e às pessoas das nações mais desprezadas. Em Cristo Jesus não há "...bárbaro, cita, escravo, livre..." (COLOSSENSES 3:11). Aquele que é, assim, elevado condescende ao dar graciosa atenção a criancinhas: "...Deixai os pequeninos, não os embaraceis de vir a mim..." (MATEUS 19:14). Sim, e ainda mais, Sua condescendência é suficiente para atentar graciosamente para as criaturas mais indignas e pecaminosas, as que não merecem bem algum e as que merecem um mal infinito. Sim, tão grande é a Sua condescendência que não é apenas suficiente dar uma atenção graciosa a esses, mas... suficientemente grande para tornar-se seu amigo, para se tornar seu companheiro, para unir suas almas a Ele em casamento espiritual.

Cristo condescende para dar atenção a mendigos.

Jonathan Edwards

A CASA DE DEUS

Na casa de meu Pai há muitas moradas...
JOÃO 14:2

O Céu é a casa onde Deus habita com Sua família. Deus é representado nas Escrituras como tendo uma família; embora alguns membros dessa família estejam agora na Terra, ainda assim estão no exterior e não em casa, mas todos voltando para casa... O Céu é o lugar que Deus edificou para si e para os Seus filhos. Deus tem muitos filhos e o lugar designado para eles é o Céu; portanto, os santos, sendo filhos de Deus, são considerados membros da família de Deus. "Assim, já não sois estrangeiros e peregrinos, mas concidadãos dos santos, e sois da família de Deus" (EFÉSIOS 2:19). Deus é representado como dono da casa ou chefe de uma família, e o Céu é a Sua casa. O Céu é a casa não só onde Deus tem Seu trono, mas também onde, por assim dizer, mantém Sua mesa, à qual Seus filhos se sentam em Sua presença e onde eles são banqueteados de maneira real, tornando-se filhos de um Rei tão grandioso. "[Para] que comais e bebais à minha mesa no meu reino..." (LUCAS 22:30); "E digo-vos que, desta hora em diante, não beberei deste fruto da videira, até aquele dia em que o hei de beber, novo, convosco no reino de meu Pai" (MATEUS 26:29). Deus é o Rei dos reis, e o Céu é o lugar onde Ele mantém a Sua corte.

Deus é o Rei dos reis,
e o Céu é onde Ele mantém a Sua corte.

Jonathan Edwards

TEMORES ATERRORIZANTES

Cada um servirá de esconderijo contra o vento, de refúgio contra a tempestade, de torrentes de águas em lugares secos e de sombra de grande rocha em terra sedenta.

ISAÍAS 32:2

Há dois tipos de medos e perigos aos quais os homens estão sujeitos: os temporários e os eternos. Os homens estão frequentemente angustiados por medo de males temporais. Vivemos em um mundo mau, onde estamos sujeitos a abundância de tristezas e calamidades. Grande parte de nossa vida é despendida em tristezas por males presentes ou passados e em temores quanto aos males futuros. Que criaturas pobres e angustiadas nós somos quando agrada a Deus enviar Seus juízos entre nós! Se Ele visita um lugar com enfermidade mortal e prevalente, que terror nos aperta o coração! Se alguém adoece e treme por sua vida, ou se nossos amigos próximos estão à beira da morte, ou em muitos outros perigos, quão temeroso é o nosso estado! Porém, há base suficiente para paz e segurança para pessoas acostumadas a tais medos e levadas a tais perigos. Somente Cristo é um refúgio em toda tribulação; há nele um fundamento para apoio racional e paz, independentemente do que nos ameace. Aquele cujo coração é firme, confiante em Cristo, não precisa ter medo de qualquer má notícia. "Como em redor de Jerusalém estão os montes, assim Cristo está em redor dos que o temem".

Contudo, há um outro tipo de medo e perigo pelo qual temos grande respeito: o medo e perigo da ira de Deus. Uma consciência aterrorizada, a expectativa temerosa dos terríveis frutos do pecado e a indignação de um Deus irado: esses são os mais infinitamente

Jonathan Edwards

terríveis temores. Se os homens estiverem sob perigo dessas coisas e não estiverem adormecidos, ficarão mais aterrorizados do que com os medos de qualquer mal exterior. Os homens estão em um estado deplorável por estarem naturalmente expostos à ira de Deus; e, se forem sensatos, por mais triste que seja o seu caso, terão medos terríveis e expectativas sombrias.

CONHECENDO A DEUS

*...por isso mesmo, vós, reunindo
toda a vossa diligência, associai com a vossa fé
a virtude; com a virtude, o conhecimento.*
2 PEDRO 1:5

As verdades divinas não dizem respeito apenas aos ministros, mas têm infinita importância para todos os cristãos. Não ocorre com a doutrina da divindade o mesmo que ocorre com as doutrinas da filosofia e de outras ciências. Essas últimas são, geralmente, pontos especulativos, de pouca importância na vida humana; e as conhecermos ou não pouquíssimo alterará a questão dos nossos interesses temporais ou espirituais. Os filósofos diferem entre si, alguns tendo uma opinião e outros, outra. E, enquanto estão engajados em disputas acaloradas sobre essas opiniões, outros podem deixá-los disputar entre si, sem esquentar a cabeça quanto a eles, pouco lhes interessando se um ou outro está certo. Porém, não é assim nas questões quanto à divindade. Essas doutrinas interessam a quase todos. Elas tratam das coisas relacionadas à salvação e felicidade eternas de todo homem. As pessoas comuns não podem dizer: "Deixemos essas questões para os ministros e clérigos; que eles as disputem entre si como puderem; elas não nos interessam" — pois têm infinita importância para todo homem. Aquelas doutrinas que se relacionam à essência, aos atributos e à existência de Deus dizem respeito a todos; pois tem infinita importância, tanto para as pessoas comuns quanto para os ministros, saber que tipo de ser Deus é. Porque Ele é o Ser que criou a todos nós, em quem "vivemos, e nos movemos, e existimos", que é o Senhor de todos. O Ser a quem todos devemos prestar contas; que é o último fim do nosso ser e a única fonte de nossa felicidade.

Jonathan Edwards

INFINITAMENTE DEVEDORES

...porque Deus é quem efetua em vós tanto o querer como o realizar, segundo a sua boa vontade. FILIPENSES 2:13

É pela vontade de Deus que Cristo se torna nosso, que somos levados ao Pai e que estamos unidos a Ele. É pela vontade de Deus que recebemos a fé para sermos íntimos dele, para podermos nos interessar por Ele. "Porque pela graça sois salvos, mediante a fé; e isto não vem de vós; é dom de Deus" (EFÉSIOS 2:8). É pela vontade de Deus que realmente recebemos todos os benefícios que Cristo comprou. É Deus quem perdoa e justifica, e livra de ir para o inferno; e os remidos são recebidos junto ao Seu favor quando justificados. Assim, é Deus quem nos liberta do domínio do pecado, quem nos purifica de nossa imundícia e quem nos transforma de nossa deformidade. É pela vontade de Deus que os redimidos recebem toda sua verdadeira excelência, sabedoria e santidade; e isso de duas formas, a saber: como o Espírito Santo é de Deus, procede dele e é enviado por Ele, é por esse Espírito que essas coisas são imediatamente efetuadas; e é também pela ação e habitação do próprio Espírito Santo, que é Deus, que são conferidos e sustentados o conhecimento de Deus e das coisas divinas, uma disposição santa e toda a graça. E, embora sejam usados meios para conferir graça à alma humana, ainda assim é pela vontade de Deus que temos esses meios da graça, e é Ele quem os torna eficazes. É pela vontade de Deus que temos as Sagradas Escrituras; elas são a Sua palavra. É pela vontade de Deus que temos as ordenanças, e sua eficácia depende da influência imediata de Seu Espírito. Os ministros do evangelho são enviados por Deus e toda a sua suficiência vem dele. "Temos, porém, este tesouro em vasos de barro, para que a excelência do poder seja de Deus e não de nós" (2 CORÍNTIOS 4:7). O sucesso deles depende inteira e absolutamente da bênção e influência imediatas de Deus.

Jonathan Edwards

CONSIDERE O TEMPO

Passou a sega, findou o verão,
e nós não estamos salvos.
JEREMIAS 8:20

Deus lhe entregou este precioso talento. Você tem tido muito tempo. Você já teve muito tempo que passou. E o tempo é tão valioso para você quanto para os outros, quer você seja consciente do valor dele ou não. Você tem uma eternidade diante de si. Quando Deus criou você e lhe deu uma alma racional, Ele o fez para a eternidade e lhe deu tempo aqui para preparar-se para ela. E a sua eternidade futura depende de seu aproveitamento do tempo. Considere, portanto, o que você fez com o seu tempo passado. Você não está começando agora o seu tempo; mas muito dele está no passado e não voltará, e nem toda a sabedoria e o poder do Universo serão capazes de recuperá-lo. Como você o dispendeu? Permita à sua própria consciência responder. Muitos de vocês poderão concluir que metade do seu tempo se foi. Se você viver até a idade normal do homem, a sua ampulheta está mais de metade vazia e talvez restem poucos grãos de areia; o seu sol passou do meridiano e talvez esteja se pondo ou entrando em um eclipse eterno. Considere, portanto, como você poderá prestar contas do aproveitamento que fez em seu tempo passado. De que maneira você deixou as preciosas areias douradas de sua ampulheta se esvaírem?

Considere, portanto, como você poderá prestar contas
de seu tempo que passou.

Jonathan Edwards

LONGANIMIDADE

*Mas tu, Senhor, és Deus compassivo
e cheio de graça, paciente e grande
em misericórdia e em verdade.*

SALMO 86:15

Frequentemente, Deus usa muitos meios para levar homens iníquos a abandonar seus pecados. Em Sua Palavra, Deus declara que não tem prazer na morte de um pecador e que este deve abandonar seus pecados e viver. "Acaso, tenho eu prazer na morte do perverso? — diz o SENHOR Deus; não desejo eu, antes, que ele se converta dos seus caminhos e viva?" (EZEQUIEL 18:23). E, novamente, no versículo 32: "Porque não tenho prazer na morte de ninguém, diz o SENHOR Deus. Portanto, convertei-vos e vivei". E, mais adiante, Deus jura a mesma coisa: "Dize-lhes: Tão certo como eu vivo, diz o SENHOR Deus, não tenho prazer na morte do perverso, mas em que o perverso se converta do seu caminho e viva. Convertei-vos, convertei-vos dos vossos maus caminhos; pois por que haveis de morrer, ó casa de Israel?" [N.T.: EZEQUIEL 33:11]. Certamente, seria horrível soberba questionarmos isso após Deus ter jurado por Sua vida a Sua veracidade. O mesmo nos é dito no Novo Testamento pelo apóstolo. "Isto é bom e aceitável diante de Deus, nosso Salvador, o qual deseja que todos os homens sejam salvos e cheguem ao pleno conhecimento da verdade" (1 TIMÓTEO 2:3,4); "...o Senhor [...] é longânimo para convosco, não querendo que nenhum pereça, senão que todos cheguem ao arrependimento" (2 PEDRO 3:9). E, portanto, em Sua providência, Deus se mostra tardio em irar-se, e costuma usar muitos meios com os pecadores para levá-los a abandonar seus pecados antes que Ele desista deles. Assim, o Espírito de Deus lutou longamente com o mundo

Jonathan Edwards

antigo antes de o destruir. "...O meu Espírito não agirá para sempre no homem, pois este é carnal; e os seus dias serão cento e vinte anos" (GÊNESIS 6:3). Deus enviou Ló, um pregador de justiça, para converter os habitantes de Sodoma de seus pecados antes de Ele os destruir. Assim também, Ele não destruiu o faraó, de coração empedernido, antes de ter usado muitos homens para torná-lo disposto a submeter-se aos mandamentos de Deus.

O FALSO E O VERDADEIRO

...invocará a Deus em todo o tempo?
JÓ 27:10

Os hipócritas nunca receberam o espírito de oração. Eles podem ter sido estimulados ao desempenho externo desse dever, e isso com muita seriedade e afeição; contudo, sempre estiveram destituídos do verdadeiro espírito de oração. O espírito de oração é sagrado e gracioso... Onde quer que haja o verdadeiro espírito de súplica há o espírito da graça. O verdadeiro espírito de oração não é outro senão o próprio Espírito de Deus que habita no coração dos santos. E, como esse espírito procede de Deus, naturalmente tende a ir a Deus em santos sussurros e suspiros. Tal espírito nos leva naturalmente a Deus para conversarmos com Ele por meio da oração. É por isso que se diz que o Espírito intercede pelos santos "com gemidos inexprimíveis" (ROMANOS 8:26).

Algo muito diferente ocorre com o verdadeiro convertido. Sua obra não está feita, mas ele encontra ainda uma grande obra a fazer e grandes necessidades a serem supridas. Ele ainda se vê como uma criatura pobre, vazia e indefesa, e que ainda permanece em grande e contínua necessidade da ajuda de Deus. Ele percebe que, sem Deus, nada pode fazer. A falsa conversão faz o homem ser autossuficiente aos seus próprios olhos. Ele diz que é rico, tem muitos bens, de nada necessita — e não sabe que é miserável, desgraçado, pobre, cego e nu. Porém, após a verdadeira conversão, a alma permanece consciente de sua própria impotência e de seu vazio, tal como é, e sua percepção disso é aumentada em vez de diminuir. Ela ainda tem consciência de sua dependência universal de Deus para tudo. Um verdadeiro convertido percebe que a sua graça é muito imperfeita e ele está muito longe de ter tudo aquilo

Jonathan Edwards

que deseja. Em vez disso, pela conversão são gerados nele novos desejos que ele nunca teve antes. Ele agora encontra em si apetites santos, fome e sede de justiça, um anseio por mais intimidade e comunhão com Deus, de modo que ainda tenha atividades suficientes no trono da graça; sim, suas atividades ali, em vez de diminuírem, aumentaram desde a sua conversão.

GRANDE ESFORÇO

*Desde os dias de João Batista até agora,
o reino dos céus é tomado por esforço,
e os que se esforçam se apoderam dele.*

MATEUS 11:12

Empenhar-se no reino de Deus representa grande esforço. Isso é expresso em Eclesiastes da seguinte maneira: "Tudo quanto te vier à mão para fazer, faze-o conforme as tuas forças..." (9:10). Onde houver força de vontade e firme resolução haverá esforços dignos de resposta. As pessoas com o coração engajado nisso "se esforçarão por entrar pela porta estreita" e serão impetuosas para obter o Céu; sua prática estará em conformidade com o conselho do sábio: "Filho meu, se aceitares as minhas palavras e esconderes contigo os meus mandamentos, para fazeres atento à sabedoria o teu ouvido e para inclinares o coração ao entendimento, e, se clamares por inteligência, e por entendimento alçares a voz, se buscares a sabedoria como a prata e como a tesouros escondidos a procurares, então, entenderás o temor do Senhor e acharás o conhecimento de Deus" (PROVÉRBIOS 2:1-5). Aqui, o fervor do anseio e a força de vontade são representados por inclinar o ouvido à sabedoria e inclinar o coração ao entendimento; e a grandeza do esforço é denotada por clamar por inteligência e alçar a voz por entendimento; procurá-la como prata e buscá-la como a tesouros escondidos: tais desejos e resoluções e tais esforços andam juntos.

Jonathan Edwards

A COROA E A CRUZ

*...porquanto lhes farás voltar as costas
e mirarás o rosto deles com o teu arco.*
SALMO 21:12

O cristianismo inclui algo além de negação de si mesmo ou de restrição das nossas inclinações. Há uma coroa e também uma cruz. E, embora nos seja tão estritamente exigido restringir e manter dentro dos limites as nossas inclinações carnais, ainda assim Deus não deseja que estabeleçamos limites às inclinações espirituais e graciosas, que são as mais excelentes; quem é verdadeiramente nascido de novo tem fome e sede de justiça na mesma proporção que sua natureza física por alimento e bebida. Seu alimento e sua bebida é fazer a vontade de seu Pai que está no Céu. Ele tem sede de Deus, do Deus vivo, e às vezes seu coração suspira por Deus como a corça suspira pelas águas (SALMO 42:1). Ele tem apetite por Jesus Cristo, que é o pão que desceu do Céu. A vida de sua alma depende de Cristo como seu alimento e bebida espirituais. Ele tem apetite pela Palavra de Deus como alimento para a sua alma, pois não vive só de pão, mas de toda palavra que sai da boca de Deus (MATEUS 4:4). Como um bebê recém-nascido, ele deseja o genuíno leite da Palavra para poder crescer por ele alimentado (1 PEDRO 2:2). Ele tem não apenas o desejo oriundo da consideração racional de sua necessidade e benefício, mas seu anseio flui imediatamente de sua natureza, como o apetite natural.

Jonathan Edwards

A PRIMAVERA

…que cobre de nuvens os céus, prepara a chuva para a terra, faz brotar nos montes a erva.
SALMO 147:8

A primavera é mencionada nas Escrituras como representando a estação do derramamento do Espírito de Deus. Assim como em muitos outros relatos, também nestes:

Na primavera, a semente lançada em lugares pedregosos brota e parece tão bela quanto a que foi plantada em solo bom, embora, no verão, por falta de umidade e profundidade da terra, murche. Na primavera, incontáveis flores e frutos jovens prosperam e depois têm como certeza o cair e o transformar-se em nada.

Na primavera, muitos riachos transbordam, muitos deles por água proveniente de neve — embora não todos os dias, mesmo na primavera — mas somente como por ímpetos nos dias de calor, e se congelam entre esses dias da mesma forma que a afeição dos hipócritas por causa do sofrimento durante um grande derramamento do Espírito. Também na primavera, os riachos que fluíam de fontes vivas e correm durante todo o inverno e o verão aumentam grandemente. Porém, quando a primavera termina, todos os riachos ficam totalmente secos, exceto aqueles abastecidos por nascentes vivas.

Assim, uma pancada de chuva é como um derramamento do Espírito. Ela faz a água fluir abundantemente nas ruas e eleva grandemente o volume dos riachos que nascem nas fontes vivas; e, quando a chuvarada acaba, as correntezas nas ruas secam e o volume das correntes das fontes diminui. Assim, uma pancada de chuva faz cogumelos brotarem subitamente, tanto quanto boas plantas crescerem; e danifica muitas frutas, bem como amadurece outras.

Jonathan Edwards

VER E PERCEBER

*Por causa do teu nome, S*ENHOR*,*
perdoa a minha iniquidade, que é grande.
SALMO 25:11

Nós devemos ver nossa condição de miseráveis e perceber nossa necessidade de misericórdia. Quem não percebe sua própria miséria não pode buscar verdadeiramente a misericórdia de Deus, porque a noção de misericórdia divina é que ela é a bondade e a graça de Deus para com miseráveis. Se não houver miséria no objeto, não pode haver exercício de misericórdia. Supor misericórdia sem supor miséria, ou compaixão sem calamidade, é uma contradição: portanto, os homens não podem se considerar objetos de misericórdia se não se reconhecerem como miseráveis; assim, se isso não ocorre, lhes é impossível recorrerem a Deus em busca de misericórdia. Eles precisam ter a consciência de que são filhos da ira; de que a Lei é contra eles e estão expostos à maldição dela; de que a ira de Deus permanece sobre cada um e de que o Senhor está irado com eles todos os dias enquanto estão sob a culpa do pecado. Necessitam perceber que é muito terrível ser objeto da ira de Deus; que é muito terrível tê-lo como inimigo e que não podem suportar a Sua ira. Precisam ter consciência de que a culpa do pecado os torna criaturas miseráveis, sejam quais forem os prazeres temporais que possuam; que não podem ser outra coisa senão míseras e perdidas criaturas enquanto Deus estiver irado com eles; que estão sem força e precisam perecer, e isso eternamente, a menos que Deus os ajude. Precisam ver que sua situação é totalmente desesperadora apesar de qualquer coisa que alguém possa fazer por eles; que pairam sobre o abismo do sofrimento eterno e que precisam necessariamente cair dentro dele se Deus não tiver misericórdia deles.

Jonathan Edwards

A REPRESA DAS MISERICÓRDIAS

*As riquezas de nada aproveitam no dia da ira,
mas a justiça livra da morte.*

PROVÉRBIOS 11:4

A ira de Deus é como grandes águas represadas para o presente; elas aumentam cada vez mais e sobem cada vez mais alto até haver uma saída; e quanto mais tempo a correnteza for interrompida, mais rápido e poderoso será o seu fluir quando liberado. É verdade que o juízo contra as suas obras malignas ainda não foi executado; as inundações da vingança divina foram retidas; mas, nesse meio tempo, a sua culpa está aumentando constantemente, e, a cada dia, você está acumulando mais ira; as águas estão constantemente subindo e tornando-se cada vez mais poderosas; e não há nada, além do mero prazer de Deus, para deter as águas que não estão dispostas a serem detidas e que se esforçam para seguir em frente. Se Deus apenas retirasse a mão da comporta, esta se abriria imediatamente, e as terríveis enchentes da ferocidade e ira de Deus se precipitariam com inconcebível fúria e viriam sobre você com poder onipotente; e, se a sua força fosse dez mil vezes maior do que é, ou ainda dez mil vezes maior do que a força do demônio mais vigoroso e robusto do inferno, de nada adiantaria resistir a ela ou suportá-la.

A ira de Deus é como grandes águas represadas para o presente.

MAIOR INTIMIDADE

*Amados, agora, somos filhos de Deus,
e ainda não se manifestou o que haveremos de ser.
Sabemos que, quando ele se manifestar, seremos semelhantes
a ele, porque haveremos de vê-lo como ele é.*

1 JOÃO 3:2

A conversa dos santos com Cristo no Céu não será apenas tão íntima, e seu acesso a Ele tão livre, quanto os dos discípulos na Terra, mas, em muitos aspectos, muito mais, porque, no Céu, será perfeita essa união vital que, aqui, é extremamente imperfeita. Enquanto os santos estão neste mundo, há grandes remanescentes de pecado e trevas para separá-los ou desuni-los de Cristo, mas, depois, todos serão removidos. Ainda não chegou o momento daquela intimidade plena e das gloriosas manifestações de amor que Cristo projeta para o Seu povo no futuro; isso parece estar expresso em Sua fala a Maria Madalena, que estava em prontidão para abraçá-lo ao encontrá-lo após a Sua ressurreição: "Recomendou-lhe Jesus: Não me detenhas; porque ainda não subi para meu Pai..." (JOÃO 20:17).

*No Céu, será perfeita essa união vital que,
aqui, é extremamente imperfeita.*

Jonathan Edwards

O BRILHO DO SOL

*Tinha na mão direita sete estrelas,
e da boca saía-lhe uma afiada espada de dois gumes.
O seu rosto brilhava como o sol na sua força.*

APOCALIPSE 1:16

Assim como o Sol é uma imagem de Cristo devido à sua luz agradável e suas influências benignas, revigorantes e vivificantes, também o é devido ao seu extraordinário núcleo ardente, com um fogo muito mais forte do que qualquer outro do mundo visível. Assim é representada a ira do Cordeiro. Esse é um grande argumento da extrema miséria dos ímpios, pois, sem dúvida, a essência excederá grandemente a sua sombra. Assim como o brilho e a glória de Deus excedem muito o brilho do Sol — que é apenas Sua imagem —, esse astro é apenas uma sombra e escuridão em comparação a esse brilho e glória, de modo que Sua fúria e ira também excederão em muito o calor do Sol.

Jonathan Edwards

A MONTANHA MAIS ALTA

Há caminho que ao homem parece direito,
mas ao cabo dá em caminhos de morte.
PROVÉRBIOS 14:12

Nada do que há aqui embaixo alcança o Céu; nem as coisas mais elevadas — todas ficam imensamente aquém disso. Muitas coisas, antes de as experimentarmos, parecem alcançar o Céu. Os cumes das montanhas altas parecem tocar o céu e, quando estamos na planície e olhamos para seus cumes, temos a impressão de que, se estivéssemos lá, seríamos capazes de tocar o Sol, a Lua e as estrelas; porém, quando chegamos lá, parecemos estar tão longe dessas coisas celestiais quanto sempre estivemos. Portanto, nada há aqui embaixo meio pelo qual possamos alcançar a felicidade, embora muitas das coisas elevadas e ótimas do mundo deem, aos outros que não as apreciam, a impressão de que uma felicidade seria alcançada por elas. Contudo, quem tem experiência percebe que a felicidade está tão longe de si quanto das pessoas de menos condição na vida.

Portanto, nada há aqui embaixo pelo qual
possamos alcançar a felicidade.

Jonathan Edwards

OS SOFRIMENTOS DE CRISTO

*E, estando em agonia,
orava mais intensamente...*
LUCAS 22:44

Assim podemos saber quão terríveis foram os últimos sofrimentos de Cristo. Descobrimos isso pelo terrível efeito que a simples presciência deles teve sobre o Senhor em Sua agonia. Seus últimos sofrimentos foram tão terríveis que a visão que Cristo tinha deles anteriormente o oprimiu e o surpreendeu, pois é dito que Ele começou a ficar agoniado. A simples visão daqueles últimos sofrimentos foi tão terrível que afundou Sua alma na escura sombra da morte; sim, ela foi tão terrível que, no doloroso conflito que Sua natureza teve com ela, o Mestre ficou todo suado de sangue, Seu corpo todo ficou coberto de sangue coagulado, e não somente Seu corpo, mas o próprio chão sob Ele, com o sangue que escorreu dele, forçado através de Seus poros pela violência de Sua agonia. E, se apenas a visão prévia do cálice era tão terrível, quão terrível era o próprio cálice, quão muito além de tudo que pode ser dito ou concebido! Muitos dos mártires sofreram torturas extremas, mas, pelo que foi dito, há toda razão para se pensar que todas elas nada foram em comparação com os últimos sofrimentos de Cristo na cruz. E o que foi dito proporciona um argumento convincente de que, embora muito terríveis, os sofrimentos suportados por Cristo em Seu corpo na cruz ainda foram a menor parte de Seus últimos sofrimentos; e que, além deles, Jesus suportou em Sua alma sofrimentos muitíssimo maiores. Porque, se tivessem sido apenas os sofrimentos que Ele suportou em Seu corpo, embora fossem muito terríveis, não podemos conceber que a mera expectativa deles teria tal efeito sobre Cristo. Pelo que

Jonathan Edwards

sabemos, muitos dos mártires suportaram torturas no corpo tão severas quanto Cristo suportou. Muitos deles foram crucificados, como Cristo foi; contudo, suas almas não ficaram tão oprimidas. Não houve aparição de tão surpreendente tristeza e aflição de espírito, nem na expectativa de seus sofrimentos, nem no suportá-los.

COMO O PÁSSARO CUIDA

*...lançando sobre ele toda a vossa ansiedade,
porque ele tem cuidado de vós.*

1 PEDRO 5:7

Há muitas semelhanças entre os filhotes de pássaros em um ninho e sua mãe, e entre Cristo e Seus santos. O pássaro os protege; assim Cristo abriga os Seus santos, como um pássaro protege seus filhotes sob as suas asas. Eles são gerados pela mãe; assim, os santos são filhos de Cristo. Eles são incubados pelo chocar da mãe; da mesma maneira, a alma é gerada pelo calor e o chocar de Cristo, pela Pomba Divina, o Espírito Santo. Eles moram em um ninho feito pela mãe, nas alturas, fora do alcance de perigos, em algum lugar seguro; assim são os santos na Igreja. Eles são débeis e indefesos, não podem voar nem partir, o que representa o estado infantil dos santos neste mundo. A maneira como a mãe alimenta os pequenos, dando a cada um a sua porção, representa a maneira como Cristo alimenta os Seus santos. Quando a mãe visita o ninho, todos abrem bem a boca ao mesmo tempo gritando, e isso é tudo que podem fazer. Assim devem fazer os santos, especialmente nos momentos em que Cristo faz visitas especiais à Sua Igreja por Seu Espírito. Eles não abrem a boca em vão. Então, Deus diz: "...Abre bem a boca, e ta encherei" (SALMO 81:10). Os pássaros crescem assim nutridos até voarem ao céu para cantarem no firmamento. Assim os santos são nutridos para a glória.

Jonathan Edwards

FORTE ESPERANÇA

Bendito o Deus e Pai de nosso Senhor Jesus Cristo, que, segundo a sua muita misericórdia, nos regenerou para uma viva esperança, mediante a ressurreição de Jesus Cristo dentre os mortos.

1 PEDRO 1:3

Há uma esperança santa, uma esperança verdadeiramente cristã, que a Escritura elenca entre as graças do Espírito. E penso que eu nunca deveria desejar ou buscar qualquer outra esperança além dessa, porque creio que nenhuma outra esperança tem qualquer tendência sagrada ou boa. Portanto, essa esperança, somente essa graça da esperança, pode ser chamada adequadamente de dever. Contudo, é tão absurdo falar do exercício dessa santa esperança — o forte exercício dessa graça do Espírito — de uma perspectiva carnal, estúpida e descuidada enquanto tal perspectiva ainda persiste, quanto seria falar de exercer intensamente o amor a Deus, ou de ter mentalidade celestial, ou qualquer outra graça que advenha de tal perspectiva estando ainda nela, pelo vigoroso exercício de toda a graça; porém, não devo considerar adequado pressionar insistentemente um homem a manter uma forte esperança, a despeito da predominância e continuação de grande carnalidade e estupidez... Porque isso é simplesmente pressionar as pessoas a uma esperança profana, uma forte esperança que não é graça cristã; e isso é uma grande presunção perversa. E o estímulo disso tem sido, mais evidentemente, o efeito de certo método de lidar com almas, em inumeráveis ocorrências de situações terríveis.

Jonathan Edwards

DIVINA LIBERDADE

*Pois ele diz a Moisés: Terei
misericórdia de quem me aprouver
ter misericórdia e compadecer-me-ei
de quem me aprouver ter compaixão.*

ROMANOS 9:15

Deus pode, sem prejuízo da glória de qualquer de Seus atributos, conceder salvação a qualquer dos filhos dos homens, exceto aos que pecaram contra o Espírito Santo. Isso ocorreu quando o homem caiu e antes de Deus revelar Seu eterno propósito e plano de redimir os homens por Jesus Cristo. Provavelmente, os anjos consideraram totalmente inconsistente com os atributos de Deus salvar qualquer um dos filhos dos homens. Era totalmente incoerente com a honra dos atributos divinos salvar qualquer um dos filhos caídos dos homens, no estado em que estavam. Isso não poderia ter sido feito se Deus não tivesse planejado uma maneira consistente com a honra de Sua santidade, majestade, justiça e verdade. Porém, uma vez que Deus revelou no evangelho que nada é demasiadamente difícil para Ele, nada está além do alcance de Seu poder, sabedoria e suficiência; e já que Cristo executou a obra da redenção e cumpriu a Lei obedecendo-a, não pode haver sequer um ser humano, exceto aquele que pecou contra o Espírito Santo, a quem Ele não poderia salvar por trazer prejuízo a qualquer de Seus atributos. E mesmo estes Ele poderia ter salvado sem contrariar qualquer um de Seus atributos se não lhe aprouvesse declarar que não o faria. Não era porque Ele não poderia salvá-los em conformidade com Sua justiça e Sua lei, ou porque Seu atributo de misericórdia não fosse suficientemente grande ou o sangue de Cristo não fosse suficiente para purificar desse pecado.

Jonathan Edwards

Porém, por razões sábias, agradou-lhe declarar que esse pecado nunca será perdoado neste mundo ou no mundo vindouro. E assim, agora é contrário à verdade de Deus salvar tais pessoas. Fora esses, não há pecador, por maior que seja, a quem Deus deixaria de salvar para salvaguardar qualquer de Seus atributos; quer ele tenha sido assassino, adúltero, perjuro, idólatra ou blasfemo, Deus pode salvá-lo, se quiser, e em nenhum aspecto ferirá a Sua glória.

OUSADIA PARA PERSEVERAR

...semeai para vós outros em justiça, ceifai segundo a misericórdia; arai o campo de pousio; porque é tempo de buscar ao Senhor, até que ele venha, e chova a justiça sobre vós.

OSEIAS 10:12

Nos dias atuais, os homens são levados, com dificuldade, a fazerem ou submeterem-se ao que os torna objetos de reprovação de todos os seus próximos. De fato, se enquanto alguns os repreenderem, o fato de outros ficarem do seu lado e os honrarem os apoiará. No entanto, é muito difícil para um homem prosseguir de modo que se torne objeto de riso do mundo todo e no qual não encontre quem não o despreze. Onde está o homem que conseguirá suportar o choque de tal provação durante 20 anos?

Porém, sob direção divina, Noé assumiu um compromisso como esse e passou por ele, para que, com sua família, pudesse ser salvo da destruição total que estava prestes a vir sobre o mundo. Ele começou e também terminou: "E tudo fez Noé, segundo o Senhor lhe ordenara". O longo tempo não o desgastou: ele não se cansou de seu alto preço. Noé suportou o choque do escárnio de todos os seus vizinhos e do mundo todo, ano após ano. Não se cansou de ser o alvo de zombaria deles, a ponto de abandonar seu empreendimento; em vez disso, perseverou até a arca estar terminada. Depois disso, encarregou-se de adquirir os víveres para a manutenção de sua família e de todos os diversos tipos de criaturas para um tempo tão longo. Ele se envolveu e executou tal empreendimento para obter uma salvação temporal. Quão grande empreendimento, portanto, os homens devem estar dispostos a assumir e suportar para a sua salvação eterna! A salvação de um dilúvio eterno; de ser oprimido pelo oceano da ira de Deus, da qual o dilúvio de Noé foi apenas uma sombra.

Jonathan Edwards

OS INFLAMADOS JUÍZOS DE DEUS

Então, clamando, disse: Pai Abraão,
tem misericórdia de mim! E manda a Lázaro
que molhe em água a ponta do dedo e me refresque
a língua, porque estou atormentado nesta chama.

LUCAS 16:24

Quando os pecadores ouvem falar dos tormentos do inferno, às vezes pensam com seus botões: "Bem, se a coisa chegar ao ponto de eu ter de ir para o inferno, eu o suportarei o melhor que puder", como se, revestindo-se de resolução e firmeza de mente, fossem capazes de prestar a si mesmos alguma ajuda, quando, infelizmente, eles não terão resolução ou coragem alguma. Por mais que tenham se preparado e reunido suas forças, assim que começarem a sentir aquela ira, seu coração se derreterá e ficará como água. Por mais antecipadamente que pareçam endurecer o coração para se prepararem para a suportar, no primeiro momento em que a sentirem, seu coração se tornará como cera diante do forno. Sua coragem e resolução desaparecerão em um instante; se esvairão como uma sombra num piscar de olhos. Os mais fortes e robustos não terão mais coragem do que o mais frágil bebê: um homem ser um bebê ou um gigante não fará diferença. Eles não serão capazes de manter viva qualquer coragem, força, conforto ou esperança.

Jonathan Edwards

A GLÓRIA DOS SANTOS

*O justo serve de guia para o seu companheiro,
mas o caminho dos perversos os faz errar.*

PROVÉRBIOS 12:26

A imagem de Deus é a glória dos santos e pode muito bem ser denominada glória, porque, por mais imperfeita que seja, ela os torna gloriosos aos olhos dos anjos do Céu. A imagem de Deus é uma beleza maior a seus olhos do que o brilho e a glória do Sol no firmamento.

De fato, os santos não têm excelência em si mesmos. Neles, isto é, em sua carne, nada de bom habita. Eles são, em si mesmos, criaturas pobres, culpadas e vis, e se veem assim. Porém, há neles uma excelência e glória porque Cristo habita neles. Embora seja apenas como uma centelha, a excelência que está neles é algo dez mil vezes mais excelente do que qualquer rubi ou a mais preciosa pérola já encontrada na Terra; e isso por ser algo divino, algo que provém de Deus.

Essa santa centelha celestial é colocada na alma na conversão, e Deus a mantém ali. Nenhum poder do inferno conseguirá apagá-la, porque Deus a manterá viva, e ela prevalecerá cada vez mais. Embora seja pequena, é poderosa; tem influência sobre o coração para governá-lo, produz frutos santos na vida e não cessará de prevalecer até haver consumido toda a corrupção que resta no coração e ter transformado toda a alma em uma chama pura, santa e celestial, até que a alma do homem se torne como os anjos, uma chama de fogo, e brilhe como a claridade do firmamento.

Jonathan Edwards

VISÃO ESPIRITUAL

*Respondeu-lhe: Farei passar toda a minha bondade
diante de ti e te proclamarei o nome do SENHOR;
terei misericórdia de quem eu tiver misericórdia e me
compadecerei de quem eu me compadecer.*
ÊXODO 33:19

Quando estamos distantes de nossos amigos queridos, eles estão fora de vista, mas, quando estamos com eles, temos a oportunidade e a satisfação de vê-los. Assim, enquanto os santos estão no corpo e ausentes do Senhor, sob vários aspectos Ele não é visto: "a quem, não havendo visto, amais; no qual, não vendo agora, mas crendo..." (1 PEDRO 1:8). Na verdade, eles têm, neste mundo, uma visão espiritual de Cristo, mas o veem através de um vidro, sombriamente e com grande interrupção; porém, no Céu, eles o verão face a face (1 CORÍNTIOS 13:12). "Bem-aventurados os limpos de coração, porque verão a Deus" (MATEUS 5:8). Sua visão beatífica de Deus está em Cristo, que é aquele brilho ou resplendor da glória de Deus, pela qual Sua glória resplandece no Céu para que lá seja vista por santos e anjos e também aqui na Terra. Esse é o Sol da justiça, que é não somente a luz deste mundo, mas também o sol que ilumina a Jerusalém celestial; é pelos raios luminosos desse sol que a glória de Deus resplandece ali, para iluminar e alegrar todos os gloriosos habitantes.

Jonathan Edwards

O SOPRO DA VIDA

*Então, formou o Senhor Deus ao homem do pó da terra
e lhe soprou nas narinas o fôlego de vida,
e o homem passou a ser alma vivente.*

GÊNESIS 2:7

O sopro do homem é como se fosse sua vida, mostrando que a vida do homem é como uma rajada de vento que se vai e não volta. As Escrituras parecem fazer referência a isso em vários lugares, como Jó 7:7 — "Lembra-te de que a minha vida é um sopro..." — e Salmo 78:39 — "Lembra-se de que eles são carne, vento que passa e já não volta"—, aludindo à expiração quando uma pessoa está morrendo. E aquele vapor breve e evanescente que está na respiração, que aparece em algumas estações, mas desaparece, por assim dizer, em um momento, é um tipo daquilo que é expresso: "...Que é a vossa vida? Sois, apenas, como neblina que aparece por instante e logo se dissipa" (TIAGO 4:14). Enquanto a respiração continua quente, o vapor aparece, mas, quando aquele calor desaparece, o vapor desaparece. Isso representa quão repentinamente nosso calor vital, que mantém a vida do corpo, desaparecerá e a fria morte terá êxito.

Jonathan Edwards

FALSAS ESPERANÇAS

*Há no coração do ímpio a voz da transgressão;
não há temor de Deus diante de seus olhos.*
SALMO 36:1

Algumas pessoas se lisonjeiam com uma esperança secreta de que não exista algo como outro mundo. Elas ouvem muitas pregações e muitas conversas sobre o inferno e sobre o juízo eterno, mas essas coisas não lhes parecem ser reais. Elas nunca viram nada daquilo; nunca viram o inferno, nunca viram os demônios e espíritos malditos; e, portanto, estão prontas para dizer a si mesmas: "Como sei que existe algo como outro mundo? Quando os animais morrem, eles têm um fim, mas como sei se será assim comigo? Talvez tudo isso não passe de invenções de homens, nada além de fábulas astuciosamente inventadas".

Tais pensamentos podem surgir na mente dos pecadores, e o diabo entra em cena para reforçá-los. Tais pensamentos lhes ocorrem com facilidade; portanto, eles desejam que sejam verdadeiros, o que os torna mais dispostos a pensar que são realmente verdadeiros, tornando-se endurecidos no caminho do pecado, pela infidelidade e pensamentos ateístas. "Diz o insensato no seu coração: Não há Deus..." (SALMO 14:1); "Matam a viúva e o estrangeiro e aos órfãos assassinam. E dizem: O SENHOR não o vê; nem disso faz caso o Deus de Jacó" (SALMO 94:6,7).

Jonathan Edwards

REMINDO O TEMPO

Portai-vos com sabedoria para com os que são de fora; aproveitai as oportunidades.
COLOSSENSES 4:5

Deus escondeu de nós o dia de nossa morte, sem dúvida para que estejamos empolgados em estar sempre prontos e possamos viver como aqueles que estão sempre esperando pela vinda do seu Senhor, em conformidade com o conselho que Cristo nos dá. Não é fiel a sentinela que, designada para defender uma casa contra ladrões, ou uma cidade contra um inimigo próximo, em algum momento se arrisca a dormir confiando em que o ladrão ou o inimigo não virá. Portanto, espera-se da sentinela que, a cada hora da noite, comporte-se como alguém que não confia em que o inimigo se demore até a hora seguinte. Agora, portanto, permita-me, em nome de Cristo, renovar o chamado e conselho de Jesus Cristo a você, de vigiar como aqueles que não sabem a que horas o seu Senhor virá. Permita-me convocar você que está até agora em uma condição não regenerada. Não confie que você não estará no inferno antes de amanhã de manhã. Você não tem motivo para confiar nisso. Deus não prometeu protegê-lo disso ou reter a Sua ira durante tanto tempo. Como você pode, razoavelmente, ficar tranquilo durante um dia ou uma noite, em tal condição, se não sabe se o seu Senhor virá esta noite? E se, naquele momento, você for encontrado como está agora, não regenerado, quão despreparado estará para a vinda dele e quão terrível será a consequência! Portanto, pelo seu próprio bem, seja exortado a despertar imediatamente do sono do pecado, a acordar e não dormir mais, como se não confiasse em qualquer outro dia.

Jonathan Edwards

BELEZA INTERIOR

*Porém o Senhor disse a Samuel: Não atentes
para a sua aparência, nem para a sua altura, porque
o rejeitei; porque o Senhor não vê como vê o homem.
O homem vê o exterior, porém o Senhor, o coração.*

1 SAMUEL 16:7

Davi não tinha uma aparência exterior que o recomendasse à estima e escolha dos homens como uma pessoa apta ao governo e à vitória; pelo contrário, tendia a fazer com que os homens o desprezassem como candidato a tais coisas. "Não atentes para a sua aparência, nem para a sua altura […] O homem vê o exterior, porém o Senhor, o coração" (1 SAMUEL 16:7); "Olhando o filisteu e vendo a Davi, o desprezou, porquanto era moço…" (1 SAMUEL 17:42); "…Pergunta, pois, de quem é filho este jovem" (v.56). Eliabe, seu irmão mais velho, o considerava mais adequado para estar com as ovelhas do que para ir ao exército (1 SAMUEL 17:28); segundo Isaías 53:2, "Porque foi subindo como renovo perante ele e como raiz de uma terra seca; não tinha aparência nem formosura; olhamo-lo, mas nenhuma beleza havia que nos agradasse". Davi apareceu inesperadamente. Samuel esperava um homem de grande estatura e com aparência exterior de homem valente; e, portanto, ao ver Eliabe, o irmão mais velho de Davi, que tinha essa aparência, disse: "…Certamente, está perante o Senhor o seu ungido" (1 SAMUEL 16:6). Sua aparência foi surpreendente para Golias e Saul. Da mesma maneira, as profecias representam a aparência do Messias como inesperada e surpreendente, embora tão insignificante. "Como pasmaram muitos à vista dele (pois o seu aspecto estava mui desfigurado, mais do que o de outro qualquer…" (ISAÍAS 52:14).

Jonathan Edwards

PERSIGA A FELICIDADE

*Como são felizes os que têm
o Deus de Jacó como seu auxílio, os que põem s
ua esperança no Senhor, seu Deus.*
SALMO 146:5

A felicidade é o objetivo da criação, como parece por nosso versículo, pois não valeria a pena a criação existir se ela não se alegrasse em sua própria existência. Porque, certamente, foi a bondade do Criador que o moveu a criar; e como podemos conceber outro desígnio proposto pela bondade do que o próprio Criador se deleitar em ver as criaturas que fez se regozijarem naquela existência que Ele lhes deu?

Isso também transparece por esse versículo, pois o fim da criação é que ela possa glorificá-lo. Ora, o que está glorificando a Deus senão um regozijo diante da glória que Ele demonstrou? A mera compreensão da perfeição de Deus não pode ser o objetivo da criação, pois seria melhor não a entender do que vê-la e não se alegrar à sua vista. O ponto mais alto da criação também não pode ser declarar a glória de Deus aos outros, porque declarar a glória de Deus só é bom para despertar alegria em nós mesmos e nos outros diante do que é declarado.

Portanto, contemplar a felicidade é o objetivo final da criação do Universo, e os seres inteligentes sendo aquela consciência da criação que deve ser o tema imediato dessa felicidade. Quão felizes podemos concluir que serão esses seres inteligentes que serão feitos eternamente felizes?

Jonathan Edwards

HABITANTES AMÁVEIS

*...Quão formosos são os pés
dos que anunciam coisas boas!*
ROMANOS 10:15

Todas as pessoas que pertencem à bendita sociedade do Céu são amáveis. O Pai da família é amável e todos os Seus filhos também; o Cabeça do corpo é encantador e assim são todos os membros. Dentre os anjos, nenhum há que não seja amável, porque todos são santos; e nenhum dos anjos maus infesta o Céu, como eles o fazem neste mundo — eles são mantidos eternamente a distância pelo grande abismo que os separa do glorioso mundo do amor. E em toda a companhia dos santos não há pessoas não amáveis. Ali não há falsos seguidores ou hipócritas; ninguém que finja ser santo, mas tenha um espírito ou comportamento não-cristão e odioso, como é costumeiro neste mundo; ninguém cujo ouro não tenha sido purificado das impurezas; ninguém que não seja amável em si e para com os outros. Ali não há um único objetivo que ofenda ou, a qualquer momento, dê ocasião a qualquer paixão ou emoção de ódio ou antipatia; todo objetivo dali produzirá amor eternamente.

*Todas as pessoas que pertencem
à bendita sociedade do Céu são amáveis.*

Jonathan Edwards

CINTILAÇÕES

*São mais desejáveis do que ouro,
mais do que muito ouro depurado; e são mais doces
do que o mel e o destilar dos favos.*

SALMO 19:10

O grande Deus, que se manifesta tão plenamente no Céu, é absoluta e infinitamente perfeito. O Filho de Deus, que é o esplendor da glória do Pai, aparece ali na plenitude de Sua glória, sem aquele traje de aparente inferioridade com que apareceu neste mundo. O Espírito Santo será ali derramado com perfeita riqueza e doçura, como um puro rio de água da vida, claro como cristal, procedendo do trono de Deus e do Cordeiro. E todo membro daquela santa e bendita sociedade não terá mancha alguma de pecado, imperfeição, fraqueza, imprudência ou defeito de qualquer tipo. Toda a Igreja, resgatada e purificada, será ali apresentada a Cristo como uma noiva, vestida de linho fino, limpo e branco, sem mancha, ruga ou qualquer coisa semelhante. Para onde quer que virarem os olhos, os habitantes daquele mundo bendito nada verão além de dignidade, beleza e glória. As cidades mais majestosas da Terra, por mais magníficas que sejam as suas construções, têm as suas fundações no pó, e suas ruas são sujas e contaminadas, feitas para serem pisadas; mas as ruas dessa cidade celestial são de ouro puro, como vidro transparente, seus fundamentos são de pedras preciosas e seus portões são pérolas. E todos esses são apenas leves emblemas da pureza e perfeição daqueles que ali habitam.

Jonathan Edwards

RESTITUA

*Não furtareis, nem mentireis, nem usareis de falsidade
cada um com o seu próximo.*
LEVÍTICO 19:11

Exorto àqueles que têm consciência de que vêm prejudicando o seu próximo a fazerem restituição. Esse é um dever cuja obrigação é extremamente simples. Se uma pessoa foi injusta ao tirar qualquer coisa que pertencia ao próximo, certamente também está errada em mantê-la consigo. E, enquanto aquele que é culpado de prejudicar o seu próximo negligenciar a restituição, viverá em pecado. Ele não apenas vive impenitente quanto ao primeiro mal do qual era culpado, mas prejudica continuamente o seu próximo. Um homem que obteve algo de outro injustamente prossegue em prejudicá-lo todos os dias em que negligencia devolver o objeto quando tem oportunidade de fazê-lo. A pessoa prejudicada não só sofreu o mal imposto pela outra quando os seus bens lhe foram tomados, mas sofre nova injustiça enquanto eles permanecem injustamente afastados dela.

VENDO A DEUS

*Bem-aventurados os limpos de coração,
porque verão a Deus.*
MATEUS 5:8

É preciso haver uma percepção direta e imediata da glória e da excelência de Deus. Digo direta e imediata para distingui-la da mera percepção de que Deus é glorioso e excelente por meio de argumentação especulativa e distante, que é uma maneira mais indireta de apreender as coisas. Uma verdadeira percepção da glória de Deus nunca pode ser obtida por raciocínio especulativo. E, se os homens se convencerem, por argumento, de que Deus é santo, isso nunca lhes dará uma percepção de Sua agradável e gloriosa santidade. Se argumentarem que Ele é muito misericordioso, isso não lhes trará a percepção de Sua gloriosa graça e misericórdia. Uma descoberta mais imediata e sensível é o que deve trazer à mente um sentido real da excelência e da beleza de Deus. Quem vê Deus tem uma visão direta e imediata da Sua grande e impressionante majestade, da Sua pura e bela santidade, da Sua maravilhosa e cativante graça e misericórdia.

*Uma verdadeira percepção da glória de Deus nunca
pode ser obtida por raciocínio especulativo.*

Jonathan Edwards

PECADO, UM MAL INFINITO

*Ele não é maior do que eu nesta casa
e nenhuma coisa me vedou, senão a ti,
porque és sua mulher; como, pois, cometeria
eu tamanha maldade e pecaria contra Deus?*

GÊNESIS 39:9

O pecado é um mal infinito, porque é cometido contra um Ser infinitamente grande e excelente e, portanto, uma violação da obrigação infinita. Desse modo, por maior que seja o nosso cuidado em evitar o pecado, ele não pode ser mais do que proporcional ao mal que desejamos evitar. Nosso cuidado e esforço não podem ser infinitos, da mesma forma que o mal do pecado é infinito. Devemos usar todos os métodos que tendem a evitar o pecado. Isso é manifesto à razão. E não apenas isso, trata-se de algo positivamente exigido de nós na Palavra de Deus. "Tende cuidado, porém, de guardar com diligência o mandamento e a lei que Moisés, servo do SENHOR, vos ordenou: que ameis o SENHOR, vosso Deus, andeis em todos os seus caminhos, guardeis os seus mandamentos, e vos achegueis a ele, e o sirvais de todo o vosso coração e de toda a vossa alma" (JOSUÉ 22:5); "Guardai, pois, cuidadosamente, a vossa alma [...] para que não vos corrompais..." (DEUTERONÔMIO 4:15,16); "guarda-te, não te enlaces..." (12:30); "...guardai-vos de toda e qualquer avareza..." (LUCAS 12:15); "Aquele, pois, que pensa estar em pé veja que não caia" (1 CORÍNTIOS 10:12); "...guarda-te a ti mesmo e guarda bem a tua alma..." (DEUTERONÔMIO 4:9). Esses e muitos outros textos das Escrituras exigem claramente de nós a máxima diligência e cautela possíveis para evitar o pecado.

Jonathan Edwards

SÁBIOS PARA A SALVAÇÃO

*Sonda-me, ó Deus, e conhece
o meu coração, prova-me e conhece os
meus pensamentos; vê se há em mim
algum caminho mau e guia-me
pelo caminho eterno.*

SALMO 139:23,24

Deveríamos nos preocupar muito para saber se não vivemos em um estado de pecado. Todos os homens não regenerados vivem em pecado. Nós nascemos sob o poder e domínio do pecado, somos vendidos ao pecado. Todo pecador não convertido é um servo dedicado ao pecado e a Satanás. Devemos considerar da máxima importância saber em que condição nos encontramos — se em nosso coração já ocorreu alguma mudança do pecado para a santidade ou se ainda estamos no fel da amargura e da escravidão à iniquidade; se o pecado foi verdadeiramente mortificado em nós; se não vivemos no pecado da incredulidade e na rejeição do Salvador. É nisso que o apóstolo insiste com os coríntios. "Examinai-vos a vós mesmos se realmente estais na fé; provai-vos a vós mesmos. Ou não reconheceis que Jesus Cristo está em vós? Se não é que já estais reprovados." Quem nutre a opinião e a esperança, quanto a si mesmo, de ser piedoso deve tomar muito cuidado para que seu alicerce esteja correto. Quem está em dúvida não deve se dar descanso até a questão ser resolvida.

Jonathan Edwards

SANSÃO: UM TIPO DE CRISTO

Depois, deu a mulher à luz um filho e lhe chamou Sansão;
o menino cresceu, e o Senhor o abençoou.
JUÍZES 13:24

Não há uma concordância menos notável entre o que é dito de Sansão em sua história e o que é dito do Messias nas profecias a Seu respeito. Seu nome, Sansão, significa pequeno sol, concordando bem com um tipo do Messias, o grande Sol da Justiça tão frequentemente comparado, nas profecias, ao astro rei. O antítipo é muito maior que o tipo, como sendo o seu fim. Portanto, quando o tipo é chamado pelo nome do antítipo, isso é feito adequadamente com uma terminação diminutiva. Sansão e outros salvadores sob o Antigo Testamento, que foram tipos do grande Salvador, eram apenas pequenos salvadores. Os profetas, sacerdotes, reis, capitães e libertadores do Antigo Testamento eram, de fato, imagens daquela grande luz da Igreja e do mundo vindouro. Porém, eram apenas imagens; pequenas luzes que brilharam durante a noite. Mas, quando Cristo veio, a grande luz se ergueu e trouxe o dia. O nascimento de Sansão foi milagroso; no seu caso, foi uma grande maravilha uma mulher gestar um homem, como as profecias o representam no caso do nascimento do Messias. Sansão foi criado para ser um salvador do povo de Deus contra seus inimigos, em conformidade com as representações proféticas do Messias. Sansão foi designado para essa grande obra por especial eleição e designação de Deus, e isso de uma maneira eminente e extraordinária, em conformidade com as profecias sobre o Messias.

Quando Cristo veio, a grande Luz se ergueu e trouxe o dia.

Jonathan Edwards

O GOVERNANTE SUPREMO

*No céu está o nosso Deus
e tudo faz como lhe agrada.*
SALMO 115:3

Deus é... por direito, o supremo e absoluto governante e ordenador de tudo, tanto no mundo natural quanto no mundo moral. A parte da compreensão racional da criação é, de fato, sujeita a um tipo diferente de governo daquele ao qual as criaturas irracionais estão sujeitas. Deus governa o Sol, a Lua e as estrelas. Ele governa até os grãos de poeira que flutuam pelo ar. Nem um fio de cabelo de nossa cabeça cai no chão sem que o nosso Pai celestial permita. Deus governa também os animais irracionais. Por sua providência, Ele ordena, segundo os Seus próprios decretos, todos os eventos referentes àquelas criaturas. E as criaturas racionais estão sujeitas ao mesmo tipo de governo. Todos os seus atos e todos os eventos relacionados a elas são ordenados pela providência superior, em conformidade com decretos absolutos, de modo que nenhum evento que se relacione a eles jamais aconteça sem a ordenança de Deus, em conformidade com os Seus próprios decretos. A regra desse governo é o sábio decreto de Deus e nada mais.

Jonathan Edwards

O PEQUENO REBANHO

*Porque muitos são chamados,
mas poucos, escolhidos.*

MATEUS 22:14

A maior parte do mundo é pecadora. O rebanho de Cristo é, e sempre foi, apenas um pequeno rebanho. E os pecadores do mundo são de dois tipos: os que pertencem visivelmente ao reino de Satanás, fora do âmbito da igreja visível; e os que não professam a verdadeira religião, nem atendem às ordenanças exteriores dela. Além desses, há os pecadores de Sião. Ambos são objetos do desagrado e da ira de Deus. Porém, Sua ira é mais especialmente manifestada nas Escrituras contra estes últimos. Os pecadores de Sião ocuparão, de longe, o lugar mais inferior no inferno. Eles são exaltados mais próximos ao Céu neste mundo e estarão nas profundezas do inferno em outro. A isso se denomina hipócritas. Os pecadores de Sião são todos hipócritas, pois professam a verdadeira religião, cumprem as ordenanças de Deus e demonstram ser os adoradores do Senhor. Porém, é tudo hipocrisia.

Jonathan Edwards

CRENTES HIPÓCRITAS

*Outra parte caiu entre os espinhos;
e os espinhos cresceram
e a sufocaram, e não deu fruto.*

MARCOS 4:7

Algumas pessoas pareciam crer em Cristo e o seguiram durante algum tempo. Porém, Cristo não se comprometeu com elas; o Senhor sabia que elas eram instáveis e não seriam coerentes consigo mesmas. Algumas delas foram, durante algum tempo, fortemente afetadas por Sua pregação e pelos milagres que Ele realizou e comentaram acerca do Deus glorificado que havia dado tal poder aos homens: "...Jamais alguém falou como este homem" (JOÃO 7:46). Isso parece com alguns dos mesmos judeus cujas afeições se elevaram e declararam: "Hosana ao Filho de Davi! Bendito o que vem em nome do Senhor!" quando Cristo estava indo a Jerusalém, e depois gritaram "Crucifica-o! Crucifica-o!". Há muitos crentes como esses e como os israelitas, que cantaram louvores a Deus, e logo se esqueceram de Suas obras, e não esperaram por Seu conselho, que "tornaram atrás e se portaram aleivosamente como seus pais; desviaram-se como um arco enganoso". Isto é, um arco que errou o alvo para o qual parecia direcionar a flecha. A flecha parece estar apontada corretamente, como se fosse atingir o alvo; contudo, inesperadamente o arco se volta para outra direção.

Jonathan Edwards

11 DE FEVEREIRO

CEREAL

Enquanto durar a terra, não deixará de haver sementeira e ceifa, frio e calor, verão e inverno, dia e noite. GÊNESIS 8:22

Nas Escrituras, o cereal é muito usado para representar os santos. Os ímpios são representados pelos cachos de uva, mas os piedosos, pelo cereal. Eles são denominados trigo de Cristo, que Ele reunirá em Seu celeiro e em Seu armazém, e todos nós somos considerados aquele pão. O fato notável acerca do trigo e de outros cereais é serem semeados e crescerem antes do inverno e, então, ficam como se estivessem mortos e permanecessem mortos durante todo o inverno, para reviverem na primavera e crescerem muito mais altos que antes, até chegarem à perfeição e produzirem frutos. Essa é uma imagem viva da ressurreição dos santos — assim como o grão é primeiramente enterrado e ali morre antes de ressurgir, frequentemente acontece, no tocante aos santos desta vida, de serem vividamente representados por esse grão. Após a conversão, eles obscurecem e, durante muito tempo, continuam em um estado carnal frio e morto; então, revivem novamente e crescem muito mais do que antes, e nunca mais ficam obscuros até produzirem os frutos da perfeição. Essa é também uma imagem viva do que vem a ocorrer com a Igreja Cristã, que, após ser plantada pelos apóstolos e florescer um pouco, caiu em uma estação de inverno, um estado de humilhação e muito sofrido, durante longo tempo, e assim continua até o momento da destruição do Anticristo; então, revive, cresce e atinge um glorioso grau de prosperidade e fecundidade, denominado nas Escrituras de "primeira ressurreição" (APOCALIPSE 20:5,6). Por isso é dito acerca de Israel: "…serão vivificados como o cereal…" (OSEIAS 14:7). O reviver da Igreja após um estado de humilhação e um tempo de provação é comparado ao reviver do cereal sob a terra na primavera, em Isaías 37:30,31.

Jonathan Edwards

AO REVERENDO GEORGE WHITEFIELD

*Como o ferro com o ferro se afia, assim,
o homem, ao seu amigo.*
PROVÉRBIOS 27:17

Reverendo e caro senhor,

Tenho notícias alegres para enviar-lhe acerca do estado da religião neste lugar. Ela tem gradualmente se avivado e prevalecido cada vez mais desde que o senhor esteve aqui. A religião se tornou assunto de conversas mais abundantemente; outras coisas que pareciam impedi-la estão de lado no momento. Tenho motivos para pensar que um número considerável de nossos jovens, alguns deles crianças, já foram levados a Cristo para salvação. Espero que a salvação tenha chegado a esta casa desde que o senhor esteve nela, no tocante a um, se não mais, de meus filhos. O Espírito de Deus parece estar agindo em outras pessoas da família. Essa obra bendita parece agora estar acontecendo neste lugar, especialmente entre os jovens.

E, como Deus parece ter trazido sucesso aos seus esforços em nosso meio e às suas orações por nós, desejo a continuidade de suas fervorosas preces a nosso favor, para que Deus não seja como um viajante entre nós, que fica uma única noite, mas que derrame cada vez mais o Seu Espírito sobre nós e não mais se aparte do nosso meio. E especialmente por mim, para que eu seja cheio do Espírito de Deus e possa me tornar fervoroso, semelhante a uma labareda, em meu serviço; e possa ser abundantemente bem-sucedido, e para que Deus se agrade, por mais indigno que eu seja, de aprimorar-me como instrumento de Sua glória e na propagação do reino de Cristo.

Jonathan Edwards

O ESPÍRITO DE MANSIDÃO

*Bem-aventurados os mansos,
porque herdarão a terra.*
MATEUS 5:5

A mansidão é uma grande parte do espírito cristão. Naquele ardente e tocante chamado e convite do capítulo 11 de Mateus, no qual convida todos os cansados e sobrecarregados a buscarem nele descanso, Cristo menciona particularmente que gostaria que eles aprendessem dele, pois acrescenta: "...sou manso e humilde de coração...". Por respeitar os ferimentos recebidos de homens, a mansidão é denominada longanimidade nas Escrituras, e é frequentemente mencionada como um exercício, ou fruto do espírito cristão: "Mas o fruto do Espírito é: amor, alegria, paz, longanimidade..." (GÁLATAS 5:22); "Rogo-vos, pois, eu, o prisioneiro no Senhor, que andeis de modo digno da vocação a que fostes chamados, com toda a humildade e mansidão, com longanimidade..." (EFÉSIOS 4:1,2) e "Revesti-vos, pois, como eleitos de Deus, santos e amados, de ternos afetos de misericórdia, de bondade, de humildade, de mansidão, de longanimidade. Suportai-vos uns aos outros, perdoai-vos mutuamente, caso alguém tenha motivo de queixa contra outrem. Assim como o Senhor vos perdoou, assim também perdoai vós" (COLOSSENSES 3:12,13).

Jonathan Edwards

SUPORTANDO INSULTOS

*Sede, pois, imitadores de Deus,
como filhos amados.*

EFÉSIOS 5:1

O amor a Deus nos dispõe a imitá-lo e, portanto, nos dispõe a uma longanimidade semelhante à manifestada por Ele. A longanimidade é frequentemente mencionada como um dos atributos de Deus. "E, passando o Senhor por diante dele, clamou: Senhor, Senhor Deus compassivo, clemente e longânimo..." (ÊXODO 34:6). E, em Romanos 2:4, o apóstolo pergunta: "...desprezas a riqueza da sua bondade, e tolerância, e longanimidade...?". A longanimidade de Deus se manifesta de forma muito maravilhosa quando Ele sofre inumeráveis ferimentos feitos por homens, ferimentos muito grandes e prolongados. Se considerarmos a iniquidade que há no mundo e, depois, considerarmos como Deus mantém o mundo em existência e não o destrói, mas derrama sobre ele inumeráveis misericórdias, as graças de Sua providência e graças diárias, perceberemos quão abundante é a Sua longanimidade para conosco. E, se considerarmos Sua longanimidade para com algumas das grandes e populosas cidades do mundo e pensarmos quão constantemente as dádivas de Sua bondade são concedidas e consumidas por elas, e depois considerarmos quão grande é a iniquidade dessas mesmas cidades, isso nos mostrará quão surpreendentemente grande é a Sua longanimidade. E a mesma longanimidade tem sido manifestada a muitas pessoas específicas em todos os séculos. Ele é longânimo para com os pecadores que poupa e a quem oferece a Sua misericórdia, mesmo enquanto estão se rebelando contra Ele. E é longânimo para com as pessoas por Ele eleitas, muitas das quais viveram no pecado durante muito tempo e desprezaram tanto a Sua bondade quanto a Sua ira; e, ainda assim, o Senhor foi longânimo com elas até o fim, até elas serem levadas ao arrependimento e tornadas, por Sua graça, vasos de misericórdia e glória... O amor de um filho por seu pai o faz imitá-lo; especialmente, o amor dos filhos de Deus os dispõe a imitar seu Pai celestial. E, como Ele é longânimo, assim eles devem ser.

NÃO NEGLIGENCIE A SALVAÇÃO

...e, tendo achado uma pérola de grande valor,
vende tudo o que possui e a compra.

MATEUS 13:46

Deus não forçará a ir para o Céu o homem que não procura ir para lá. Ele não concederá a salvação a quem não pensa valer a pena orar por ela e buscá-la na sequência. Se os homens escolherem o mundo como sua porção e cuidarem mais das riquezas terrenas, prazeres e diversões do que da justificação e da vida eterna, Deus lhes dará aquilo com que mais se importam. De fato, Deus concede a salvação livremente e por mera graça, e não por qualquer obra nossa; ainda assim, a confere da maneira que mais glorifica a Sua livre graça e a torna mais estimada e valorizada. Ele não a dará a quem não a deseja, ou não a deseja o suficiente para pensar que vale a pena buscá-la, pensar nela e orar por ela. Essa seria a maneira de desprezar e pisotear a livre graça de Deus.

Alguns estão prontos para empedernirem-se dizendo: "Se sou eleito, serei salvo; deixe-me fazer o que eu quiser". Porém, mesmo que eu não possa ir para o Céu para influenciar nos decretos, posso certamente dizer se tais homens serão salvos ou não: se, por sua intromissão nos conselhos secretos de Deus, eles continuarem a negligenciar a sua salvação.

Deus concede a salvação livremente e por mera graça,
não por qualquer obra nossa.

Jonathan Edwards

TORMENTOS DO INFERNO

E, se alguém não foi achado inscrito no Livro da Vida, esse foi lançado para dentro do lago de fogo.
APOCALIPSE 20:15

Estou convencido de que os tormentos do inferno são, literalmente, tão grandes quanto são representados por fogo e enxofre, um lago de fogo e coisas semelhantes, e, sem qualquer hipérbole, pela enormidade das agonias de Cristo no jardim. Estou propenso a pensar que as agonias da mente, que são suficientes para lançar a natureza em tão violenta comoção e agitação a ponto de fazerem o sangue escorrer pelos poros da pele, são tão grandes quanto a aflição que alguém suportaria se estivesse em uma fornalha ardente. Penso que a alma dos perversos tenha de suportar agonias maiores do que as de Cristo no jardim, porque eles têm desespero e muitas outras sensações terríveis da alma, que são impossíveis a uma pessoa inocente.

Jonathan Edwards

OBRA PREPARATÓRIA

Eu, o Senhor, *esquadrinho o coração,*
eu provo os pensamentos; e isto para dar a cada um segundo
o seu proceder, segundo o fruto das suas ações.
JEREMIAS 17:10

Sem dúvida, exceto casos muito extraordinários, há sempre uma obra preparatória antes da conversão, pois demonstramos que a conversão é feita em um momento. Ora, quem pode acreditar que o Espírito de Deus tira um homem de sua carreira de pecado sem qualquer previsão, preocupação ou qualquer coisa assim, ou qualquer circunstância preparatória para levar àquilo? Nós não temos exemplo de tal coisa sem algo preparatório, seja pensamentos ou circunstâncias preparatórios que, em alguma medida, os coloquem em condições preliminares adequadas. Não determinamos quão grande diferença pode haver nessa apresentação preparatória de Cristo na alma.

Jonathan Edwards

A MANEIRA DE DEUS AGIR

*...invoca-me no dia da angústia; eu te livrarei,
e tu me glorificarás.* SALMO 50:15

Por que Deus requer oração para a concessão de misericórdias? Não é para ser informado de nossos desejos ou anseios. Ele é onisciente e, no tocante ao Seu conhecimento, imutável. Deus nunca obtém conhecimento por informação. Ele sabe o que queremos mil vezes mais perfeitamente do que nós mesmos, antes de lhe pedirmos. Pois embora, falando à maneira dos homens, às vezes Deus seja representado como se fosse comovido e persuadido pelas orações de Seu povo, não devemos pensar que Ele seja adequadamente comovido ou movido a agir por nossas orações. Pois não é mais possível haver em Deus qualquer nova inclinação ou vontade do que o novo conhecimento. A misericórdia de Deus não é movida ou atraída por coisa alguma da criatura. Porém, a mola propulsora da beneficência de Deus está somente nele mesmo. Ele é movido por si mesmo; a razão e o fundamento de qualquer misericórdia que conceda não devem ser procurados na criatura, mas no próprio prazer de Deus. É vontade de Deus conceder misericórdia desse modo, a saber, em resposta à oração, quando Ele planeja de antemão conceder misericórdia, sim, quando a prometeu, como em Ezequiel 36:36,37 — "Eu, o SENHOR, o disse e o farei. Assim diz o SENHOR Deus: Ainda nisto permitirei que seja eu solicitado pela casa de Israel: que lhe multiplique eu os homens como um rebanho". Deus se agradou de constituir a oração como antecedente da concessão de misericórdia. E Ele se agrada em conceder misericórdia como consequência da oração, como se tivesse sido convencido pela oração. Quando o povo de Deus é incitado à oração, é o efeito de Sua intenção demonstrar misericórdia. Então, Ele derrama o espírito de graça e súplica.

Jonathan Edwards

A COMPAIXÃO DE CRISTO

*Vendo ele as multidões,
compadeceu-se delas, porque estavam
aflitas e exaustas como ovelhas
que não têm pastor.*

MATEUS 9:36

Cristo se compadece facilmente dos aflitos. É natural que as pessoas desoladas por qualquer ente querido, e todas as profundamente entristecidas, busquem outras pessoas a quem possam declarar e expor suas aflições, e que tenham boas razões para pensar que essas pessoas terão compaixão delas e sentirão empatia por elas em sua angústia. O coração cheio de tristeza quer desabafar e derramar sua queixa; porém, procura um amigo compassivo com quem se abrir antes. Cristo é esse amigo, acima de todos os outros. Há muito tempo, ainda antes de Sua encarnação, Ele se mostrou compassivo para com o Seu povo. Pois é desse Jesus que Isaías 63:9 menciona — "Em toda a angústia deles, foi ele angustiado, e o Anjo da sua presença os salvou; […] remiu, os tomou e os conduziu todos os dias da antiguidade". E, quando estava na Terra em Seu estado de humilhação, Ele foi o exemplo mais maravilhoso de um espírito terno, misericordioso e compassivo que jamais apareceu no mundo. Com que frequência nos contam de Sua compaixão por um e outro!... Seus discursos aos Seus discípulos eram repletos de compaixão, especialmente os pronunciados pouco antes de Sua morte, relatados nos capítulos 13, 14, 15 e 16 de João. Seus milagres eram, quase universalmente, atos de misericórdia para com as pessoas aflitas.

Jonathan Edwards

FELIZ PROXIMIDADE

*Grande é este mistério,
mas eu me refiro a Cristo e à igreja.*
EFÉSIOS 5:32

A alegria mútua entre Cristo e Sua Igreja é como a do noivo e da noiva, pois eles se alegram um com o outro, como aqueles que se escolheram, acima de todos os outros, como amigos e companheiros mais próximos, íntimos e eternos. A Igreja é a escolhida de Cristo. "…eu te escolhi e não te rejeitei" (ISAÍAS 41:9); "…chamei-te pelo teu nome, tu és meu" (43:1). Com que frequência os santos de Deus são denominados Seus eleitos ou escolhidos! Ele os escolheu, não para serem meros servos, mas amigos. "Já não vos chamo servos […] mas tenho-vos chamado amigos…" (JOÃO 15:15). E, embora Cristo seja o Senhor da glória, infinitamente acima dos homens e dos anjos, ainda assim escolheu os eleitos para serem Seus companheiros e tomou sobre si a natureza deles e, assim, em algum aspecto, nivelou-se a eles para poder ser seu irmão e companheiro. Assim como Davi, Cristo chama os santos de Seus irmãos e companheiros… Assim, no livro de Cântico dos Cânticos, Ele chama Sua Igreja de irmã e esposa. Cristo amou e escolheu Sua Igreja como Sua amiga peculiar, acima das outras… Assim como o noivo escolhe a noiva como sua amiga peculiar acima de todas as outras do mundo, Cristo escolheu Sua Igreja para uma peculiar proximidade a Ele, como Sua carne e osso, e a elevada honra e dignidade do casamento, acima de todas as outras, em vez dos anjos caídos e em vez dos anjos eleitos.

*A alegria mútua entre Cristo e Sua igreja
é como a do noivo e da noiva.*

Jonathan Edwards

UM CONVITE

Ora, o Senhor da paz, ele mesmo,
vos dê continuamente a paz em todas as circunstâncias...
2 TESSALONICENSES 3:16

Agora, eu o convido para algo melhor. Há coisas melhores preparadas para os pecaminosos e sofredores filhos dos homens. Há um conforto mais seguro e uma paz mais duradoura: conforto de que você pode desfrutar em um estado de segurança e com uma base segura; paz e descanso que você pode desfrutar com razão e os olhos abertos. Você pode ter todos os seus pecados perdoados, suas maiores e mais graves transgressões apagadas como uma nuvem e enterradas como que nas profundezas do mar para nunca mais serem encontradas. E ser não apenas perdoado, mas aceito ao favor, você se torna objeto da complacência e do deleite de Deus. Sendo levado para a família de Deus e feito Seu filho, você pode ter uma boa evidência de que seu nome foi escrito no coração de Cristo antes de o mundo ser criado, e que você tem parte naquela aliança da graça que é bem ordenada em tudo e garantida, na qual é prometido não menos do que vida e imortalidade, uma herança incorruptível e imaculada, uma coroa de glória que não se desvanece. Estando em tais circunstâncias, nada será capaz de impedir que você seja feliz durante toda a eternidade, tendo como fundamento de sua esperança o amor de Deus que é de eternidade a eternidade, Sua promessa e juramento, e Sua onipotência: coisas infinitamente mais firmes do que montanhas de bronze. As montanhas se afastarão e as colinas serão removidas, sim, os céus desaparecerão como fumaça e a Terra envelhecerá como uma vestimenta, mas essas coisas jamais serão abolidas.

Eu o convido para algo melhor.

Jonathan Edwards

O VALE DE ACOR

E lhe darei, dali, as suas vinhas
e o vale de Acor por porta de esperança;
será ela obsequiosa como nos dias
da sua mocidade e como no dia em
que subiu da terra do Egito.

OSEIAS 2:15

As almas estão acostumadas a estar envoltas em problemas antes de Deus conceder verdadeira esperança e consolo. O coração corrupto dos homens se inclina naturalmente à estupidez e à insensatez antes de Deus vir com as influências avivadoras de Seu Espírito. Eles estão tranquilos e seguros. Não têm verdadeiro consolo e esperança, mas, ainda assim estão tranquilos, à vontade. Estão em sofrida escravidão e, contudo, não procuram remédio. Dizem como os filhos de Israel disseram a Moisés no Egito: "Deixe-nos, para que sirvamos aos egípcios". Porém, se Deus tem um desígnio de misericórdia para com eles, antes de lhes conceder a verdadeira esperança e o consolo, Ele os envolverá em problemas, os angustiará e furtará sua tranquilidade e falsa quietude, despertá-los-á de seus antigos lugares de descanso e sono e os levará a um deserto. Eles serão colocados em grande dificuldade e aflição para que não consigam se consolar com as coisas que costumavam lhes trazer consolo. Seu coração é apertado e ferroado, e em nada eles encontram facilidade. Eles têm, por assim dizer, uma flecha espetada em si que causa dor atroz e contínua, uma flecha que eles não conseguem fazer sair ou arrancar... Seus prazeres mundanos eram um bem suficiente antes, mas não o são agora. Vagam com corações feridos procurando descanso, e não o encontrando; como alguém vagando por um deserto

Jonathan Edwards

seco e crestado sob o calor ardente e escaldante do Sol, procurando por alguma sombra onde possam sentar e descansar, mas não encontrando. Onde quer que ele vá, os raios do sol o queimam. Ou ele procura alguma fonte de água fresca para saciar sua sede, mas não encontra uma gota sequer... Eles invocam a Deus, mas Ele não responde, nem parece considerá-los. Às vezes, encontram algo em que sentem prazer durante algum tempo, mas aquilo logo desaparece e os deixa mais angustiados do que antes. E, às vezes, eles são levados à beira do desespero. Assim são eles levados ao deserto e ao vale de Acor, ou da desgraça.

MÚSICA CELESTIAL

*Que farei, pois? Orarei com o espírito,
mas também orarei com a mente; cantarei com o espírito,
mas também cantarei com a mente.*
1 CORÍNTIOS 14:15

A melhor, mais bela e mais perfeita maneira que temos de expressar uma doce unidade de pensamento é a música. Quando eu quero formar em minha mente uma ideia de uma sociedade extremamente feliz, penso nas pessoas expressando seu amor, sua alegria e a concordância e harmonia interiores, e a beleza espiritual de sua alma, cantando docemente uma para a outra. Mas, se, no Céu, as mentes terão uma mútua visão imediata da inclinação do outro, sem tal expressão intermediária, muito mais doce será. Porém, para mim, é provável que, após terem novamente recebido um corpo, os santos glorificados terão maneiras de expressar concordância da mente por algumas outras emanações que não envolverão sons, as quais não conseguimos conceber, que serão muito mais proporcionais, harmoniosas e deliciosas do que a natureza dos sons é capaz de expressar. E a música que eles farão será de tal capacidade de modulações em proporções infinitamente mais agradáveis, exatas e afinadas do que o nosso atual bruto respirar e com órgãos de fonação adaptados a essas modulações.

Jonathan Edwards

O REPOUSO CELESTIAL

*Portanto, resta um repouso
para o povo de Deus.*
HEBREUS 4:9

Não devemos supor que, quando houverem terminado seu percurso, e feito as obras que lhes foram designadas aqui neste mundo, e chegarem ao fim de sua jornada à casa de seu Pai, os santos nada terão para fazer. É verdade que, quando os santos chegarem ao Céu, descansarão de seus esforços, e suas obras os seguirão. O Céu não é um lugar de esforço e trabalho, e sim de repouso... Contudo, o repouso celestial não consiste em ociosidade e cessação de toda ação, mas somente a cessação de todo o problema, da labuta e do tédio da ação. O repouso mais perfeito é consistente com estar continuamente empregado. Assim o é no Céu. Embora os santos sejam extremamente ativos, sua atividade é perfeitamente desprovida de toda a labuta, cansaço ou desagrado. Eles descansarão de seu trabalho, isto é, de todo trabalho de esforço, abnegação, tristeza, cuidado e vigilância, mas não cessarão de estar em ação... A perfeição da felicidade não consiste em ociosidade; pelo contrário, consiste em ação. Os anjos são espíritos benditos e, ainda assim, extremamente ativos em servir a Deus. São como uma labareda, que é a coisa mais ativa que vemos neste mundo. O próprio Deus desfruta de infinita felicidade e perfeita bem-aventurança; ainda assim, não é inativo: Ele é, em Sua própria natureza, um ato perfeito e está continuamente trabalhando para levar a efeito Seus próprios propósitos e fins. Esse princípio de santidade aperfeiçoado nos santos no Céu é um princípio tremendamente ativo. De modo que, embora desfrutem de perfeito repouso, ainda são muito mais ativos do que quando estavam

Jonathan Edwards

neste mundo. Aqui, eles eram excessivamente lentos, pesados e inativos, mas, agora, são uma labareda. A felicidade dos santos no Céu não é meramente passiva. Eles não desfrutam Deus de maneira meramente passiva, e sim ativa. Não somente Deus age sobre os que lá estão, mas estes agem mutuamente para o Senhor e nessa ação e reação consiste a felicidade celestial.

O CAMINHO DA SANTIDADE

*Segui a paz com todos e a santificação,
sem a qual ninguém verá o Senhor...* HEBREUS 12:14

Devemos buscar o Céu percorrendo o caminho que leva até ele. Esse é um caminho de santidade. Nós devemos escolher e desejar viajar para lá dessa maneira e de nenhuma outra, e deixar de lado todos aqueles apetites carnais que, como pesos, tenderão a nos atrapalhar. "...desembaraçando-nos de todo peso e do pecado que tenazmente nos assedia, corramos, com perseverança, a carreira que nos está proposta" (HEBREUS 12:1). Por mais agradável que possa ser a satisfação de qualquer apetite, precisamos pô-la de lado se ela for um obstáculo, ou uma pedra de tropeço, no caminho para o Céu.

Devemos seguir em frente no caminho da obediência a todos os mandamentos de Deus, tanto os difíceis quanto os fáceis, negando todas as nossas inclinações e interesses pecaminosos. O caminho para o Céu é ascendente. Precisamos nos contentar em viajar morro acima, embora seja difícil, cansativo e contrário à tendência natural de nossa carne. Devemos seguir a Cristo: o caminho que Ele percorreu era o caminho certo para o Céu. Devemos tomar nossa cruz e segui-lo, em mansidão e humildade de coração, obediência e caridade, diligência em fazer o bem, paciência sob aflições. O caminho para o Céu é uma vida celestial, uma imitação daqueles que estão no Céu em seus santos prazeres, amando, adorando, servindo e louvando a Deus e ao Cordeiro. Mesmo que pudéssemos ir para a morada celestial por meio da satisfação de nossos desejos carnais, deveríamos preferir o caminho de santidade e conformidade às regras espirituais de autonegação contidas no evangelho.

*Devemos seguir em frente no caminho da obediência
a todos os mandamentos de Deus.*

Jonathan Edwards

O TESOURO DO CÉU

Quem mais tenho eu no céu?
Não há outro em quem
eu me compraza na terra.
SALMO 73:25

Ora, a principal razão pela qual o coração do homem piedoso está voltado ao Céu é Deus estar lá; aquele é o palácio do Altíssimo. Esse é o lugar onde Deus está gloriosamente presente, onde Seu amor é gloriosamente manifesto, onde os piedosos podem estar com Ele, vê-lo como Ele é e o amar, servir, louvar e desfrutar dele perfeitamente. Se Deus e Cristo não estivessem lá, o homem não o buscaria com tanto zelo, nem se empenharia em uma laboriosa viagem através desse deserto, nem a consideração de estar indo para o Céu quando morrer lhe seria conforto sob labutas e aflições. Os mártires não se submeteriam a sofrimentos cruéis impostos por seus opressores, com a alegre perspectiva de ir para o Céu, se não esperassem estar com Cristo e, ali, desfrutar de Deus. Eles não abandonariam, com aquela alegria, todas as suas posses terrenas e todos os seus amigos terrenos, como muitos milhares deles fizeram, e vagariam em pobreza e banimento, sendo destituídos, afligidos, atormentados, na esperança de trocar sua herança terrena por uma celestial, se não fosse por esperarem estar com seu glorioso Redentor e Pai celestial. O coração do cristão está no Céu porque lá está o seu tesouro.

O coração do cristão está no Céu porque lá está o seu tesouro.

Jonathan Edwards

ENTREGUE TUDO

Filhinhos, guardai-vos dos ídolos.
1 JOÃO 5:21

Seja direcionado a sacrificar tudo pelo interesse eterno de sua alma. Permita que essa busca seja a sua inclinação e resolução de tal maneira que você faça que tudo dê lugar a ela. Não deixe coisa alguma ficar adiante de sua resolução de buscar o reino de Deus. Seja o que for que você costumava considerar conveniência, conforto, facilidade ou algo desejável, se isso atrapalhar esse grande interesse, descarte-o sem hesitar; e se, provavelmente, aquilo sempre for um obstáculo, acabe totalmente com ele e nunca mais tenha expectativa dele... Seja o que for que estiver atrapalhando a sua mais proveitosa busca da salvação... ofereça tudo isso junto, por assim dizer, em um sacrifício pelo bem de sua alma... O jovem rico estava consideravelmente interessado na salvação; consequentemente, era uma pessoa bastante estrita em muitas coisas; porém, quando Cristo o orientou a ir, vender tudo que tinha e dar aos pobres e, depois, segui-lo, seu coração não pôde atender àquilo, e ele foi embora triste. Ele tinha grandes posses, e seu coração estava muito apegado ao seu patrimônio e não suportava separar-se deste. Talvez, se Cristo apenas o houvesse orientado a doar uma parte considerável de seus bens, ele o houvesse feito; sim, talvez, se Ele lhe houvesse dito para separar-se da metade, o jovem o houvesse cumprido — mas, quando Jesus ordenou que se desfizesse de tudo, ele não conseguiu agarrar tal proposta. Aqui, a retidão da porta importa muito; e é com base nisso que muitos procuram entrar e não conseguem. Muitas pessoas pensam muito na salvação e passam grande parte de seu tempo desejando tê-la, mas não atenderão aos requisitos necessários.

Jonathan Edwards

A MELHOR SOCIEDADE

*...bem-aventurado é o povo
cujo Deus é o S<small>ENHOR</small>!*
SALMO 144:15

O povo de Deus é a sociedade mais excelente e feliz do mundo. O Deus que eles escolheram como o seu Deus é o Pai deles. Ele perdoou todos os seus pecados, e eles estão em paz com Deus e incluídos em todos os privilégios de Seus filhos. Ao se dedicarem a Deus, Jesus se entregou a eles. O Senhor se tornou sua salvação e sua porção: Seu poder e misericórdia, e todos os Seus atributos, são deles. Estão em um estado seguro, livres de toda possibilidade de perecer. Satanás não tem poder para destruí-los. Deus os carrega em asas de águia, muito acima do alcance de Satanás e de todos os inimigos de suas almas. Deus está com eles neste mundo. O povo de Deus tem a Sua graciosa presença. Deus é por eles; quem poderá ser contra eles? Assim como os montes estão ao redor de Jerusalém, Jeová está ao redor deles. Deus é o seu escudo e a sua excelente recompensa, e sua comunhão é com o Pai e com seu Filho, Jesus Cristo. Eles têm a promessa e o juramento divinos de que, no mundo vindouro, habitarão para sempre na gloriosa presença de Deus.

*Assim como os montes estão ao redor de Jerusalém,
Jeová está ao redor do Seu povo.*

Jonathan Edwards

MAJESTADE E MANSIDÃO

*Encontraram-se a graça e a verdade,
a justiça e a paz se beijaram.*

SALMO 85:10

Na pessoa de Cristo, reúnem-se infinita majestade e transcendente mansidão. Essas são duas qualificações que não se reúnem em qualquer outra pessoa além de Cristo. A mansidão, assim chamada com propriedade, é uma virtude exclusiva da criatura. Raramente encontramos a mansidão mencionada como atributo divino nas Escrituras, pelo menos não no Novo Testamento... Porém, Cristo, sendo Deus e homem, tem infinita majestade e também superlativa mansidão.

Cristo era uma pessoa de infinita majestade. É dele que foi dito: "Cinge a espada no teu flanco, herói; cinge a tua glória e a tua majestade!" (SALMO 45:3). É Ele que é poderoso, que cavalga nos Céus e tem sua excelência no firmamento. É Ele que é terrível nos Seus santos lugares, que é mais poderoso do que o ruído de muitas águas, sim, que as fortes ondas do mar; diante de quem vai um fogo que queima os Seus inimigos ao redor; em cuja presença a terra treme e os montes se abalam; que se senta na redondeza da Terra e todos os habitantes dela são como gafanhotos; que repreende o mar e o seca, e seca os rios; cujos olhos são como fogo... Contudo, Ele era o mais maravilhoso exemplo de mansidão e humilde quietude de espírito, como jamais houve, conforme as profecias a Seu respeito: "Ora, isto aconteceu para se cumprir o que foi dito por intermédio do profeta: Dizei à filha de Sião: Eis aí te vem o teu Rei, humilde, montado em jumento, num jumentinho, cria de animal de carga" (MATEUS 21:4,5). E, de acordo com o que Cristo declara de si mesmo, "...sou manso e humilde de coração..." (MATEUS 11:29)... Com que mansidão Ele apareceu no círculo de soldados que estavam condenando e zombando dele. Ficou em silêncio e não abriu a Sua boca, mas foi como um cordeiro ao matadouro. Assim, Cristo é um Leão em majestade e um Cordeiro em mansidão.

A NECESSIDADE DE SANTIDADE

Os céus anunciam a sua justiça,
e todos os povos veem a sua glória.
SALMO 97:6

Muitas pessoas não são suficientemente conscientes da necessidade de santidade para a salvação. Todos desejam o Céu, mas, se todos os que o desejaram tivessem ido para lá, agora o Céu estaria cheio de assassinos, adúlteros, xingadores, bêbados, ladrões, assaltantes e devassos licenciosos. Ele estaria cheio de toda sorte de impiedade e homens perversos, da mesma maneira como eles são abundantes na Terra atualmente. Lá haveria os que não são melhores do que animais selvagens, lobos uivantes e serpentes peçonhentas; sim, diabos encarnados, como Judas.

Que lugar miserável seriam os mais altos Céus no presente momento se assim fosse! Aquele lugar leve e glorioso, puro e imaculado, o templo celestial, seria como o Templo de Jerusalém no tempo de Cristo: um covil de ladrões; e o palácio real do Altíssimo, a santa metrópole da criação, seria transformado em um mero inferno. Não haveria felicidade para quem é santo. Que horrível e terrível confusão haveria se a gloriosa presença de Deus Pai, o Cordeiro glorificado de Deus e a Pomba Celestial, o Espírito de toda graça e origem de toda a santidade, e os imaculados santos glorificados com os santos anjos e os homens perversos, bestas e diabos estivessem todos misturados!

Portanto, cabe a todos nós ter consciência da necessidade de santidade para a salvação; da necessidade de uma santidade real, vigorosa e sincera, interior e espiritual, que nos sustente para sempre e não nos abandone à morte.

Jonathan Edwards

OBEDECENDO AO EVANGELHO

*Conheço o lugar em que habitas,
onde está o trono de Satanás, e que conservas
o meu nome e não negaste a minha fé,
ainda nos dias de Antipas, minha testemunha,
meu fiel, o qual foi morto entre vós,
onde Satanás habita.*

APOCALIPSE 2:13

Fé é receber Cristo no coração. "Se, com a tua boca, confessares Jesus como Senhor e, em teu coração, creres que Deus o ressuscitou dentre os mortos, serás salvo" (ROMANOS 10:9). A fé verdadeira inclui mais do que uma mera crença; é aceitar o evangelho e inclui aceitação completa. "Fiel é a palavra e digna de toda aceitação: que Cristo Jesus veio ao mundo para salvar os pecadores..." (1 TIMÓTEO 1:15). Ela é algo mais do que uma simples concordância do entendimento, porque é chamada de obediência ao evangelho. "...qual será o fim daqueles que não obedecem ao evangelho de Deus" (1 PEDRO 4:17)? É obedecer à doutrina de coração (ROMANOS 6:17,18). Essa expressão de obediência ao evangelho parece denotar a submissão do coração ao evangelho no que ele nos propõe ao crer na verdade dele. "...muitos dentre as próprias autoridades creram nele, mas, por causa dos fariseus, não o confessavam, para não serem expulsos da sinagoga" (JOÃO 12:42).

*A fé verdadeira inclui mais do que
uma mera crença.*

Jonathan Edwards

DEUS REINANDO

Respondeu-lhe Tomé:
Senhor meu e Deus meu!
JOÃO 20:28

O homem piedoso ama que Deus reine não somente sobre os outros, mas também sobre si mesmo, e isso com um poder incontrolável. Deseja sinceramente que Deus seja o Rei soberano sobre sua vida. Prefeririria ser governado por Deus e tê-lo como seu Rei, do que seguir, em todos os aspectos, sua própria vontade. Não pertencemos a nós mesmos: "…[fomos] comprados por preço…" (1 CORÍNTIOS 6:19,20). E o cristão prefere que seja assim do que de outra maneira; prefere pertencer a Deus do que a si mesmo. Prefere que Deus tenha total direito a ele, corpo e alma, do que ter direito a si mesmo. Ama ter Deus como legislador, prefere que Deus lhe dê leis do que não as dê. Ele adora que Deus o controle em Sua providência. Consegue se deliciar em pensar que está nas mãos de Deus. A linguagem de sua alma, que procede dela com deleite e prazer, é: "Senhor, eu estou nas Tuas mãos; trata-me como te parecer bem".

Nós não pertencemos a nós mesmos:
fomos comprados por preço.

Jonathan Edwards

COISAS DEMASIADAMENTE ELEVADAS

*As coisas encobertas
pertencem ao Senhor, nosso Deus...*
DEUTERONÔMIO 29:29

Se encontramos falhas no governo de Deus, virtualmente supomos estar aptos a sermos Seus conselheiros. Em vez disso, cabe a nós, com grande humildade e adoração, clamar com o apóstolo: "Ó profundidade da riqueza, tanto da sabedoria como do conhecimento de Deus! Quão insondáveis são os seus juízos, e quão inescrutáveis, os seus caminhos! Quem, pois, conheceu a mente do Senhor? Ou quem foi o seu conselheiro? Ou quem primeiro deu a ele para que lhe venha a ser restituído? Porque dele, e por meio dele, e para ele são todas as coisas. A ele, pois, a glória eternamente..." (ROMANOS 11:33-36). Se criancinhas se levantassem e encontrassem falhas na suprema legislatura de uma nação, ou discutissem as misteriosas administrações do soberano, isso não seria considerado uma intromissão em assuntos demasiadamente elevados para elas? E o que somos nós, senão bebês? Nosso entendimento é infinitamente menor que o dos bebês se comparado à sabedoria de Deus. Cabe-nos, portanto, ter consciência disso e nos comportarmos adequadamente. "Senhor, não é soberbo o meu coração, nem altivo o meu olhar; não ando à procura de grandes coisas, nem de coisas maravilhosas demais para mim. Pelo contrário, fiz calar e sossegar a minha alma; como a criança..." (SALMO 131:1,2). Somente essa consideração da infinita distância entre Deus e nós, e entre o entendimento de Deus e o nosso, deve ser suficiente para nos acalmar e aquietar no tocante a tudo que Deus faz, por mais misterioso e ininteligível que seja para

Jonathan Edwards

nós. Nem temos qualquer direito de esperar que Deus nos explique particularmente a razão de Suas dispensações. É adequado que Deus não preste conta de Seus assuntos a nós, vermes do pó, para que possamos ter consciência de nossa distância dele, e o adoremos e nos submetamos a Ele em humilde reverência.

FÉ SEM OBRAS

*Porque, assim como o corpo
sem espírito é morto, assim também
a fé sem obras é morta.*

TIAGO 2:26

Santidade é a conformidade do coração e da vida a Deus. Qualquer tipo de aparência externa que os homens possam criar por suas atitudes exteriores, como se fosse santa, se não proceder de uma santidade íntima sincera e honesta, nada é. Amazias fez o que era certo aos olhos do Senhor, mas não com um coração perfeito (2 REIS 14:1-20); nada do que ele fez foi aceitável a Deus, que perscruta os corações, sonda as entranhas dos filhos dos homens e precisa ser adorado em espírito e em verdade.

E seja qual for a santidade que eles possam fingir ter em seu coração, e as hipócritas aflições emocionais que possam ter tido, nada disso tem propósito se não se manifestar na santidade de sua vida e suas conversas: "Se alguém supõe ser religioso, deixando de refrear a língua, antes, enganando o próprio coração, a sua religião é vã. A religião pura e sem mácula, para com o nosso Deus e Pai, é esta: visitar os órfãos e as viúvas nas suas tribulações e a si mesmo guardar-se incontaminado do mundo" (TIAGO 1:26,27). E no capítulo 2, versículo 18: "Mas alguém dirá: Tu tens fé, e eu tenho obras; mostra-me essa tua fé sem as obras, e eu, com as obras, te mostrarei a minha fé". E nos versículos 19 e 20: "Crês, tu, que Deus é um só? Fazes bem. Até os demônios creem e tremem. Queres, pois, ficar certo, ó homem insensato, de que a fé sem as obras é inoperante?". De modo que é necessário haver conformidade do coração e da vida para com Deus para haver verdadeira santidade.

Jonathan Edwards

PERCEBIDO POR CRISTO

*Por isso, também pode salvar
totalmente os que por ele se chegam
a Deus, vivendo sempre para
interceder por eles.*

HEBREUS 7:25

A partir da imutabilidade de Cristo você pode aprender a imutabilidade de Sua intercessão, como Ele nunca cessará de interceder por você. E com isso você pode aprender a inalterabilidade da sua felicidade celestial. Quando você tiver tomado posse da felicidade do Céu, ela nunca será tirada de você, porque Cristo, seu Salvador e amigo, que lha concede e em quem você a tem, é imutável. Ele será o mesmo eternamente e, portanto, assim será sua felicidade no Céu. Por ser um Salvador imutável, Cristo é a sua porção imutável. Você pode se regozijar de que, embora os seus prazeres terrenos possam ser removidos, Cristo nunca pode falhar. Seus queridos amigos podem ser tomados, e você pode sofrer muitas perdas. E, finalmente, você terá de se desfazer de tudo isso. Contudo, você tem uma porção, um tesouro precioso, dez mil vezes mais valioso do que todas essas coisas. Essa porção não pode falhar com você porque você a tem nele, que é o mesmo ontem, hoje e para sempre.

Jonathan Edwards

TORNE-SE SEMELHANTE AOS LOUCOS

Nós somos loucos por causa de Cristo, e vós, sábios em Cristo; nós, fracos, e vós, fortes; vós, nobres, e nós, desprezíveis.
1 CORÍNTIOS 4:10

Quão tolo é os homens se inclinarem ao próprio entendimento e confiarem em seu próprio coração. Se somos tão cegos, não devemos confiar em nossa própria sabedoria, e esse conselho do sábio é muito razoável. "Confia no Senhor de todo o teu coração e não te estribes no teu próprio entendimento" (PROVÉRBIOS 3:5); "O que confia no seu próprio coração é insensato..." (PROVÉRBIOS 28:26). São, portanto, tolos os que confiam em sua própria sabedoria e questionam as misteriosas doutrinas da religião porque não podem ver através delas e não estão dispostos a confiar na infinita sabedoria de Deus.

Portanto, tornemo-nos tolos. Tenhamos consciência de nossa própria cegueira e insensatez naturais. Há um tesouro de sabedoria contido nessa única sentença: "...se alguém dentre vós se tem por sábio neste século, faça-se estulto para se tornar sábio" (1 CORÍNTIOS 3:18). Ver nossa própria ignorância e cegueira é o primeiro passo para ter verdadeiro conhecimento. "Se alguém julga saber alguma coisa, com efeito, não aprendeu ainda como convém saber" (1 CORÍNTIOS 8:2).

Peçamos a Deus por sabedoria. Se somos tão cegos em nós mesmos, o conhecimento não deve ser procurado em nós mesmos, e, sim, em alguma outra fonte. E não temos outro lugar onde buscá-la senão na fonte de luz e sabedoria. A verdadeira sabedoria

Jonathan Edwards

é uma joia preciosa. E nenhum de nossos semelhantes pode dá-la a nós, nem nós podemos comprá-la com qualquer quantia que tenhamos para dar. Ela é o dom soberano de Deus. A maneira de obtê-la é buscá-lo conscientes de nossa fraqueza, cegueira e miséria. "Se [...] algum de vós necessita de sabedoria, peça-a a Deus..." (TIAGO 1:5).

SIGA O EXEMPLO DE PAULO

Sede meus imitadores,
como também eu sou de Cristo.
1 CORÍNTIOS 11:1

Devemos seguir os bons exemplos do apóstolo Paulo. Devemos considerar que o apóstolo não disse isso de si mesmo por espírito ambicioso, por desejo de ser tomado como padrão, ou visto e imitado como exemplo para outros cristãos. Seus escritos não são de particular interpretação, mas ele falava conforme era guiado pelo Espírito Santo... E, quando somos orientados, pelo Espírito Santo, a seguir os bons exemplos do apóstolo Paulo, não se trata meramente de imitar o que quer que vejamos como bom em alguém, seja ele quem for. Há, porém, obrigações espirituais de seguir os bons exemplos desse grande apóstolo que recaem sobre os cristãos. E agradou ao Espírito Santo, de maneira especial, estabelecer o apóstolo Paulo não apenas como mestre da Igreja Cristã, mas como padrão para outros cristãos... De todos os homens, nenhum é particularmente exposto com tanta frequência nas Escrituras como um padrão para os cristãos seguirem quanto o apóstolo Paulo.

Jonathan Edwards

O AMOR É SUPERIOR

*Agora, pois, permanecem
a fé, a esperança e o amor, estes três;
porém o maior destes é o amor.*

1 CORÍNTIOS 13:13

Os dons de profecia, milagres, línguas e outros foram dados por Deus para o fim específico de promover a propagação e o estabelecimento do evangelho no mundo. A finalidade do evangelho é levar os homens das trevas para a luz e do poder do pecado e de Satanás para servir o Deus vivo, isto é, santificar os homens. O propósito de todos os dons extraordinários do Espírito é a conversão dos pecadores e a edificação dos santos na santidade, que é fruto das influências comuns do Espírito Santo. Para isso o Espírito Santo foi derramado sobre os apóstolos após a ascensão de Cristo, e eles foram capacitados a falar em línguas, fazer milagres e assim por diante; e, naquela época, muitos outros foram, para isso, revestidos com os dons extraordinários do Espírito Santo: "E ele mesmo concedeu uns para apóstolos, outros para profetas, outros para evangelistas..." (EFÉSIOS 4:11). Aqui, os dons extraordinários do Espírito são mencionados; e a finalidade de tudo é expressa no versículo seguinte: "com vistas ao aperfeiçoamento dos santos para o desempenho do seu serviço, para a edificação do corpo de Cristo". E aprendemos no versículo 16 a que tipo de edificação do Corpo de Cristo ele se refere: "...o corpo [...] efetua o seu próprio aumento para a edificação de si mesmo em amor". Trata-se do mesmo que lemos em 1 Coríntios 8:1 — "...o amor edifica". Porém, o fim é sempre mais excelente que os meios: essa é uma máxima universalmente permitida; porque os meios não são bons se não estiverem subordinados ao fim. Este último, portanto, precisa ser considerado superior aos meios quanto à excelência.

Jonathan Edwards

A BELEZA DA SANTIDADE

*Adorai o Senhor na beleza
da sua santidade; tremei diante dele,
todas as terras.*
SALMO 96:9

A santidade é uma coisa muito linda e encantadora. Os homens são inclinados a absorver noções estranhas de santidade de sua infância, como se ela fosse uma coisa melancólica, sombria, amarga e desagradável; porém, nada há nela senão o que é doce e arrebatadoramente formoso. Ela é a mais elevada beleza e amabilidade, muito acima de todas as outras belezas; é uma beleza divina, torna a alma celestial e muito mais pura do que qualquer coisa que há na Terra. Este mundo é como lamaçal, imundície e impureza em comparação à alma santificada. Ela tem uma natureza doce, adorável, deliciosa, serena, calma e tranquila. É quase uma beleza demasiadamente elevada para adornar qualquer criatura; torna a alma uma imagem pequena, amável e deliciosa do bendito Jeová. Quantos anjos se põem de pé com olhos satisfeitos, deliciados e encantados e admiram, com sorrisos de prazer, a alma que é santa!

A santidade cristã está acima de toda virtude pagã e tem uma natureza mais brilhante e pura, mais serena, calma, pacífica e prazerosa. Que doce sossego, que calmo êxtase, ela traz à alma! A verdadeira santidade tem natureza mansa e humilde; pacífica e tranquila. Como isso transforma a alma e a torna mais pura, mais brilhante e mais excelente do que os outros seres.

*A santidade cristã está acima
de toda virtude pagã.*

Jonathan Edwards

VIVA CONTROLADAMENTE

*...mansidão, domínio próprio.
Contra estas coisas não há lei.*

GÁLATAS 5:23

A religião permite o desfrute de delícias sensoriais de maneira temperada, moderada e racional, mas o homem perverso se satura delas. Qualquer uma das delícias deste mundo é abundantemente mais doce quando tomada com moderação do que quando tomada imoderadamente, como alguém que, em um banquete, alimenta-se com temperança e sente muito mais prazer no que come e bebe do que quem se empanzina e depois vomita. Os piedosos têm a prudência de tomar moderadamente as delícias terrenas, mas o homem perverso é despropositado nelas e, por ser tão ganancioso e impetuoso, acaba perdendo o deleite de seu prazer; o piedoso, porém, toma essas coisas para que o doce prazer delas permaneça durante toda a sua vida. "Achaste mel? Come apenas o que te basta, para que não te fartes dele e venhas a vomitá-lo" (PROVÉRBIOS 25:16). O homem justo tem a prudência de não comer mais mel do que é capaz de digerir e para que o sabor dele possa permanecer.

Jonathan Edwards

AS ORAÇÕES DOS INCRÉDULOS

*Não viste que Acabe se humilha
perante mim? Portanto, visto que se humilha
perante mim, não trarei este mal
nos seus dias, mas nos dias de seu filho
o trarei sobre a sua casa.*

1 REIS 21:29

Às vezes, Deus se agrada em responder as orações dos incrédulos. De fato, não ouve as suas orações por causa da bondade ou aceitabilidade deles, ou devido a qualquer respeito verdadeiro a Ele manifestado, pois não há nenhum. Também não se obrigou a responder tais orações. Contudo, às vezes lhe apraz, por Sua soberana misericórdia, compadecer-se de homens iníquos e de ouvir seus clamores. Foi assim que Deus ouviu os clamores dos ninivitas (JONAS 3) e a oração de Acabe (1 REIS 21:27,28). Embora não haja consideração a Deus nas orações deles, ainda assim o Senhor, por Sua infinita graça, se agrada em ter consideração por seus desejos de felicidade própria e em conceder seus pedidos. Ele pode ouvir, e às vezes ouve, os clamores de homens ímpios tanto quanto ouve os corvos famintos quando clamam (SALMO 147:9). E também quando abre Sua mão generosa e satisfaz os desejos de todos os seres vivos (SALMO 145:16). Além disso, embora não contenham bondade, as orações dos pecadores são transformadas em um meio de preparação para a misericórdia.

Jonathan Edwards

GOVERNANTES E MAGISTRADOS

*Eu disse: sois deuses,
sois todos filhos do Altíssimo.*
SALMO 82:6

Aqueles que, pela providência divina, são colocados em um lugar de autoridade pública e numa posição de governo são chamados "deuses e filhos do Altíssimo". É, portanto, peculiarmente impróprio eles terem um espírito mesquinho, uma inclinação que admitirá fazerem coisas sórdidas e vis — como quando são pessoas de espírito tacanho secreto, que podem estar envolvidas em pequenos truques e intrigas para promover seu interesse particular. Tais pessoas contaminarão vergonhosamente suas mãos para ganhar algum dinheiro... e tirarão vantagem de sua autoridade ou comissionamento para encher seus bolsos com algo fraudulentamente tomado ou retido de outros. Quando um homem que ocupa uma posição de autoridade tem um espírito assim mesquinho, isso enfraquece sua autoridade e o torna justamente desprezível aos olhos dos homens, e é totalmente inconsistente com o fato de ele ter poder.

O quadro oposto estabelece grandemente sua autoridade e faz com que os outros o admirem quando o veem como um homem de grandeza de espírito, que detesta as coisas mesquinhas e sórdidas e é incapaz de ter conformidade com elas: uma pessoa de espírito público e não de inclinação tacanha particular; um homem honrado, não de esperteza vil e conduta clandestina por lucro imundo; que abomina insignificância e impertinência, ou desperdiçar seu tempo... Deus acusa os governantes de Israel, que fingiam ser homens grandes e poderosos, de serem poderosos para beber vinho e terem força para misturar bebidas fortes. Não parece haver

Jonathan Edwards

qualquer referência a eles serem homens de mente forte e capazes de suportar uma grande quantidade de bebida forte, como alguns supuseram. Há um forte sarcasmo nas palavras, porque o profeta está falando dos grandes homens, príncipes e juízes de Israel (como aparece no versículo seguinte), que deviam ser homens poderosos, esteios fortes, homens de eminentes qualificações, destacados em nobreza de espírito, de força gloriosa e fortaleza mental. Porém, em vez disso, eles eram poderosos ou eminentes em nada além de glutonaria e bebedice.

VIVENDO COM MEDO

*Tomam-se de grande pavor,
onde não há a quem temer; porque
Deus dispersa os ossos daquele
que te sitia; tu os envergonhas,
porque Deus os rejeita.*

SALMO 53:5

O homem perverso, embora tenha os prazeres desta vida, participa deles com medo. Ele vive todos os seus dias com um medo escravo da morte e do inferno. Ele come e bebe com medo, em medo, e isso tira muito do deleite daquilo de que ele gosta. Embora seja rico e se porte com suntuosidade, ele come e bebe com medo de sua vida, e isso tira todo o conforto de suas riquezas. Se alguém vive desfrutando de muitas coisas boas, mas de modo a ficar continuamente exposto a um inimigo, o homem que mora em uma cabana vive melhor do que ele. Alimente um malfeitor condenado à forca com os alimentos mais ricos e ele não terá tanto conforto naquilo quanto alguém que só come pão e água sem medo. O homem perverso toma essas coisas como um ladrão que tem medo do tremor de uma folha. "Fogem os perversos, sem que ninguém os persiga…" (PROVÉRBIOS 28:1). Veja também Jó 24:17. O cristão, porém, participa de suas delícias em segurança e sem medo, pode comer e beber sem terrores, com ousadia e confiança.

Jonathan Edwards

CONHECIMENTO DO TESOURO

Compra a verdade e não a vendas...
PROVÉRBIOS 23:23

Considerem-se como eruditos ou discípulos colocados na escola de Cristo; e, portanto, sejam diligentes em crescer no conhecimento cristão. Não se contentem com terem lhes ensinado o catecismo na sua infância e conhecerem, dos princípios da religião, o necessário para a salvação. Dessa maneira vocês serão culpados daquilo contra o que o apóstolo adverte, ou seja, não ir além de "[lançar] a base do arrependimento de obras mortas..." (HEBREUS 6:1).

Todos vocês são chamados a serem cristãos e é assim que professam ser. Empenhem-se, portanto, em adquirir conhecimento naquilo que diz respeito a essa sua profissão. Não permitam que seus professores tenham motivos para reclamar de que, enquanto se desgastam para transmitir-lhes conhecimento, vocês pouco se esforçam para aprender. Para um instrutor, é um grande encorajamento ter a quem ensinar sobre fazer do aprendizado um negócio, inclinando sua mente a este. Isso torna o ensino um prazer, quando, de outro modo, será uma tarefa muito pesada e trabalhosa.

Todos vocês têm, por si mesmos, um grande tesouro de conhecimento divino, pois têm a Bíblia em suas mãos; portanto, não se contentem em possuir apenas um pouco desse tesouro. Deus lhes falou muito nas Escrituras; esforcem-se por entender o máximo possível do que Ele diz. Deus fez de todos vocês criaturas racionais; portanto, não deixem a nobre faculdade da razão ou do entendimento ser negligenciada. Não se contentem em ter tanto conhecimento quanto o que lhes é lançado, e quanto vocês recebem, em certo sentido inevitavelmente, pela frequente inculcação

Jonathan Edwards

da verdade divina na pregação da Palavra, da qual vocês são obrigados a ser ouvintes, ou quanto vocês recebam acidentalmente em conversação; mas empenhem-se muito em procurá-lo, e isso com a mesma diligência e esforço com que os homens costumam cavar em minas de prata e de ouro.

16 DE MARÇO

MAIS AMADOS

Novo mandamento vos dou: que vos ameis uns aos outros; assim como eu vos amei, que também vos ameis uns aos outros. JOÃO 13:34

O amor dos santos uns pelos outros será sempre mútuo e recíproco, embora não possamos supor que todos serão, em todos os aspectos, igualmente amados. Alguns dos santos são mais amados por Deus do que outros, até mesmo na Terra. O anjo disse a Daniel que ele era um homem "...mui amado..." (DANIEL 9:23); Lucas é chamado "...médico amado..." (COLOSSENSES 4:14); e João, o "...discípulo, a quem Jesus amava..." (JOÃO 20:2). E assim, sem dúvida, os que foram mais eminentes em fidelidade e santidade, e são os mais elevados em glória, são mais amados por Cristo no Céu. E, sem dúvida, aqueles santos que são mais amados por Cristo e estão mais próximos a Ele na glória são mais amados por todos os outros santos. Assim, podemos concluir que santos como os apóstolos Paulo e João são mais amados pelos santos no Céu do que outros santos de escalão inferior. Eles são mais amados pelos santos inferiores do que por aqueles do mesmo escalão deles. Então, nesses casos há retribuições de amor, porque, da mesma forma como estes são mais amados por todos os outros santos, também lhes retribuem proporcionalmente. O coração de Cristo, o grande Cabeça de todos os santos, é mais cheio de amor do que o coração de qualquer santo. Ele ama todos os santos muito mais do que qualquer um deles ama os outros. Porém, quanto mais um santo é amado por Cristo, mais aquele santo é semelhante a Ele no sentido de que seu coração é mais cheio de amor.

O coração de Cristo é mais cheio de amor do que o coração de qualquer santo.

Jonathan Edwards

CHEGA DE CIÚMES

...se amarmos uns aos outros,
Deus permanece em nós, e o seu amor é,
em nós, aperfeiçoado.

1 JOÃO 4:12

A alegria do amor celestial nunca será interrompida ou amortecida pelo ciúme. Os amantes celestiais não terão dúvida de seu amor mútuo. Eles não temerão que as declarações e os comprometimentos de amor sejam hipócritas. Pelo contrário, cada um estará perfeitamente satisfeito com a sinceridade e a força do afeto do outro, como se houvesse uma janela em todo peito para que tudo que há no coração pudesse ser visto. Não haverá lisonja ou dissimulação no Céu; ali, a perfeita sinceridade reinará por meio de todos e em todos. Cada um será exatamente o que parece ser e realmente terá todo o amor que aparenta ter. Não será como neste mundo, onde comparativamente poucas coisas são o que parecem ser e, frequentemente, as declarações são feitas com leviandade e sem propósito; ali, toda expressão de amor virá do fundo do coração e tudo que for professado será real e verdadeiramente sentido. Os santos saberão que Deus os ama, nunca duvidarão da grandeza de Seu amor, e não terão dúvida quanto ao amor de todos os seus companheiros de morada celestial. E não terão ciúmes da constância do amor de uns pelos outros. Eles não suspeitarão que o amor que os outros sentiram em relação a eles é diminuído ou, em qualquer grau, retirado deles por amor a algum rival, ou por algo em si mesmos que suspeitem ser desagradável aos outros, ou por qualquer inconstância em seu próprio coração ou no coração dos outros. Tampouco terão medo de que o amor de alguém por eles seja diminuído. No Céu não haverá algo como inconstância e infidelidade para molestar e perturbar a amizade daquela sociedade bendita. Os santos não temerão que o amor de Deus por eles diminuirá ou que Cristo não continuará a amá-los, sempre, com inabalável ternura e afeição. E eles não terão inveja uns dos outros, porque saberão que, pela graça divina, o amor de todos os santos também é imutável.

O APOIO DO CRISTÃO

O Senhor é a minha rocha, a minha cidadela, o meu libertador; o meu Deus, o meu rochedo em que me refugio; o meu escudo, a força da minha salvação, o meu baluarte.

SALMO 18:2

Aquele que consegue dizer "Eu sei que o meu Redentor vive" sabe que o seu Redentor está acima de todos e é capaz de fazer tudo por ele. Se for perseguido, sabe que seu Redentor está acima de seus perseguidores. Quando for tentado pelo diabo e vir que os poderes do inferno se enfurecem contra ele, sabe que seu Redentor está acima de todos os demônios do inferno e é capaz de livrá-lo das mãos deles. Ele sabe que seu alicerce é seguro, seu refúgio é forte, e que seu Redentor está ao redor dele como as montanhas rodeiam Jerusalém; e que Seu nome é uma torre forte, e que Sua salvação, designada para ser sua muralha e baluarte, é como montanhas de bronze.

Se ele estiver em aflição nesta vida e em meio a tempestades, sabe que seu Redentor está acima das tempestades do mundo e pode contê-las e repreendê-las quando quiser. Basta-lhe dizer: "Acalma-te, emudece", e tudo fica calmo. Quando for sacudido como um navio no mar tempestuoso, sabe que seu Redentor está no navio e, portanto, não pode afundar.

Se a morte se aproxima com seu semblante mais sombrio e medonho, mesmo assim ele sabe que seu Redentor está acima da morte e, portanto, não se aterroriza com ela, mas consegue olhar para ela com um semblante calmo e agradável e dizer: "Onde está, ó morte, a tua vitória? Onde está, ó morte, o teu aguilhão?" (1 CORÍNTIOS 15:55).

Jonathan Edwards

O TEMPO É INCERTO

*Tudo tem o seu tempo
determinado, e há tempo para todo
propósito debaixo do céu:*
ECLESIASTES 3:1

Devemos estimar o tempo como muito precioso, porque não temos certeza de sua continuidade. Sabemos que ele é muito curto, mas não sabemos quão curto. Não sabemos quão pouco dele resta, seja um ou vários anos, ou apenas um mês, uma semana ou um dia. Todos os dias, não temos certeza se esse será o último ou se teremos sequer o dia todo. Nada há que a experiência comprove mais do que isso. Se um homem tivesse apenas uma pequena provisão guardada para uma jornada ou uma viagem e, ao mesmo tempo, soubesse que, se a sua provisão faltasse, ele pereceria pelo caminho, seria mais criterioso ao escolhê-la. Quanto mais os homens valorizariam o seu tempo se soubessem ter apenas mais alguns meses ou dias para viver! E, certamente, um homem sábio valorizará mais o seu tempo por não saber se será assim com ele. No mundo, isso ocorre agora com multidões que, no momento, gozam de saúde e não veem sinais de morte próxima. Sem dúvida, muitas dessas pessoas morrerão no próximo mês, muitas na próxima semana, sim, muitas provavelmente amanhã e algumas nesta noite. Contudo, essas mesmas pessoas nada sabem acerca disso, talvez nada pensem sobre isso, e nem elas nem seus próximos podem dizer que, provavelmente, serão tirados do mundo antes de outros. Isso nos ensina como devemos valorizar o nosso tempo e quão cuidadosos devemos ser para nada perdermos dele.

Jonathan Edwards

SOMBRAS E COISAS

*...assim o homem
se deita e não se levanta; enquanto
existirem os céus...*
JÓ 14:12

Este mundo não é o nosso lugar de permanência. Nossa continuidade aqui é muito curta. Os dias do homem na Terra são como uma sombra. Deus nunca projetou que este mundo devesse ser o nosso lar, nem nos deu este alojamento temporário para essa finalidade. Se Deus nos deu grandes propriedades e filhos ou outros amigos agradáveis, não é com esse propósito que devemos ser guarnecidos aqui como se para uma morada estabelecida, e, sim, para que os usemos no presente e, depois, os deixemos em muito pouco tempo. Quando somos chamados a qualquer negócio secular ou encarregados do cuidado de uma família, [e] se melhoramos nossa vida para qualquer outro propósito que não seja uma jornada em direção ao Céu, todo o nosso trabalho será perdido. Se desperdiçarmos nossa vida em busca de uma felicidade temporal, como riquezas ou prazeres sensuais, crédito e estima de homens, prazer em nossos filhos e a perspectiva de vê-los bem-educados e estabelecidos etc., tudo isso terá pouca importância para nós. A morte destruirá todas as nossas esperanças e porá fim a esses prazeres. "Os lugares que nos conheceram não nos conhecerão mais" e "o olho que nos viu não nos verá mais". Todas essas coisas nos serão tiradas para sempre, e é incerto quando isso ocorrerá. Poderá ser logo depois de nos apossarmos delas. E então, onde estarão todos os nossos empregos e prazeres mundanos, quando estivermos na silenciosa sepultura?

Jonathan Edwards

EM DIREÇÃO AO ALVO

*...prossigo para o alvo,
para o prêmio da soberana vocação
de Deus em Cristo Jesus.*
FILIPENSES 3:14

Incline-se a esquecer o que é passado, isto é, não continue considerando demais o que você fez, mas deixe sua mente totalmente atenta ao que você tem a fazer. Em certo sentido, você deve olhar para trás; deve olhar para trás para os seus pecados; "...Vê o teu rasto no vale, reconhece o que fizeste..." (JEREMIAS 2:23). Você deve olhar para trás para ver a miséria de suas realizações religiosas e considerar como ficou aquém do alvo nelas; quão excessivamente poluídos foram todos os seus deveres e quão justamente Deus poderia os rejeitar e detestar, bem como a você por eles. Porém, não deve gastar seu tempo olhando para trás, como muitas pessoas, pensando quanto fizeram por própria salvação; que grandes esforços fizeram, como fizeram o que puderam, e não veem como poderiam ter feito mais; há quanto tempo têm procurado e quão mais fizeram do que os outros, e até mesmo do que fulano e sicrano que obtiveram misericórdia. Elas pensam com seus botões quanto duramente Deus lida com elas, que o Senhor não lhes tem misericórdia e faz ouvidos moucos aos seus clamores; e, por isso, se desanimam e se queixam de Deus. Portanto, não gaste o seu tempo olhando para o passado, e, sim, olhe para a frente e considere o que está diante de você; considere o que pode fazer, o que é necessário ser feito e o que Deus ainda o chama a fazer, para a sua própria salvação. No capítulo 3 de sua carta aos Filipenses, o apóstolo Paulo nos diz o que fez enquanto judeu, quanto tinha de que se vangloriar, se é que alguém podia

Jonathan Edwards

fazer isso; porém, nos diz que esqueceu aquelas coisas e todas as outras que estavam para trás e passou a buscar o que estava à frente, esforçando-se em direção ao alvo para receber "o prêmio da soberana vocação de Deus em Cristo Jesus".

UM OCEANO DE AMOR

...Deus é amor...
1 JOÃO 4:16

Deus é glorioso. Ninguém é como Ele, que é infinito em glória e excelência. Ele é o Deus Altíssimo, glorificado em santidade, terrível em feitos gloriosos, que opera maravilhas. Seu nome é excelente em toda a Terra, e Sua glória está acima dos céus. Entre os deuses não há outro semelhante a Ele. Ninguém no Céu se compara ao Senhor, nem há entre os filhos dos poderosos quem possa se assemelhar a Ele. O Deus deles é a inesgotável fonte de todo o bem. Ele é o Deus totalmente suficiente, capaz de protegê-los, defendê-los e fazer tudo por eles. Deus é o Rei da glória, "o Senhor, forte e poderoso, o Senhor, poderoso nas batalhas": uma rocha forte e uma torre alta. Ninguém é semelhante a Deus, que cavalga sobre os Céus para a sua ajuda e com a Sua alteza sobre as nuvens. O Deus eterno é a sua habitação e, por debaixo deles, estende os braços eternos. Ele é o Deus que tem tudo em Suas mãos e faz o que quer que lhe agrade. Ele mata e dá vida; leva ao túmulo e ressuscita; torna pobre e enriquece: os pilares da Terra pertencem ao Senhor. O Deus deles é o Deus infinitamente santo. Ninguém é tão santo quanto o Senhor. E Ele é infinitamente bom e misericordioso. Muitos que outros adoram e servem como deuses são seres cruéis, espíritos que buscam a ruína das almas, mas este é o Deus que se deleita em ser misericordioso. Sua graça é infinita e dura eternamente. Ele é o próprio amor, sua fonte infinita e seu oceano.

Jonathan Edwards

DELEITE MAIS GLORIOSO

*...a fim de que todos sejam um;
e como és tu, ó Pai, em mim e eu em ti,
também sejam eles em nós;
para que o mundo creia que
tu me enviaste.*

JOÃO 17:21

Unindo-se a Cristo, você terá uma união mais gloriosa com Deus Pai e um maior usufruir dele do que de qualquer outro modo. O relacionamento dos santos com Deus se torna muito mais próximo porque eles são filhos de Deus de uma maneira mais elevada do que poderia ser de outra maneira. Pois, sendo membros do próprio Filho de Deus, eles são, de certo modo, coparticipantes de Seu relacionamento com o Pai. Não são apenas filhos de Deus por regeneração, mas por uma espécie de comunhão na filiação do Filho eterno. Isso parece ser intencional: "...Deus enviou seu Filho, nascido de mulher, nascido sob a lei, para resgatar os que estavam sob a lei, a fim de que recebêssemos a adoção de filhos. E, porque vós sois filhos, enviou Deus ao nosso coração o Espírito de seu Filho, que clama: Aba, Pai!" (GÁLATAS 4:4-6). A Igreja é a filha de Deus, não somente por Ele a ter gerado por Sua Palavra e Seu Espírito, mas por ser a esposa de Seu Filho eterno.

Jonathan Edwards

AUMENTE O APETITE ESPIRITUAL

*Buscai o S*ENHOR*, vós todos
os mansos da terra, que cumpris o seu juízo;
buscai a justiça, buscai a mansidão;
porventura, lograreis esconder-vos
no dia da ira do S*ENHOR*.*

SOFONIAS 2:3

Esforce-se para aumentar o apetite espiritual meditando em temas espirituais. Nós devemos conter os apetites luxuriosos o máximo possível, eliminando e evitando pensamentos e meditações sobre os seus temas. Não nos é permitido, de modo algum, dar vazão aos nossos pensamentos referentes a essas coisas, porque isso tende a aumentar os desejos lascivos referentes a elas. Porém, é nosso dever meditar muito sobre os temas de anseio espiritual: devemos estar frequentemente pensando na glória e graça de Deus, na excelência e no maravilhoso amor de Cristo, na beleza da santidade... Esforce-se para promover o apetite espiritual opondo-se à tentação. Devemos evitar o caminho da tentação no tocante aos nossos apetites carnais. Jó fez uma aliança com seus olhos (JÓ 31:1). Nós, porém, devemos aproveitar todas as oportunidades para nos opormos à sedução quanto às nossas inclinações graciosas. Assim, você deve estar sempre com Deus em oração e, então, estará a caminho de ter seu coração atraído por Ele. Devemos ser contumazes em ler e constantes em ouvir a Palavra. E, particularmente para esse fim, devemos cuidadosamente, e com a máxima seriedade e consideração, participar do sacramento da Ceia do Senhor: ela foi designada para expressar o anseio de nossa alma por Jesus Cristo. Eis aqui os temas gloriosos do desejo espiritual representados por sinais visíveis. Nós temos Cristo evidentemente

Jonathan Edwards

expresso como crucificado... Aqui temos representados e oferecidos o alimento e a bebida espirituais para instigar nossa fome e sede; aqui temos representado todo aquele banquete espiritual que Deus providenciou para as pobres almas; e aqui podemos esperar, em alguma medida, ter nossa alma anelante satisfeita neste mundo pelas graciosas comunicações do Espírito de Deus.

ADORANDO A SOBERANIA DE DEUS

*No céu está o nosso Deus
e tudo faz como lhe agrada.*
SALMO 115:3

Adoremos com a maior humildade a terrível e absoluta soberania de Deus. Como acabamos de demonstrar, é um atributo eminente do Divino ser soberano sobre seres tão excelentes quanto as almas dos homens — e isso em todos os aspectos, até mesmo em sua salvação eterna. A infinita grandeza de Deus e Sua exaltação acima de nós aparece em nada mais do que em Sua soberania. Ela é referida nas Escrituras como grande parte de Sua glória; "Vede, agora, que Eu Sou, Eu somente, e mais nenhum deus além de mim; eu mato e eu faço viver; eu firo e eu saro; e não há quem possa livrar alguém da minha mão" (DEUTERONÔMIO 32:39)... Nosso Senhor Jesus Cristo louvou e glorificou o Pai pelo exercício de Sua soberania na salvação dos homens: "...Graças te dou, ó Pai, Senhor do céu e da terra, porque ocultaste estas coisas aos sábios e instruídos e as revelaste aos pequeninos. Sim, ó Pai, porque assim foi do teu agrado" (MATEUS 11:25,26). Demos, portanto, a Deus a glória de Sua soberania, adorando Aquele cuja soberana vontade ordena todas as coisas, vendo-nos como nada em comparação a Ele. O domínio e a soberania exigem humilde reverência e honra do súdito. A soberania absoluta, universal e ilimitada de Deus exige que o adoremos com toda humildade e reverência possíveis. É impossível nos excedermos em humildade e reverência ao Ser que pode dispor de nós por toda a eternidade da maneira que lhe agradar.

Jonathan Edwards

SEGURANÇA EM CRISTO

*Torre forte é o nome do S<small>ENHOR</small>,
à qual o justo se acolhe e está seguro.*
PROVÉRBIOS 18:10

Se estamos em Cristo Jesus, a justiça e a Lei agem sobre os nossos pecados sem sofrimento para nós. O fundamento do medo e da angústia do pecador é a justiça e a Lei de Deus; elas estão contra ele e são inalteráveis, precisam fazer o seu efeito. Todo "i" e todo "til" da Lei precisam ser cumpridos; céu e Terra serão destruídos, em vez de a justiça não ser aplicada; não há possibilidade de o pecado escapar da justiça. Contudo, se a angustiada alma trêmula, que tem medo da justiça, voasse até Cristo, teria nele um esconderijo seguro. Conquanto a pessoa estará segura e intocada, a justiça e a ameaça da Lei se cumprirão cabalmente, como se ela devesse ser eternamente destruída. Cristo recebe o golpe da justiça, e a maldição da Lei recai totalmente sobre Ele; Cristo carrega toda a vingança que pertence ao pecado cometido pela pessoa, e não há necessidade de aquele pecado ser suportado duas vezes. Devido à infinita dignidade de Sua pessoa, Seus sofrimentos temporais são totalmente equivalentes aos sofrimentos eternos de uma mera criatura. Então, Seus sofrimentos respondem pela pessoa que foge para Ele, como se eles fossem Seus, porque, de fato, o são, devido à união entre Cristo e a pessoa. Cristo se tornou um com eles; Cristo é a cabeça, e eles são os membros. Portanto, se Cristo sofre pelo cristão, não há necessidade de sofrimento deste; por que ele deveria ter medo?... Portanto, se aquele que teme for a Jesus Cristo, não precisará temer qualquer ameaça da Lei. A ameaça da Lei não tem ação sobre o cristão.

Jonathan Edwards

JULGUE SUA SINCERIDADE

*...vê se há em mim algum
caminho mau e guia-me pelo
caminho eterno.*

SALMO 139:24

Se houver um dia marcado para o juízo, que todos sejam muito rigorosos ao testar sua própria sinceridade. Naquele dia, Deus descortinará os segredos de todos os corações. O juízo desse dia será como o fogo, que queima tudo que não é ouro verdadeiro. Madeira, feno, restolho e escória serão consumidos pelo fogo abrasador daquele dia. O juiz será como o fogo de um ourives e o sabão do lavandeiro, que eliminará toda a sujeira, independentemente de como ela possa estar disfarçada. "Mas quem poderá suportar o dia da sua vinda? E quem poderá subsistir quando ele aparecer? Porque ele é como o fogo do ourives e como a potassa dos lavandeiros" (MALAQUIAS 3:2); — "Pois eis que vem o dia e arde como fornalha; todos os soberbos e todos os que cometem perversidade serão como o restolho; o dia que vem os abrasará, diz o SENHOR dos Exércitos..." (MALAQUIAS 4:1).

Há multidões de homens que se disfarçam de santos, parecem ser santos e seu estado, tanto aos seus próprios olhos quanto aos olhos de seus próximos, é bom. Eles têm veste de ovelha. Porém, nenhum disfarce pode escondê-los dos olhos do juiz do mundo. Seus olhos são como uma chama. Eles sondam os corações e provam as entranhas dos filhos dos homens. Ele verá se o coração deles é coerente. Ele verá a partir de que princípios eles agiram. Uma aparência justa não o enganará em grau algum, como engana os homens no estado atual. Não terá significado dizer: "Senhor, nós comemos e bebemos na Tua presença; e em Teu nome expulsamos

Jonathan Edwards

demônios e fizemos muitas obras maravilhosas". Não terá significado algum fingir ter grande conforto e alegria, experiência de grandes afeições religiosas, e ter feito muitas coisas com religião e moralidade, a menos que tenha maiores provas de sinceridade. Portanto, todos estejam atentos para que não se enganem quanto a si mesmos.

SONHOS QUE SE DESFAZEM

Estimaria ele as tuas lamúrias
e todos os teus grandes esforços, para que
te vejas livre da tua angústia?

JÓ 36:19

Certamente, as riquezas terrenas desaparecerão em pouco tempo. A natureza da riqueza terrena, a natureza de as possuirmos e a constituição deste mundo são tais que as riquezas logo desaparecerão. As pessoas que escapam dos maiores acidentes precisam passar algum tempo sem acidentes, apenas seguindo um curso natural. Certamente, as riquezas lhes criam asas. Os mais ricos serão despojados de toda a sua riqueza; e das mãos de quem mais detesta se separar de sua riqueza, cujo coração está mais nela e que a segura com mais força, ela finalmente escapará. Independentemente de quão ricos sejam, a morte os deixará tão nus quanto nasceram; "…Nu saí do ventre de minha mãe e nu voltarei…" (JÓ 1:21). Os ricos, por mais ricos que sejam, logo estarão no mesmo nível dos pobres. "Não temas, quando alguém se enriquecer, quando avultar a glória de sua casa; pois, em morrendo, nada levará consigo, a sua glória não o acompanhará" (SALMO 49:16,17). E "Como saiu do ventre de sua mãe, assim nu voltará, indo-se como veio; e do seu trabalho nada poderá levar consigo" (ECLESIASTES 5:15). Um sonho acabará se desfazendo.

Certamente, as riquezas terrenas
desaparecerão em pouco tempo.

Jonathan Edwards

ÁGUAS DA IRA

*Derrama o teu furor sobre
as nações que te não conhecem e sobre os reinos
que não invocam o teu nome.*

SALMO 79:6

A ira de Deus é como grandes águas represadas para o presente; elas aumentam cada vez mais, e sobem cada vez mais alto, até encontrarem uma saída; e quanto mais tempo o fluxo é interrompido, mais rápido e poderoso é o seu curso quando liberado. É verdade que o juízo contra as suas obras malignas ainda não ocorreu; as enchentes da vingança de Deus foram retidas; porém, nesse meio tempo, a sua culpa está aumentando constantemente e, todos os dias, você está acumulando mais ira; as águas estão constantemente subindo e se tornando cada vez mais poderosas. E nada além do mero prazer de Deus retém as águas que não estão dispostas a parar e se esforçam muito para avançar. Se Deus apenas tirasse Sua mão da comporta, ela se escancararia imediatamente, e as impetuosas enchentes da fúria e ira de Deus se projetariam com inconcebível fúria e viriam sobre você com poder onipotente. E, se a sua força fosse dez mil vezes maior do que é, sim, dez mil vezes maior do que a força do diabo mais vigoroso e robusto do inferno, ela nada seria para suportar ou resistir a elas.

Jonathan Edwards

PERCEPÇÃO ESPIRITUAL

*Oh! Provai e vede que
o Senhor é bom; bem-aventurado
o homem que nele se refugia.*
SALMO 34:8

A luz espiritual é uma verdadeira percepção da excelência divina das coisas reveladas na Palavra de Deus e uma convicção da verdade e realidade delas provenientes. Essa luz espiritual consiste primariamente na primeira delas, a saber, uma real percepção e apreensão da divina excelência das coisas reveladas na Palavra de Deus. Uma convicção espiritual e salvadora da verdade e realidade dessas coisas surge de tal visão de sua divina excelência e glória, de modo que essa convicção de sua verdade é um efeito e uma consequência natural dessa visão de sua glória divina. Há, portanto, nessa luz espiritual, uma verdadeira percepção da divina e superlativa excelência das coisas da religião: a real percepção da excelência de Deus e de Jesus Cristo, da obra da redenção e dos caminhos e obras de Deus revelados no evangelho. Há nessas coisas uma glória divina e superlativa, uma excelência de natureza muito mais elevada e mais sublime do que em outras coisas, [e] uma glória que as distingue grandemente de tudo que é terreno e temporal. Quem é espiritualmente iluminado a apreende e a vê verdadeiramente, ou tem a consciência dela. Não acredita de maneira meramente racional que Deus é glorioso; em vez disso, tem em seu coração a consciência da glória de Deus. Não há apenas uma crença racional de que Deus é santo e de que a santidade é uma coisa boa, e, sim, a percepção da beleza da santidade de Deus. Não há apenas o julgamento especulativo de que Deus é gracioso, e, sim, a percepção de quão amável Deus é, devido à beleza desse atributo divino.

Jonathan Edwards

EXALTANDO A DEUS

*Porque pela graça sois salvos,
mediante a fé; e isto não vem de vós;
é dom de Deus.* EFÉSIOS 2:8

Sejamos exortados a exaltar somente a Deus e a atribuir a Ele toda a glória da redenção. Esforcemo-nos por obter, e ampliar, uma percepção de nossa grande dependência de Deus, por ter nossos olhos somente nele, para mortificarmos a inclinação à autodependência e à hipocrisia. O homem é, por natureza, excessivamente propenso a se exaltar e a depender de seu próprio poder ou bondade, como se devesse esperar a felicidade vir de si mesmo. É propenso a ter respeito por prazeres estranhos a Deus e ao Seu Espírito, como sendo aqueles em que a felicidade é encontrada. Porém, essa doutrina deve nos ensinar a exaltar somente a Deus, tanto por meio de confiança quanto por meio de louvor. "Aquele que se gloria, glorie-se no Senhor." Algum homem tem esperança de ser convertido e santificado e que sua mente seja dotada de verdadeira excelência e beleza espiritual? Que seus pecados sejam perdoados e ele seja recebido no favor de Deus, e exaltado à honra e bem-aventurança de ser Seu filho e herdeiro da vida eterna? Que ele dê toda a glória a Deus, o único que o faz diferir do pior dos homens deste mundo ou dos mais miseráveis dos condenados do inferno. Quem quer que tenha muito consolo e forte esperança de vida eterna, não deixe sua esperança exaltá-lo, mas disponha-se ainda mais a se rebaixar, a refletir sobre a sua excessiva indignidade de tal favor e a exaltar somente a Deus. Se algum homem for eminente em santidade e abundante de boas obras, não tome para si parte alguma dessa glória, e, sim, atribua-a a Ele, pois "somos feitura dele, criados em Cristo Jesus para boas obras".

Jonathan Edwards

GLÓRIA PERPÉTUA

*A cidade não precisa nem do sol,
nem da lua, para lhe darem claridade,
pois a glória de Deus a iluminou,
e o Cordeiro é a sua lâmpada.*
APOCALIPSE 21:23

A glória de Deus não está sujeita a alterações ou vicissitudes; ela nunca cessará de resplandecer. A história relata uma falha da luz do Sol tornando-se mais fraca e sombria durante muitos meses seguidos. Porém, a glória de Deus nunca estará sujeita a enfraquecer. Da luz desse Sol nunca haverá qualquer eclipse ou obscuridade: ela brilhará eternamente em sua força; "Nunca mais te servirá o sol para luz do dia, nem com o seu resplendor a lua te alumiará; mas o SENHOR será a tua luz perpétua, e o teu Deus, a tua glória" (ISAÍAS 60:19). Assim, para aqueles que veem a face de Deus, Seu amor nunca faltará ou estará sujeito a qualquer diminuição. Ele ama Seus santos com amor eterno: "De longe se me deixou ver o SENHOR, dizendo: Com amor eterno eu te amei; por isso, com benignidade te atraí" (JEREMIAS 31:3). Os rios de alegria que estão à destra de Deus nunca estão secos, e, sim, sempre fluindo e sempre cheios.

*Porém, a glória de Deus nunca estará
sujeita a enfraquecer.*

Jonathan Edwards

AMANDO A DEUS

*...e andai em amor, como também
Cristo nos amou e se entregou a si mesmo
por nós, como oferta e sacrifício a Deus,
em aroma suave.*

EFÉSIOS 5:2

Se um homem ama sinceramente a Deus, isso o inclinará a render a Ele todo o devido respeito; e os homens não precisam de qualquer outro incentivo, além do amor, para demonstrar um ao outro todo o respeito que é devido. O amor a Deus disporá um homem a honrá-lo, cultuá-lo, adorá-lo e reconhecer com sinceridade Sua grandeza, glória e domínio. E, assim, dispô-lo-á a todos os atos de obediência a Deus, porque o servo que ama seu senhor, e o súdito que ama seu soberano, estará disposto à sujeição e à obediência devidas. O amor disporá o cristão a comportar-se para com Deus como uma criança para com um pai; em meio a dificuldades, recorrer a Ele por ajuda e depositar toda a sua confiança nele — assim como nos é natural, em caso de necessidade ou aflição, recorrer a alguém a quem amamos em busca de compaixão e ajuda. Também nos levará a dar crédito à sua palavra e depositar confiança nele, porque somos incapazes de suspeitar da veracidade daqueles por quem temos toda amizade. Além disso, dispor-nos-á a louvarmos a Deus pelas misericórdias que recebemos dele, assim como estamos dispostos a ser gratos por qualquer bondade que recebamos de nossos amados semelhantes. O amor, mais uma vez, disporá nosso coração a submeter-se à vontade de Deus, porque estaremos mais dispostos a fazer a vontade daqueles a quem amamos do que a dos outros. Naturalmente desejamos que aqueles a quem amamos sejam satisfeitos e que lhes

Jonathan Edwards

sejamos agradáveis; e o verdadeiro amor e afeição a Deus disporão o coração a reconhecer o direito que Ele tem de governar, e que Ele é digno de fazê-lo, e, assim, dispor-se-á a submeter-se. O amor a Deus nos disporá a andar em humildade com Ele, porque quem ama a Deus estará disposto a reconhecer a grande distância entre Deus e si mesmo. Será agradável a tal pessoa exaltar a Deus, e colocá-lo acima de tudo, e prostrar-se diante dele. Um verdadeiro cristão se deleita em ter Deus exaltado em sua própria humilhação, porque ama a Deus. Ele está pronto a reconhecer que Deus é digno disso e é com prazer que se lança no pó diante do Altíssimo, devido ao seu sincero amor por Ele.

FILHOS DE DEUS

*Nisto são manifestos os filhos de Deus
e os filhos do diabo: todo aquele que não pratica
justiça não procede de Deus,
nem aquele que não ama a seu irmão.*

1 JOÃO 3:10

Os cristãos são filhos de Deus de uma maneira mais honrosa do que a dos próprios anjos, porque os anjos são Seus filhos em virtude de sua relação com Ele por serem, em si mesmos, únicos e separados. Os cristãos, porém, são filhos de Deus como participantes de Cristo, o Filho unigênito, em Sua filiação, que é imensamente mais honrosa do que a dos anjos. E os cristãos, sendo filhos de Deus, são honrados por Ele como tais. Às vezes, eles são assim possuídos pelo testemunho interior do Espírito de Deus, porque, como encontramos no versículo já citado de Romanos, "O próprio Espírito testifica com o nosso espírito que somos filhos de Deus". Eles são tratados como tais no grande valor que Deus lhes atribui, por serem joias que o Senhor separou para si mesmo; e Ele os considera a menina de Seus olhos. Deus desconsidera os homens perversos em comparação aos cristãos. Ele dará reis por eles e príncipes por sua vida. O Senhor sente ciúmes deles e fica muito irado com quem os fere. Se alguém os escandalizar, será melhor ter uma pedra de moinho atada ao seu pescoço e ser afogado nas profundezas do mar. Deus tem por eles um amor muito grande e maravilhoso. Ele se compadece deles como um pai se compadece de seus filhos. O Senhor os protegerá, defenderá e proverá, como um pai provê para seus filhos. Essa honra têm todos os que temem e amam a Deus e confiam no Senhor Jesus Cristo.

Jonathan Edwards

HUMILHAÇÃO BÍBLICA

*Humilhai-vos, portanto,
sob a poderosa mão de Deus,
para que ele, em tempo
oportuno, vos exalte.*
1 PEDRO 5:6

A alma graciosa, quando convencida do pecado após grandes decadências e recuperada delas, está profundamente humilhada, porque é levada ao pó diante de Deus. Há um arrependimento bíblico. O coração está quebrantado pelo pecado. O sacrifício que oferece a Deus é como o de Davi após sua grande queda; em vez de holocaustos, ele traz: "Pois não te comprazes em sacrifícios; do contrário, eu tos daria; e não te agradas de holocaustos. Sacrifícios agradáveis a Deus são o espírito quebrantado; coração compungido e contrito, não o desprezarás, ó Deus" (SALMO 51:16,17). Eles são levados a abominar a si mesmos, como Jó após pecar, queixando-se das tratativas de Deus com ele (JÓ 42:6). E estão mais mansos, como os cristãos de Corinto, após terem se desviado muito do caminho e sido repreendidos pelo apóstolo Paulo: "Porque quanto cuidado não produziu isto mesmo em vós que, segundo Deus, fostes contristados! Que defesa, que indignação, que temor, que saudades, que zelo, que vindita!…" (2 CORÍNTIOS 7:11). Quando os cristãos são convencidos de seu pecado, após fracassos notáveis e planos doentios, comumente esse convencimento se refere a muitas das mesmas coisas de que eles estavam convencidos sob sua primeira humilhação, mas em grau maior do que nunca. Eles são levados a uma nova convicção, maior do que nunca, de seu próprio vazio; e a ter a percepção de quão pobres, débeis, indefesas, pecaminosas, vis e totalmente indignas

Jonathan Edwards

criaturas eles são; de quão indignos são de qualquer misericórdia e de quanto merecem a ira de Deus. E essa convicção é operada por uma graciosa humilhação da alma. A graça da humildade é grandemente aumentada por ela e, muito comumente, eles ficam mais pobres de espírito e humildes de coração durante toda a sua vida futura. Eles veem mais o motivo para tapar a boca, andar em humildade com Deus e se prostrar diante dele.

LOUVANDO A DEUS

Dar-te-ei graças na grande congregação, louvar-te-ei no meio da multidão poderosa.
SALMO 35:18

Considere-se que todos nós esperamos passar uma eternidade com os santos no Céu e na mesma incumbência de louvar a Deus. Talvez não haja um de nós que não deseje ser um santo no Céu e, ali, cantar continuamente louvores a Deus e ao Cordeiro. Porém, quão incoerente com tal esperança é viver negligenciando o louvor a Deus no presente! Nós devemos começar agora essa tarefa que pretendemos que seja efetuada em outro mundo, porque esta vida nos é dada propositalmente para que possamos, nela, preparar-nos para a vida futura. O estado atual é um período de experiência e preparação, um estado de preparação para os prazeres e a ocupação de outro futuro estado eterno. E somente serão admitidos àqueles prazeres e ocupações as pessoas que estão preparadas para eles aqui. Se algum dia formos para o Céu, precisaremos estar preparados para ele neste mundo. Nossa alma precisa estar moldada e talhada para aquela ocupação e felicidade. Ela precisa estar formada para o louvor e precisa iniciar o seu trabalho aqui. Os primórdios das coisas futuras estão neste mundo. A semente precisa ser plantada aqui. O alicerce precisa ser estabelecido neste mundo. Aqui é colocada a base do sofrimento futuro e da felicidade futura. Se não for iniciado aqui, nunca será iniciado. Se o nosso coração não for, de algum modo, afinado para louvar neste mundo, nunca faremos coisa alguma na incumbência futura. A luz precisa nascer neste mundo; caso contrário, o Sol nunca nascerá no próximo. Portanto, por todos nós que desejamos e esperamos fazer parte daquele grupo bendito que louva a Deus no Céu, devemos nos entregar a essa incumbência agora.

Jonathan Edwards

RIQUEZAS FUGAZES

*Mais vale o pouco do justo
que a abundância de muitos ímpios.*
SALMO 37:16

É da natureza das riquezas terrenas serem assim fugazes. Elas voam. Naturalmente, tendem a ter asas e voar para longe, da mesma forma que as aves jovens que, embora durante algum período permaneçam no ninho, com o tempo suas asas crescem e elas partem. E isso acontece por dois motivos: porque tais riquezas são, em si mesmas, coisas corruptíveis — passíveis de decadência e corrupção, e de serem consumidas e chegarem ao fim — e também porque sua relação conosco é dissolúvel. Os laços pelos quais as mantemos são facilmente rompidos. Pertencerem a nós não é semelhante às nossas qualidades inerentes, como as nossas dotações da mente; porém, para as possuirmos, dependerá somente de algumas circunstâncias externas muito variáveis. A propriedade dessas coisas, mesmo enquanto duram, é facilmente transferida de uma pessoa para outra pela própria providência.

As riquezas terrenas são de natureza fugaz.

Jonathan Edwards

7 DE ABRIL

VENTOS REFRESCANTES

*E, havendo dito isto,
soprou sobre eles e disse-lhes:
Recebei o Espírito Santo.*
JOÃO 20:22

O Senhor Jesus coloca força e um princípio de nova vida na alma cansada que o busca. Antes de ir a Cristo, o pecador é como um homem doente que está enfraquecido e abatido, e cuja natureza é consumida por alguma forte enfermidade: ele está cheio de dores e tão fraco que não consegue andar, nem permanecer em pé. É por isso que Cristo é comparado a um médico. "Mas Jesus, ouvindo, disse: Os sãos não precisam de médico, e sim os doentes" (MATEUS 9:12). Quando Ele vem e profere a palavra, coloca um princípio de vida naquele que, anteriormente, estava morto: Jesus dá um princípio de vida espiritual e o início da vida eterna; Ele revigora a mente com uma transferência de Sua própria vida e força, e renova a natureza, e a cria de novo fazendo que o homem seja uma nova criatura, para que o espírito enfraquecido e abatido seja agora revivido. Esse princípio da vida espiritual é uma fonte contínua de refrigério, como um poço de água viva. "Aquele […] que beber da água que eu lhe der nunca mais terá sede; pelo contrário, a água que eu lhe der será nele uma fonte a jorrar para a vida eterna". Cristo concede o Seu Espírito que acalma a mente e é semelhante a uma brisa refrescante. Ele fornece essa força pela qual levanta as mãos que pendem e fortalece os joelhos fracos.

Jonathan Edwards

JUSTIÇA IMPUTADA

Pelo que isso lhe foi também imputado para justiça.
ROMANOS 4:22

A expressão *lhe foi [...] imputado para justiça* torna evidente que o objeto da justificação é considerado destituído de qualquer justiça em si mesmo. A frase, conforme o apóstolo a usa aqui e no contexto, implica manifestamente que, por Sua graça soberana, ao lidar com o pecador, Deus se agrada de considerar tanto alguém que não tem retidão a ponto de a consequência ser a mesma de que se a tivesse. Isso, porém, pode provir da relação com algo que é, de fato, justo. Está claro que essa é a força da expressão presente nos versículos precedentes. No penúltimo versículo, é evidente que, a partir do texto do Antigo Testamento acerca de Abraão, o apóstolo coloca na palavra *imputado* a ênfase de seu argumento em favor da livre graça de Deus. Foi isso o que ele supôs que Deus demonstrou em Sua graça, a saber, considerar algo justo como consequência de Seu trato com Abraão, que não era justo em si mesmo. E, no versículo que precede imediatamente o texto "Ora, ao que trabalha, o salário não é considerado como favor, e sim como dívida", a palavra ali traduzida como *considerado* é a mesma que, nos outros versículos, é traduzida como *imputado* e é equivalente a o apóstolo ter dito: "Quanto ao que tem obras, não há necessidade de qualquer consideração graciosa ou imputação para justiça e de trazer recompensa como se houvesse justiça. Porque, se ele tem obras, tem aquilo que é uma justiça em si mesmo, à qual a recompensa pertence devidamente." Isso é ainda mais evidenciado pelas palavras seguintes: "E é assim também que Davi declara ser bem-aventurado o homem a quem Deus atribui justiça, independentemente de obras" (ROMANOS 4:6). O que é imputar justiça, sem obras, senão imputar justiça a quem é dela desprovido?

Jonathan Edwards

INFINITAMENTE AMÁVEL

*Glória e majestade
estão diante dele, força e formosura,
no seu santuário.*
SALMO 96:6

Deus é um ser infinitamente amável porque tem infinita excelência e beleza. Ter infinita excelência e beleza é o mesmo que ter um encanto ilimitado. Ele é um ser de infinita grandeza, majestade e glória; e, portanto, é infinitamente honorável. Ele é infinitamente exaltado acima dos maiores potentados da Terra e dos mais altos anjos do Céu; e, portanto, é infinitamente mais honorável do que eles. Sua autoridade sobre nós é infinita, e o fundamento de Seu direito à nossa obediência é infinitamente forte, porque Ele mesmo é infinitamente digno de ser obedecido e nós temos uma dependência absoluta, universal e infinita dele.

Sua autoridade sobre nós é infinita.

Jonathan Edwards

SEGUINDO A CRISTO

*E disse-lhes: Vinde
após mim, e eu vos farei
pescadores de homens.*

MATEUS 4:19

Os cristãos são os seguidores de Cristo e devem segui-lo... Pelo que ouvimos, percebemos quão grandes foram o esforço e a labuta da alma de Cristo pela salvação dos outros, e que fervorosos e fortes clamores a Deus acompanharam Seus esforços. Aqui Ele nos deu um exemplo. Nisso Ele estabeleceu um exemplo para os ministros, que, como cooperadores de Cristo, devem ter dores de parto até Cristo ser encontrado neles: "meus filhos, por quem, de novo, sofro as dores de parto, até ser Cristo formado em vós" (GÁLATAS 4:19). Eles devem estar dispostos a esgotarem-se e serem esgotados pelo próximo. Não devem apenas esforçar-se por eles e orar fervorosamente por eles, mas, se necessário, estar prontos para sofrer por eles e esgotar não somente sua força, mas também seu sangue em seu favor: "Eu de boa vontade me gastarei e ainda me deixarei gastar em prol da vossa alma. Se mais vos amo, serei menos amado?" (2 CORÍNTIOS 12:15). Eis aqui um exemplo para os pais mostrando como estes devem se esforçar e clamar a Deus pelo bem espiritual de seus filhos. Você vê como Cristo se esforçou, lutou e clamou a Deus pela salvação de Seus filhos espirituais; e não desejará buscar e clamar sinceramente a Deus pelos seus filhos naturais?

Jonathan Edwards

CRISTO SE ALEGRA

*Porque, como o jovem desposa a donzela,
assim teus filhos te desposarão
a ti; como o noivo se alegra da noiva,
assim de ti se alegrará o teu Deus.*
ISAÍAS 62:5

Cristo se alegra com os Seus santos como o noivo se alegra com a noiva em todos os momentos. Há, porém, alguns períodos em que Ele o faz mais especialmente. Esse período é o momento da conversão da alma. Quando o bom pastor encontra sua ovelha perdida, leva-a para casa regozijando-se e chama seus amigos e vizinhos, dizendo: "Alegrem-se comigo". O dia da conversão de um pecador é o dia das núpcias de Cristo e, assim, é eminentemente o dia de Sua alegria: "Saí, ó filhas de Sião, e contemplai ao rei Salomão com a coroa com que sua mãe o coroou no dia do seu desposório, no dia do júbilo do seu coração" (CÂNTICO DOS CÂNTICOS 3:11). E é, com frequência, notavelmente o dia da alegria dos santos em Cristo porque, então, Deus transforma novamente o cativeiro de Seu povo eleito e, por assim dizer, enche sua boca de riso e sua língua de canto, como no início do Salmo 126. Nós lemos sobre o carcereiro que, ao se converter, "...com todos os seus, manifestava grande alegria, por terem crido em Deus" (ATOS 16:34). Há outras épocas de comunhão especial dos santos com Cristo, nas quais Ele se alegra de maneira especial quanto aos Seus santos e, como seu noivo, os leva aos Seus aposentos, para que também eles possam se alegrar e se regozijar nele (CÂNTICO DOS CÂNTICOS 1:4).

Jonathan Edwards

MUITAS MORADAS

Na casa de meu Pai há muitas moradas.
Se assim não fora, eu vo-lo teria dito.
Pois vou preparar-vos lugar.
JOÃO 14:2

Há muitas moradas [no Céu]. Os discípulos pareciam muito tristes com a notícia da partida de Cristo, mas Ele os confortou dizendo que na casa de Seu Pai, para onde Ele estava indo, havia espaço não somente para Ele, mas também muitas moradas para Seus discípulos. Não havia ali somente uma morada para Ele, mas moradas suficientes para todos eles. Havia espaço suficiente no Céu para eles. Quando os discípulos perceberam que Cristo estava indo embora, manifestaram grande desejo de ir com Ele, particularmente Pedro. Na última parte do capítulo anterior (JOÃO 13:36-38), Pedro lhe perguntou para onde Ele ia, para que pudesse segui-lo. Cristo lhe disse que, para onde ia, ele não poderia segui-lo naquele momento, mas, depois, o seguiria. Porém, Pedro, não contente com Cristo, parecia ter grande vontade de segui-lo imediatamente. "Senhor", disse ele, "por que não posso seguir-te agora?". De modo que os discípulos tinham grande vontade de ainda estar com Cristo e o Senhor, nas palavras do texto, declara que eles estarão com Ele. Cristo lhes assinala que estava voltando para a casa de Seu Pai e os encoraja dizendo que eles estarão lá com Ele no devido tempo, pois ali havia muitas moradas. Havia uma morada não só para Ele, mas para todos eles (porque Judas não estava presente); e não apenas para eles, mas para todos os que nele cressem até o fim do mundo; e, embora Ele fosse antes, só ia para preparar um lugar para os que iriam depois.

Jonathan Edwards

OS DEMÔNIOS CREEM E TREMEM

Crês, tu, que Deus é um só? Fazes bem.
Até os demônios creem e tremem.
TIAGO 2:19

Os demônios conhecem o insuperável *poder* de Deus. Eles viram uma grande manifestação dele ao verem Deus estabelecer os fundamentos da Terra etc., e foram muito afetados com isso. Eles viram inumeráveis outras grandes demonstrações de Seu poder, como no dilúvio universal, na destruição de Sodoma, nas maravilhas no Egito, no mar Vermelho e no deserto fazendo o Sol ficar parado no tempo de Josué, e muitas outras. E tiveram uma manifestação do grande poder de Deus sobre eles mesmos, que muito os afetou, lançando todos os seus exércitos do Céu para o inferno. E têm-no experimentado de forma que os afeta continuamente no fato de Deus os manter presos com fortes cadeias de trevas e nas fortes dores que sentem. Futuramente eles terão uma experiência que os afetará muito mais, quando forem punidos pela glória do poder de Deus, com aquela poderosa destruição em cuja expectativa eles agora tremem. Os demônios também têm um grande conhecimento da *sabedoria* de Deus. Eles tiveram oportunidade e ocasião indizivelmente superiores de observá-la na obra da criação e também nas obras de providência, do que qualquer homem mortal jamais teve. E eles mesmos foram objeto de inumeráveis manifestações dela que os afetaram na ação de Deus os decepcionando e confundindo em seus engenhos mais sutis, de maneira tão maravilhosa e surpreendente. Da mesma forma, eles veem e encontram a infinita pureza e *santidade* da natureza divina da maneira mais efetiva, pois ela se manifesta em

Seu infinito ódio pelo pecado, naquilo que eles sentem dos terríveis efeitos desse ódio. Eles já sabem, pelo que sofrem e, no futuro, saberão mais nitidamente, e de maneira mais efetiva, que é a oposição da natureza de Deus ao pecado, como um fogo consumidor, que arde com infinita veemência contra este. Eles também verão a santidade de Deus, exercida em Seu amor à justiça e à santidade, na glória de Cristo e de Sua Igreja, que também afetará muito os demônios e os ímpios.

O COMBATE DA FÉ

Combate o bom combate da fé. Toma posse da vida eterna, para a qual também foste chamado e de que fizeste a boa confissão perante muitas testemunhas. 1 TIMÓTEO 6:12

Muitas coisas se opõem grandemente à graça que está no coração do cristão. Inúmeros inimigos observam esse princípio sagrado e guerreiam contra ele. O filho de Deus está cercado de inimigos por todos os lados. Ele é um peregrino e um estranho que passa pelo país de um inimigo e está exposto a ataques a todo e qualquer momento. Milhares de demônios engenhosos, inteligentes, ativos, poderosos e implacáveis são inimigos ferrenhos da graça que está no coração do cristão e, contra ela, fazem tudo o que está ao alcance deles. E o mundo é um inimigo dessa graça por estar repleto de pessoas e coisas que se opõem a ela, e de várias formas de sedução e tentação para nos dominar ou nos desviar do caminho do dever. E o cristão não tem somente muitos inimigos externos, mas, em seu próprio interior, multidões que ele carrega consigo e dos quais não consegue se libertar. Pensamentos maus e inclinações pecaminosas se agarram a ele; e muitas corrupções que ainda se mantêm em seu coração são os piores inimigos da graça e têm a maior vantagem de todas em sua guerra contra ela. E esses inimigos são não apenas muitos, mas demasiadamente fortes e poderosos, e muito amargos em sua animosidade, implacáveis, irreconciliáveis, inimigos mortais buscando nada menos do que a completa ruína e queda da graça. E eles são incansáveis em sua oposição, de modo que o cristão, enquanto permanece neste mundo, é representado como estando em estado de guerra, e sua ocupação é a do soldado, a ponto de ser frequentemente mencionado como um soldado da cruz e alguém cujo grande dever é lutar bravamente o bom combate da fé.

Jonathan Edwards

AFEIÇÕES CALOROSAS

*para buscarem a Deus se, porventura,
tateando, o possam achar, bem que
não está longe de cada um de nós.*
ATOS 17:27

A *religião* é, de tempos em tempos, comparada aos *exercícios* em que os homens costumam ter seu coração e sua força grandemente exercitados e envolvidos, como correr, lutar ou agonizar por um grande prêmio ou coroa, lutar com inimigos fortes que buscam nossa vida, e guerrear como aqueles que, por meio de violência, tomam uma cidade ou um reino. E, embora a verdadeira graça tenha diversos graus e haja pessoas que são apenas bebês em Cristo, nas quais o exercício da inclinação e da vontade por coisas divinas e celestiais é comparativamente fraco. Contudo, todo aquele que tem o poder da piedade em seu coração tem suas inclinações e seu coração exercitados para com Deus e com coisas divinas, com tal força e vigor que esses santos exercícios prevalecem nele acima de todas as afeições carnais ou naturais e são eficazes para superá-las. Porque todo verdadeiro discípulo de Cristo o ama "acima de pai ou mãe, esposa e filhos, irmãos e irmãs, casas e terras: sim, que sua própria vida". Disso resulta que, onde quer que haja verdadeira religião, haverá exercícios vigorosos da inclinação e vontade em direção aos assuntos divinos. Porém, pelo que foi dito antes, os exercícios vigorosos, vivos e sensatos da vontade não são senão as *afeições* da alma.

Jonathan Edwards

GRAÇA COMUM E GRAÇA SALVÍFICA

*...para que vos torneis filhos
do vosso Pai celeste, porque ele faz
nascer o seu sol sobre maus e bons
e vir chuvas sobre justos e injustos.*

MATEUS 5:45

Frases como *graça comum* e *graça especial* ou *salvífica* podem ser entendidas como significando os diversos tipos de influência do Espírito de Deus sobre o coração humano, ou os frutos e os efeitos diversos dessa influência. Às vezes, supõe-se que o Espírito de Deus exerça alguma influência sobre a mente dos homens que não são verdadeiros cristãos e [supõe-se] que suas disposições, estruturas e exercícios mentais que têm boa tendência, e que comungam com as dos santos, são, de algum modo, devidos a alguma influência ou assistência do Espírito de Deus. Porém, devido a haver no coração dos verdadeiros cristãos algumas coisas que lhes são peculiares e mais excelentes do que qualquer coisa que possa ser encontrada nos outros, supõe-se haver uma ação diferente do Espírito de Deus e que o valor que os distingue se deva a uma maior influência e assistência do que as virtudes dos outros. Dessa maneira, às vezes a frase *graça comum* é usada para significar o tipo de ação ou influência do Espírito de Deus à qual se devem as realizações religiosas ou morais comuns a santos e pecadores e, assim, significa o mesmo que assistência comum; e, às vezes, ela é entendida como as próprias realizações morais ou religiosas que são frutos dessa assistência. Assim também, a frase *graça especial* ou *salvífica* é, às vezes, usada para significar o tipo ou grau peculiar de operação ou influência do Espírito de Deus da qual ações e realizações salvíficas surgem no piedoso

Jonathan Edwards

— ou, o que é igual, assistência especial e salvífica; ou, então, para significar a própria virtude salvífica distintiva, que é o fruto dessa assistência. Essas frases são mais frequentemente entendidas no último sentido, a saber, não para a assistência comum e especial, mas para a virtude comum e especial ou salvífica.

A RECOMPENSA DE FELICIDADE

Feliz és tu, ó Israel! Quem é como tu?
Povo salvo pelo S<small>ENHOR</small>, escudo que te socorre,
espada que te dá alteza. Assim, os teus
inimigos te serão sujeitos, e tu pisarás os seus altos.
DEUTERONÔMIO 33:29

Como se pode dizer que a nossa felicidade é a recompensa da santidade e das boas obras e, contudo, que somos feitos felizes total e exclusivamente por Cristo? Eu respondo: não é unicamente por Cristo que nos são dadas santidade e boas obras, mas é somente por Ele que nossa santidade e boas obras são capazes de gerar uma recompensa. Ele comprou a santidade para nós, que, de fato, não é diferente de felicidade; e a comprou para que as boas obras pudessem ser capazes de, e devessem, ser recompensadas, sim, que elas fossem dignas de uma recompensa. De modo que, adequadamente, agora as boas obras dos santos são dignas de serem recompensadas; os santos são dignos de andar de branco (APOCALIPSE 3:4).

Ele comprou para nós santidade, que, de fato,
não é diferente de felicidade.

CONHECENDO O CÉU

Respondeu-lhe Jesus:
Eu sou o caminho, e a verdade,
e a vida; ninguém vem
ao Pai senão por mim.
JOÃO 14:6

Esforce-se para estar muito familiarizado com o Céu. Se você não estiver familiarizado com ele, provavelmente não viverá como uma jornada para lá. Você não terá consciência do valor dele, nem o desejará. A menos que sua mente esteja muito familiarizada com um bem maior, será extremamente difícil você ter seu coração desapegado das coisas, usá-las somente em subordinação a outro algo e estar pronto para se separar delas por um bem maior. Esforce-se, portanto, por conquistar uma percepção de um mundo celestial, por ter uma firme crença em sua realidade e por ser muito familiarizado com ele em seus pensamentos.

Busque o Céu somente por Jesus Cristo. Jesus nos diz que Ele é o caminho, a verdade e a vida (JOÃO 14:6). Ele nos diz que é a porta das ovelhas: "Eu sou a porta. Se alguém entrar por mim, será salvo; entrará, e sairá, e achará pastagem" (JOÃO 10:9). Se, portanto, quisermos aprimorar nossa vida como uma jornada em direção ao Céu, precisamos buscá-lo por meio de Jesus e não por nossa própria justiça, esperando obtê-lo somente por Ele: olhando para Ele e dependendo do Senhor, que o adquiriu para nós por Seu mérito. E somente dele esperar essa força para andar em santidade, o caminho que leva ao Céu.

Jonathan Edwards

HONRANDO A DEUS

*Nisto se manifestou o amor de Deus
em nós: em haver Deus enviado
o seu Filho unigênito ao mundo, para
vivermos por meio dele.*
1 JOÃO 4:9

Se vivemos em qualquer forma de pecado, vivemos de um modo pelo qual Deus é *desonrado*. Porém, a honra de Deus precisa ser supremamente considerada por todos. Se todos fizessem de tudo para obedecer a Deus, viver em justiça e santidade, andar em tudo segundo as regras cristãs e manter um olhar estrito, atento e escrupuloso sobre si mesmos para ver se não trilham um caminho iníquo, seriam diligentes em corrigir o que quer que fosse impróprio, evitariam todo caminho profano, não cristão e pecaminoso. E, se a prática de todos fosse universalmente aquela apropriada aos cristãos, quão grandemente isso seria para a glória de Deus e de Jesus Cristo! Quão imensamente isso contribuiria para o crédito e a honra da religião! Como tenderia a despertar uma elevada estima pela religião nos espectadores e a recomendar uma vida santa! Como deteria a boca dos objetantes e opositores! Quão bela e amável pareceria então a religião quando exemplificada na vida dos cristãos, não aleijada e mutilada, mas completa e inteira, por assim dizer em sua verdadeira forma, tendo todas as suas partes e sua própria beleza! Então, de fato, a religião pareceria ser uma coisa agradável.

Jonathan Edwards

GLÓRIA REFLETIDA

...e dissestes: Eis aqui o Senhor, nosso Deus, nos fez ver a sua glória e a sua grandeza, e ouvimos a sua voz do meio do fogo; hoje, vimos que Deus fala com o homem, e este permanece vivo.

DEUTERONÔMIO 5:24

Com isso, aprendemos o grande privilégio que temos nós, que possuímos tais vantagens para chegar à bem-aventurança de ver a Deus. Temos o verdadeiro Deus, revelado a nós na Sua Palavra, que é o Ser à vista de quem essa felicidade deve ser desfrutada. Temos os gloriosos atributos e perfeições de Deus declarados a nós. A glória de Deus na face de Jesus Cristo é descoberta no evangelho de que desfrutamos. Suas belezas e glórias são ali, por assim dizer, apontadas pela própria mão de Deus para a nossa visão, de modo que temos os meios que Deus proveu para obtermos aqueles inícios dessa visão dele que os santos têm neste mundo, naquele conhecimento espiritual que têm de Deus, o qual é absolutamente necessário para que possamos tê-lo perfeitamente em outro mundo.

O conhecimento que os cristãos têm de Deus e de Sua glória, tal qual aparece na face de Cristo, é o início imperfeito dessa visão celestial, é um testemunho dela, é o alvorecer da luz celestial. E esse início precisa sempre preceder, caso contrário não poderá ser obtida uma visão perfeita de Deus no Céu. E todos aqueles que têm esse início também obterão essa perfeição. Grande, portanto, é o nosso privilégio de termos os meios desse conhecimento espiritual. Neste mundo, podemos ver a Deus sombriamente como que em um espelho, a fim de que o vejamos depois face a face. E, certamente, nosso privilégio é muito grande por Ele nos ter dado esse espelho do qual a glória de Deus é refletida.

Jonathan Edwards

CUMPRINDO PROMESSAS

*Cumprirei os meus votos ao Senhor,
na presença de todo o seu povo.*
SALMO 116:18

Comumente, quando os homens prometem algo ao seu próximo ou se envolvem em compromissos ao assumirem qualquer negócio que o próximo lhes confie, esses compromissos concedem direito a esse próximo sobre o que foi comprometido, de modo que, ao eximirem-se, usurpam o que pertence ao próximo. Assim, quando os homens não cumprem suas promessas por considerá-las inconvenientes e não conseguem cumpri-las sem dificuldades e problemas, ou simplesmente por haverem mudado de ideia após terem prometido, pensam não haver consultado seu próprio interesse pessoal quando fizeram a promessa e que, se houvessem considerado o assunto antes de prometerem tanto quanto o consideraram desde então, não deveriam ter prometido. Portanto, eles tomam a liberdade de deixar de lado as suas próprias promessas. Além disso, às vezes as pessoas violam esse mandamento negligenciando o cumprimento de seus compromissos, por meio de um espírito descuidado e negligente.

Jonathan Edwards

PERCEBA A VAIDADE DO MUNDO

*Todo trabalho do homem
é para a sua boca; e, contudo, nunca
se satisfaz o seu apetite.*
ECLESIASTES 6:7

Esforce-se por perceber a vaidade deste mundo, devido à pouca satisfação que deve ser desfrutada aqui, sua curta permanência e a insegurança quando mais precisamos de ajuda, isto é, em um leito de morte. Todos os homens que vivem um tempo considerável no mundo seriam capazes de ver o suficiente para se convencerem de sua vaidade, se o quisessem considerar. Seja, portanto, persuadido a ponderar ao ver e ouvir, de tempos em tempos, acerca da morte de outras pessoas. Esforce-se para transformar seus pensamentos dessa maneira; veja a vaidade do mundo sob esse prisma.

Esforce-se por perceber a vaidade deste mundo.

Jonathan Edwards

DESEJANDO DEUS

Quem mais tenho eu no céu? Não há outro
em quem eu me compraza na terra.
SALMO 73:25

Os piedosos preferem Deus acima de qualquer outra coisa que haja no Céu. Todo homem piedoso tem seu coração no Céu; suas afeições estão principalmente focadas no que se receberá ali. O Céu é seu país escolhido e sua herança. Ele respeita o Céu, como um viajante que está em uma terra distante respeita seu próprio país. O viajante pode se contentar em ficar em uma terra estranha durante algum tempo, mas sua própria terra natal é preferida por ele sobre todas as outras. "Todos estes morreram na fé, sem ter obtido as promessas; vendo-as, porém, de longe, e saudando-as, e confessando que eram estrangeiros e peregrinos sobre a terra. Porque os que falam desse modo manifestam estar procurando uma pátria. E, se, na verdade, se lembrassem daquela de onde saíram, teriam oportunidade de voltar. Mas, agora, aspiram a uma pátria superior, isto é, celestial..." (HEBREUS 11:13-16). O respeito que uma pessoa piedosa tem pelo Céu pode ser comparado ao respeito que um filho, quando está no exterior, tem pela casa de seu pai. Ele pode se contentar com o exterior durante algum tempo, mas o lugar para onde deseja retornar, e onde morar, é a sua própria casa. O Céu é a casa do Pai dos verdadeiros santos: "Na casa de meu Pai há muitas moradas..." (JOÃO 14:2); "...Subo para meu Pai e vosso Pai..." (JOÃO 20:17).

Jonathan Edwards

FUJA DA TENTAÇÃO

*...cada um é tentado pela sua própria cobiça,
quando esta o atrai e seduz.*

TIAGO 1:14

Os israelitas tinham o hábito de construir suas casas com telhados planos para que as pessoas pudessem andar no topo delas. E, portanto, Deus cuidou de fazer-lhes uma lei para que todo homem tivesse um parapeito nos limites de seu telhado, para que ninguém caísse e morresse: "Quando edificares uma casa nova, far-lhe-ás, no terraço, um parapeito, para que nela não ponhas culpa de sangue, se alguém de algum modo cair dela" (DEUTERONÔMIO 22:8). E, certamente, devemos tomar o mesmo cuidado para não cairmos em pecado, que traz consigo a morte eterna. Deveríamos, por assim dizer, fazer um parapeito, um guarda-corpo, para nos impedir de chegar até a beira do precipício. Muito mais devemos cuidar de não subir a um telhado que não só esteja sem parapeito, mas seja inclinado e, naturalmente, tendamos a cair. As concupiscências dos homens são semelhantes a inimigos fortes tentando atraí-los ao pecado. Se um homem estivesse próximo a um precipício perigoso e tivesse inimigos ao seu redor, puxando-o e arrastando-o, esforçando-se por derrubá-lo, ele escolheria ou ousaria ficar perto da beirada? Ele se consideraria seguro à beira do precipício? Não se esforçaria por manter distância, para sua própria segurança?

Jonathan Edwards

A AMENIDADE DA RELIGIÃO

*Caem-me as divisas
em lugares amenos, é mui linda
a minha herança.*
SALMO 16:6

A religião não é uma coisa amarga planejada unicamente para examinar nossas tendências e nos deixar sem as delícias da vida. Não, ela tem outra natureza: não nos reduz prazer algum, mas somente aqueles que, por sua própria natureza (por mais agradável que seja para o presente), criam um fundamento para a desgraça e a miséria. Eles são, por sua própria natureza, um veneno que, embora doce na boca, realmente destrói, por assim dizer, a constituição da alma. "Pois ao cabo morderá como a cobra e picará como o basilisco" (PROVÉRBIOS 23:32). Porém, as delícias que aprimoram a alma e são propícias ao seu bem-estar presente e futuro são totalmente permitidas e promovidas pela religião; sim, a verdadeira religião é a única fonte de onde elas fluem.

Quão mais feliz é, portanto, o homem que escolhe uma vida religiosa santa e espiritual do que o que escolhe uma vida carnal, sensual. Os homens sensuais podem tender a pensar que seriam felizes se nada houvesse para restringir o prazer de seus [apetites], se pudessem satisfazê-los em todo tempo e tivessem liberdade em seus prazeres, com impunidade e sem perigo de suceder qualquer inconveniente. Porém, se fosse assim, eles seriam apenas extremamente infelizes em comparação ao homem piedoso que desfruta os prazeres da familiaridade com o Deus glorioso e Seu Filho Jesus Cristo, uma comunhão com o santo e bendito Espírito de Deus e Cristo, e uma verdadeira paz de consciência e testemunhos íntimos do favor e da aceitação de Deus e [Cristo], e tem irrestrita liberdade para se entregar ao deleite desses prazeres. "Os seus caminhos [da sabedoria] são caminhos deliciosos, e todas as suas veredas, paz" (PROVÉRBIOS 3:17).

O NOVO NASCIMENTO

*Dar-lhes-ei um só coração,
espírito novo porei dentro deles;
tirarei da sua carne o coração de pedra
e lhes darei coração de carne.*
EZEQUIEL 11:19

Quando as pessoas nascem de novo e são circuncidadas no coração, quando se arrependem, convertem-se e ressurgem espiritualmente dos mortos, essa é a mesma mudança simbolizada pela Escritura quando fala em tornar novos o coração e o espírito ou dar um novo coração e espírito. É quase dispensável observar quão evidentemente isso é mencionado como necessário para a salvação e como a transformação na qual são desenvolvidos os hábitos da verdadeira virtude e santidade, e o caráter de um verdadeiro santo, como se observa na regeneração e conversão. Logo, é perceptível o quão essa transformação é a mesma. Assim, o arrependimento, a transformação da mente, é o mesmo que ser transformado para uma nova mente, ou um novo coração e espírito. Conversão é a volta do coração, que é o mesmo que trocá-lo para que haja outro, um novo coração ou um novo espírito. Nascer de novo é nascer de maneira totalmente renovada, o que implica tornar-se novo, e isso é representado como tornar-se um bebê recém-nascido. Porém, ninguém supõe que o corpo seja imediata e propriamente novo, e, sim, a mente, o coração ou o espírito. E, assim, uma ressurreição espiritual é a ressurreição do espírito, ou ascensão para iniciar uma nova existência e vida quanto à mente, ao coração ou ao espírito. Assim, todas essas frases implicam ter um novo coração e ser renovado no espírito, segundo o seu significado comum.

Jonathan Edwards

A FACE DE DEUS

Ele [Jesus], que é o resplendor da glória e a expressão exata do seu Ser, sustentando todas as coisas pela palavra do seu poder, depois de ter feito a purificação dos pecados, assentou-se à direita da Majestade, nas alturas... HEBREUS 1:3

Cristo é chamado a face de Deus. A palavra original significa rosto, aspecto, forma ou aparência. Ora, o que pode ser tão adequadamente assim denominado em relação a Deus como a própria ideia perfeita de Deus acerca de si mesmo, por meio da qual Ele tem, a cada momento, uma visão de Sua própria essência: a "face de Deus" a qual Ele vê, é a ideia que o Senhor vê da mesma forma que um homem vê a sua própria face refletida em um espelho. É com essa forma ou aparência que Deus aparece eternamente para si mesmo. A raiz da qual provém a palavra original significa considerar ou contemplar: ora, o que Deus considera ou contempla de maneira tão eminente quanto o faz em Sua própria ideia ou naquela imagem perfeita de si mesmo que Ele tem de si? Trata-se do que está eminentemente na presença de Deus e é, portanto, denominado anjo da presença ou face de Deus (ISAÍAS 63:9). Porém, o Filho de Deus ser a própria ideia eterna e perfeita de Deus é algo ainda muito mais expressamente revelado na Sua Palavra. Primeiramente, em Cristo ser chamado "a sabedoria de Deus". Se as Escrituras nos ensinam que Cristo tem a mesma sabedoria ou conhecimento do Pai Celestial, elas nos ensinam que Ele tem a mesma ideia perfeita e eterna de Deus. Eles são um, como já observamos e suponho que ninguém negará esse fato. Porém, é dito que Cristo é a sabedoria de Deus (1 CORÍNTIOS 1:24; LUCAS 11:49, comparar com MATEUS 23:34); e Cristo fala muito em Provérbios sob o nome de Sabedoria, especialmente no capítulo 8.

Jonathan Edwards

AOS SINCEROS

*Ouvi-me vós, os que procurais a justiça,
os que buscais o S<small>ENHOR</small>; olhai para a rocha
de que fostes cortados e para a caverna
do poço de que fostes cavados.*

ISAÍAS 51:1

Por que deveríamos supor que Deus faria qualquer promessa de bênçãos espirituais e eternas ao que não tem bondade? Por que Ele deveria prometer a Sua graça àqueles que a buscam de maneira incorreta ou aos que realmente não a buscam verdadeiramente? Por que Ele deveria prometer que obterão a conversão os que não fazem coisa alguma certa ou usam qualquer meio adequado para obtê-la? Porque o meio apropriado de se obter a graça é buscá-la verdadeiramente, com amor e anseio por ela, desejá-la, com consciência de sua excelência e dignidade, e buscá-la em Deus por meio de Cristo. Aos que a buscam dessa maneira, Deus prometeu fielmente que a concederá.

*Porque o meio apropriado de se obter a graça
é buscá-la verdadeiramente.*

Jonathan Edwards

PARENTESCO VERDADEIRO

Porque qualquer que fizer a vontade de meu Pai celeste, esse é meu irmão, irmã e mãe.

MATEUS 12:50

A palavra "evangelho", "boas-novas", parece ter a finalidade de significar a descoberta da salvação após medo e angústia, e consciência do sofrimento e desespero de ajudarmos a nós mesmos. Em Mateus 18:24 e versículos seguintes, o servo devia dez mil talentos; primeiramente, seu senhor manteve a dívida e pronunciou uma sentença de condenação contra ele, ordenando que fosse vendido juntamente com sua esposa e seus filhos e, assim, humilhou-o. O servo se prostrou, e o adorou, e reconheceu a justiça da dívida. "Sê paciente comigo, e tudo te pagarei". Então, o seu senhor o perdoou e consolou. Outros textos das Escrituras que parecem favorecer a necessidade de tal convicção antes da conversão são as frequentes comparações feitas entre a Igreja que gera espiritualmente a Cristo e uma mulher com dores de trabalho de parto. "A mulher, quando está para dar à luz, tem tristeza, porque a sua hora é chegada; mas, depois de nascido o menino, já não se lembra da aflição, pelo prazer que tem de ter nascido ao mundo um homem" (JOÃO 16:21); e, para o mesmo propósito, Apocalipse 12:2. Ora, a conversão de um pecador também é representada por isso: ela é o nascimento de Cristo no coração. É por isso que Cristo diz que todo aquele que nele crê é Sua mãe.

Jonathan Edwards

AMOR ETERNO

Leva-me à sala do banquete,
e o seu estandarte sobre mim é o amor.
CÂNTICO DOS CÂNTICOS 2:4

O amor de Deus por Seus santos existe desde toda a eternidade. Em Sua Palavra, frequentemente Deus está mostrando quão grande é o Seu amor para com os Seus santos, quão caros eles lhe são. Porém, Seu amor por eles já existia antes de eles existirem. Ali estava ele no coração de Deus, desde a antiguidade. Nas eras passadas, milhares de anos atrás, nos tempos anteriores ao dilúvio e quando Deus criou o mundo, lá estava esse amor; sim, e antes da fundação do mundo. E, se olharmos cada vez mais para trás, não há começo dele. Esse amor, portanto, eterno, que Deus tem por Seus santos não é apenas geral, porque, desde toda a eternidade, Ele amou os santos, ou seja, amou o caráter deles; as qualificações dos santos eram aquilo em que Ele naturalmente se deleitava. Porém, Seu amor pelas pessoas específicas vem desde a eternidade. Por assim dizer, Ele as conheceu pelo nome e dedicou Seu amor por tais santos de forma muito individual. É por isso que se diz que Deus conheceu Seus santos de antemão, isto é, desde toda a eternidade passada Ele os viu individualmente e os conheceu como Seus.

O amor de Deus por Seus santos existe
desde toda a eternidade.

Jonathan Edwards

SINAIS DO CÉU

*Abraão, porém, lhe respondeu:
Se não ouvem a Moisés
e aos Profetas, tampouco se deixarão
persuadir, ainda que ressuscite
alguém dentre os mortos.*

LUCAS 16:31

Seria suficiente se você pudesse ouvir Deus falar do Céu? Como era no tempo de Moisés, quando eles ouviram Deus falar do meio do fogo e ouviram a voz das palavras muito alta e cheia de majestade, de modo que tremeram extremamente; quando viram o monte Sinai coberto de fumaça e sacudindo muito? Como eles se comportaram? Todos eles se converteram de seus pecados e, depois disso, andaram nos caminhos de Deus? É verdade que, de início, eles foram muito afetados, enquanto aquilo era algo novo e estranho para eles; mas quão duros e rebeldes foram pouco depois! Eles não tiveram escrúpulo em se rebelar contra aquele mesmo Deus grande e glorioso. Sim, eles fizeram um bezerro de ouro enquanto Moisés estava no monte conversando com Deus, logo após terem visto aquelas temíveis aparições da majestade divina. Assim, rebelaram-se contra o Senhor, embora tivessem visto tantos milagres e maravilhas no Egito, no mar Vermelho e no deserto; embora vissem continuamente a coluna de nuvem e de fogo que ia adiante deles, fossem continuamente alimentados de maneira milagrosa com o maná e, da mesma maneira milagrosa, feitos beber água saída da rocha.

Jonathan Edwards

A CILADA DA SERPENTE

*...a serpente, mais sagaz
que todos os animais selváticos que
o Senhor Deus tinha feito...*
GÊNESIS 3:1

A maneira como pássaros e esquilos encantados por serpentes entram em suas bocas e são devorados por elas é uma representação vívida da maneira pela qual pecadores sob o evangelho são, muito frequentemente, encantados e destruídos pelo diabo. O animal encantado pela serpente parece estar muito preocupado e amedrontado, grita e faz barulho, mas, mesmo assim, não foge. Ele se aproxima da serpente; então, sua angústia parece aumentar, e ele retrocede um pouco; mas, depois, aproxima-se mais do que nunca e, então, parece muito assustado e corre ou voa um pouco para trás. Contudo, não foge para muito longe e, logo, chega um pouco mais perto e mais um pouco, com aparente medo e angústia que o leva a retroceder de quando em quando, até finalmente chegar tão perto que a serpente consegue apossar-se dele e, logo, o animal ou ave, torna-se a sua presa.

Exatamente assim, frequentemente os pecadores sob o evangelho são enfeitiçados por suas luxúrias. Eles têm consideráveis medos de destruição e remorso de consciência que os fazem recuar, preocupam-se, às vezes, e fazem algumas correções parciais, mas, mesmo assim, não fogem. Eles não abandonarão totalmente suas amadas luxúrias, mas retornarão a elas; e assim, independentemente das advertências que recebam e de qualquer exame de consciência que possa preocupá-los e fazer com que voltem um pouco atrás e evitem durante algum tempo, ainda assim manterão

Jonathan Edwards

seu amado pecado à vista e não se separarão totalmente dele o abandonando, mas voltarão a ele repetidamente e chegarão, pouco a pouco, cada vez mais próximo até que, impiedosamente, Satanás faça deles uma presa. Porém, se alguém vem e fere a serpente, o animal escapa imediatamente. Esta é a maneira pela qual as pobres almas recebem livramento da armadilha do diabo: Cristo vem e fere a cabeça da serpente.

NOVA NATUREZA

*...e vos revestistes do novo homem
que se refaz para o pleno conhecimento,
segundo a imagem daquele que o criou.*
COLOSSENSES 3:10

A nova natureza que está nos santos é de Deus; ela é uma natureza divina e, portanto, precisa ser, ao máximo, inimiga daquilo que é contrário a Deus. Todo santo tem em si uma nova natureza bastante diversa da antiga — aquela com que ele nasceu — e que é superior a ela e diferente dela, porque o que é divino difere do que é terreno; ou como o que é angelical difere do que é brutal; ou como o que é divino difere daquilo que é diabólico.

Essa nova natureza provém de Deus e é algo de Deus; e, portanto, inclina-se a Deus novamente e se contenta com nada menos do que Deus e uma perfeita conformidade com Ele. Enquanto ainda houver separação ou alienação, não será fácil, porque, enquanto esse estado perdurar, a alma estará, em alguma medida, afastada de Deus, de onde provém a sua nova natureza.

A nova natureza provém de Deus.

Jonathan Edwards

UM TERNO ALERTA

*Porque o meu povo é inclinado
a desviar-se de mim; se é concitado
a dirigir-se acima, ninguém o faz.*

OSEIAS 11:7

Alguns recuarão. Serão instáveis. Se, agora, parecem estar bastante envolvidos, isso não durará. Provavelmente, depois os tempos se alterarão, e eles, não tendo obtido a graça, terão muitas tentações de retrocesso, às quais sucumbirão. O coração dos homens é muito instável. Eles não são confiáveis. Os homens são muito instáveis. Eles não sabem dizer como ter paciência para esperar em Deus. Logo se desanimam. Alguns que agora têm convicções podem perdê-las. Talvez eles não deixem de buscar a salvação de uma vez, mas chegarão a isso gradualmente. Após algum tempo, eles começarão a dar ouvido a desculpas para não serem tão constantes no dever. Começarão a pensar que não precisam ser tão rigorosos. Dirão a si mesmos que não veem mal em tais e quais coisas. Eles o veem, mas conseguem praticá-los sem grande culpa. Dando, assim, lugar a tentações e ouvindo desculpas, eles perderão gradualmente suas convicções e se tornarão firmes no pecado.

Os homens são muito instáveis.

O ATEÍSMO

*Diz o insensato no seu coração:
Não há Deus. Corrompem-se
e praticam abominação; já não
há quem faça o bem.*
SALMO 14:1

Há um espírito de ateísmo que prevalece no coração dos homens; uma estranha inclinação a duvidar do próprio ser de Deus, de outro mundo e de tudo que não pode ser visto com os olhos físicos. "Diz o insensato no seu coração: Não há Deus..." (SALMO 14:1). Eles não percebem que Deus os vê quando cometem pecado e que os chamará a prestar contas por isso. E, portanto, se puderem esconder o pecado dos olhos dos homens, não se preocupam e são ousados em cometê-lo. "E dizem: O SENHOR não o vê; nem disso faz caso o Deus de Jacó. Atendei, ó estúpidos dentre o povo; e vós, insensatos, quando sereis prudentes? O que fez o ouvido, acaso, não ouvirá? E o que formou os olhos será que não enxerga?" (SALMO 94:7-9). "E diz: Como sabe Deus? Acaso, há conhecimento no Altíssimo?" (SALMO 73:11) Eles são tão incrédulos de coisas futuras, do Céu e do inferno, que comumente preferem correr o risco de condenação a serem convencidos. São estupidamente insensíveis à importância das coisas eternas. Quão difícil é fazê-los crer e dar-lhes uma verdadeira convicção de que ser feliz por toda a eternidade é melhor do que qualquer outro bem, e ser eternamente infeliz sob a ira de Deus é pior do que todos os outros males. Os homens se mostram suficientemente insensíveis nas coisas temporais; porém, nas coisas espirituais, muito mais. "Hipócritas, sabeis interpretar o aspecto da terra e do céu e, entretanto, não sabeis discernir esta época?" (LUCAS 12:56). Eles são muito

Jonathan Edwards

sutis em desígnios malignos, porém insensatos nas coisas que mais lhes dizem respeito. "...são sábios para o mal e não sabem fazer o bem" (JEREMIAS 4:22). Os homens perversos se mostram mais tolos e insensatos do que os mais estúpidos quanto ao que lhes é melhor. "O boi conhece o seu possuidor, e o jumento, o dono da sua manjedoura; mas Israel não tem conhecimento, o meu povo não entende" (ISAÍAS 1:3).

AS BEM-AVENTURANÇAS

*Bem-aventurados
os limpos de coração...*
MATEUS 5:8

O discurso de Cristo no monte parece principalmente focado contra as falsas noções e os preconceitos carnais adotados naquele tempo pela nação dos judeus. E as bem-aventuranças citadas no início de Seu sermão eram, para eles, frases meramente paradoxais, totalmente contrárias às noções que haviam recebido. Os pobres de espírito serem bem-aventurados era uma doutrina contrária à opinião recebida do mundo e especialmente daquela nação, que era excessivamente ambiciosa do louvor dos homens e fortemente vaidosa de sua própria justiça. E ser bem-aventurado e feliz quem lamentava o pecado e vivia mortificado para os prazeres e vaidades do mundo era contrário às noções deles, que colocavam sua maior felicidade em coisas mundanas e carnais. Assim também, os mansos serem bem-aventurados era outra doutrina muito contrária às noções deles, que eram uma nação muito altiva e orgulhosa, e muito vingativa, que sustentava a legalidade da vingança particular, como pode ser visto no versículo 38. Igualmente estranho para eles era a declaração de que quem tinha fome e sede de justiça era feliz, uma vez que sua felicidade não estava em possuir um alto grau de retidão, e, sim, em ter uma grande quantidade de bens terrenos. Eles estavam habituados a trabalhar pela carne que perece. Não tinham noção de coisa alguma como riquezas espirituais ou felicidade em satisfazer um apetite espiritual. Naquele tempo, os judeus estavam em terríveis trevas acerca de coisas espirituais. A felicidade que esperavam vir por intermédio do Messias era temporal e carnal, não espiritual. Cristo

Jonathan Edwards

também lhes diz que eram bem-aventurados os misericordiosos e os pacificadores, o que também era uma doutrina da qual os judeus careciam especialmente naquele tempo, por terem, geralmente, um espírito cruel, impiedoso e perseguidor.

PAZ VERDADEIRA

*Em paz me deito e logo pego
no sono, porque, Senhor,
só tu me fazes repousar seguro.*
SALMO 4:8

Você que, até agora, desperdiçou seu tempo em busca de satisfação no lucro e na glória do mundo, ou nos prazeres e vaidades da juventude, tem hoje uma oferta daquela excelente e eterna paz e bem-aventurança que Cristo comprou com o preço de Seu próprio sangue. Enquanto você continuar rejeitando essas ofertas e convites de Cristo e permanecer em uma condição sem Cristo, nunca desfrutará de qualquer verdadeira paz ou conforto, mas será como o filho pródigo, que em vão sonhava satisfazer-se com as alfarrobas que os porcos comiam. A ira de Deus permanecerá sobre você e a miséria o visitará onde quer que você vá, da qual você nunca será capaz de escapar. Cristo dá paz aos mais pecaminosos e sofredores que se chegam a Ele. Jesus cura os quebrantados de coração e liga suas feridas, mas é impossível eles terem paz enquanto permanecem em seus pecados (ISAÍAS 57:19-21). Não há paz entre Deus e eles, porque, assim como eles têm a culpa do pecado permanecendo em sua alma e estão sob o seu domínio, a indignação de Deus arde continuamente contra eles e, portanto, há razão para que sintam dores todos os seus dias. Enquanto você continuar em tal estado, viverá em uma terrível incerteza do que será de você e em perigo contínuo. De que paz cabível alguém pode desfrutar em um estado como esse? O que, então, você reveste com roupas maravilhosas, coloca em um trono ou à mesa de um príncipe e alimenta com as mais raras gulodices que a Terra oferece? Quão sofridos são o bem-estar e a alegria dessas pessoas!

Jonathan Edwards

Que fraco conforto e alegria tais pessoas têm em suas riquezas e prazeres, durante um momento, enquanto são prisioneiras da justiça divina e miseráveis escravas do diabo! Elas não têm ninguém para ampará-las estando sem Cristo, estrangeiras na comunidade de Israel, excluídas da aliança da promessa, sem esperança e sem Deus no mundo!

SEDE ESPIRITUAL

*Ah! Todos vós, os que tendes sede,
vinde às águas; e vós, os que não tendes dinheiro,
vinde, comprai e comei; sim, vinde e comprai,
sem dinheiro e sem preço, vinho e leite.*

ISAÍAS 55:1

Na queda, o apetite espiritual foi perdido e, assim, os apetites animais se tornaram os únicos senhores, sem qualquer princípio superior para restringi-los. Na regeneração, os apetites espirituais são novamente restaurados até certo ponto, e o apetite sensual é, por ele, novamente contido e mantido dentro de limites. E é nosso dever, com todo possível cuidado, vigilância e resolução, restringi-los e cuidar que eles não ultrapassem seus devidos limites.

E essa é uma parte importantíssima do trabalho que um cristão tem a fazer neste estado militante: mortificar as afeições carnais, subjugar seu apetite animal, crucificar a carne com suas afeições e luxúrias, manter o corpo dominado e levá-lo à sujeição.

A dificuldade do trabalho de um cristão consiste principalmente nisso. Os apetites animais são muito fortes e impacientes quanto a qualquer restrição. É um carregar a cruz diariamente e semelhante o cortar da mão direita; e olha para os homens carnais com um semblante assustador, e é o que faz com que muitos tenham medo de abraçar o cristianismo e uma vida santa. Entretanto, há algo mais no cristianismo além de autonegação ou de restrição de nossas tendências naturais. Há uma coroa e também uma cruz. E, embora sejamos tão estritamente obrigados a restringir e manter dentro dos limites as nossas inclinações animais, ainda assim Deus não deseja que estabeleçamos limites para inclinações espirituais

Jonathan Edwards

e graciosas, que são as mais excelentes. Quem é verdadeiramente nascido de novo, assim como tem um apetite animal por alimento e bebida, tem também fome e sede de justiça; seu alimento e sua bebida é fazer a vontade de seu Pai que está no Céu. Ele tem sede de Deus, do Deus vivo; e, às vezes, seu coração suspira por Deus como a corça suspira pelas águas (SALMO 42:1). Ele tem apetite por Jesus Cristo, que é o pão que desceu do Céu. Sua alma depende de Cristo como seu alimento e sua bebida espirituais.

DEUS ENTRE NÓS

*Bem-aventurado aquele que tem
o Deus de Jacó por seu auxílio, cuja esperança
está no Senhor, seu Deus.*
SALMO 146:5

As pessoas que têm Deus entre elas têm a fonte de todo o bem em seu meio. Há uma fonte plena, de fato uma fonte inesgotável e infinita, suficiente para o suprimento de todos, sob todas as suas circunstâncias e necessidades: o que quer que alguém queira, pode ir a essa fonte e ali ser suprido. Tal povo, que tem esse Deus em seu meio, pode se gloriar nele e dizer: "O Senhor é o nosso pastor, nada nos faltará" e, como em Habacuque, "Ainda que a figueira não floresça, nem haja fruto na vide; o produto da oliveira minta, e os campos não produzam mantimento; as ovelhas sejam arrebatadas do aprisco, e nos currais não haja gado, todavia, eu me alegro no Senhor, exulto no Deus da minha salvação" (3:17,18).

*O povo que tem esse Deus em seu meio
pode se gloriar nele.*

Jonathan Edwards

SACRIFICAR TUDO

*Rogo-vos, pois, irmãos, pelas misericórdias
de Deus, que apresenteis o vosso corpo
por sacrifício vivo, santo e agradável a Deus,
que é o vosso culto racional.*

ROMANOS 12:1

Seja inclinado a sacrificar tudo pelo interesse eterno de sua alma. Que essa busca seja tanto a sua inclinação e resolução, que você fará que tudo dê lugar a ela. Não deixe coisa alguma ser mais importante do que a sua resolução de buscar o reino de Deus. Seja o que for que você costumava considerar conveniência, conforto, facilidade ou coisa desejável em qualquer sentido — se isso se interpuser no caminho desse grande interesse, descarte sem hesitação. E se for de tal natureza que, provavelmente, seja sempre um obstáculo, elimine-o por completo e nunca mais nutra qualquer expectativa a respeito. Se no passado você, por ganho mundano, envolveu-se com mais atenção e comprometimento do que percebe ser coerente com a meticulosa dedicação que você deve ter à religião, tome outro caminho, embora sofra com isso em seus interesses mundanos. Ou, se até agora esteve familiarizado com companhias que o levam a pensar que foram e serão uma armadilha para você e, de algum modo, um obstáculo a esse grande desígnio, rompa sua ligação com elas independentemente de quanto isso possa lhe expor à reprovação de seus antigos companheiros, ou sofra as consequências de mantê-las. O que quer que se oponha à sua mais vantajosa busca da salvação… ofereça tudo isso, por assim dizer, em um só sacrifício pelo bem de sua alma. Não deixe coisa alguma competir com sua salvação — faça com que tudo mais caia diante dela.

Jonathan Edwards

BUSQUE O REINO

*...buscai, pois, em primeiro lugar,
o seu reino e a sua justiça, e todas estas
coisas vos serão acrescentadas.*

MATEUS 6:33

Nós devemos buscar primeiramente o reino de Deus (MATEUS 6:33). Devemos, acima de tudo, desejar uma felicidade celestial: estar com Deus e morar com Jesus Cristo. Embora estejamos cercados por prazeres externos e estabelecidos em famílias com amigos e parentes desejáveis; embora tenhamos companheiros cuja companhia é encantadora e filhos nos quais vemos muitas qualidades promissoras; embora tenhamos bons vizinhos e sejamos geralmente amados quando conhecidos, não devemos nos contentar com essas coisas como nossa porção. Devemos estar tão longe de nos contentarmos com elas que devemos desejar deixá-las todas, no devido tempo de Deus. Devemos possuí-las, desfrutá-las e usá-las, sem qualquer outra visão senão as abandonar prontamente, sempre que formos chamados a isso e, com boa vontade e alegria, trocá-las pelo Céu.

Devemos, acima de tudo, desejar a felicidade celestial.

Jonathan Edwards

DOE GENEROSAMENTE

*Tenho-vos mostrado em tudo que,
trabalhando assim, é mister socorrer os necessitados
e recordar as palavras do próprio Senhor Jesus:
Mais bem-aventurado é dar que receber.*

ATOS 20:35

É dever do povo de Deus doar *generosamente* [aos pobres]. O texto ordena repetidamente: "...abrirás a mão para o teu irmão, para o necessitado...". Meramente dar algo não é suficiente. Isso não cumpre a regra, nem atende ao santo mandamento de Deus. Porém, precisamos abrir bem a nossa mão. O que damos, considerando as necessidades de nosso próximo e a nossa capacidade, deve ser o que podemos chamar de presente generoso. O que o texto quer dizer com abrir a mão, no que diz respeito aos que são capazes, é explicado em Deuteronômio 15:8 — "...lhe abrirás de todo a mão e lhe emprestarás o que lhe falta, quanto baste para a sua necessidade". Emprestar aqui, como fica evidente pelos dois versículos seguintes a esse, e como acabamos de mostrar, não significa apenas emprestar para receber de volta; [porque] nas Escrituras, a palavra emprestar é, às vezes, usada com o sentido de doar, como em Lucas 6:35 — "...fazei o bem e emprestai, sem esperar nenhuma paga...".

Precisamos abrir bem a nossa mão.

Jonathan Edwards

AO MÁXIMO

*Por isso, também pode salvar
totalmente os que por ele se chegam a Deus,
vivendo sempre para interceder por eles.*
HEBREUS 7:25

Cristo se encarregou de salvar todos daquilo que temem se eles forem a Ele. Essa é a Sua principal ocupação; a obra em que Ele se engajou antes da fundação do mundo. Isso é o que Ele sempre teve em Seus pensamentos e intenções; desde a eternidade passada, Ele se encarregou de ser o refúgio daqueles que temem a ira de Deus. Sua sabedoria é tanta que Ele jamais se encarregaria de uma obra para a qual não fosse suficiente. Se houvesse pessoas em situação tão terrível que Ele não fosse capaz de defendê-las, ou tão culpadas que não fosse apto a salvá-las, Ele nunca teria se encarregado delas. Aqueles que estão com problemas e medo angustiante, se forem a Jesus Cristo, terão, para aliviá-los de seus medos, o fato de que Cristo lhes prometeu que os protegerá; que eles atendem ao Seu convite; que Ele empenhou Sua fé pela segurança deles se eles se aproximarem dele; e que está comprometido, por aliança com Deus Pai, a salvar as almas aflitas e angustiadas que o buscarem.

Cristo salvará as almas aflitas e angustiadas que o buscarem.

Jonathan Edwards

LEÃO DA TRIBO DE JUDÁ

> *Todavia, um dos anciãos me disse:*
> *Não chores; eis que o Leão da tribo de Judá,*
> *a Raiz de Davi, venceu para abrir*
> *o livro e os seus sete selos.*
>
> APOCALIPSE 5:5

Cristo é chamado de Leão. Veja, o Leão da tribo de Judá. Ele parece ser denominado Leão da tribo de Judá em alusão ao que Jacó disse ao abençoar essa tribo em seu leito de morte — no momento de abençoar Judá, comparou-o a um leão: "Judá é leãozinho; da presa subiste, filho meu. Encurva-se e deita-se como leão e como leoa; quem o despertará?" (GÊNESIS 49:9) — e, também, ao estandarte do acampamento de Judá no deserto, o qual, segundo a antiga tradição dos judeus, exibia um leão. Muito se deve aos valentes atos de Davi o fato de a tribo de Judá, à qual Davi pertencia, ser comparada a um leão na bênção profética de Jacó; porém, mais especialmente com vistas a Jesus Cristo, que também pertencia àquela tribo, e era descendente de Davi, e é em nosso texto denominado "a Raiz de Davi". Por isso, Cristo é aqui chamado "o Leão da tribo de Judá".

A RESOLUÇÃO DE RUTE

Disse, porém, Rute: Não me instes para que te deixe e me obrigue a não seguir-te; porque, aonde quer que fores, irei eu e, onde quer que pousares, ali pousarei eu; o teu povo é o meu povo, o teu Deus é o meu Deus.

RUTE 1:16

Eu gostaria de observar especificamente aquilo em que consiste a virtuosidade da resolução de Rute, a saber: foi pelo Deus de Israel, e para que ela pudesse fazer parte de Seu povo, que ela decidiu unir-se a Noemi: "...o teu povo é o meu povo, o teu Deus é o meu Deus". Foi por Deus que ela o fez, e esse ato foi, depois, mencionado como um comportamento virtuoso da parte dela: "Respondeu Boaz e lhe disse: Bem me contaram tudo quanto fizeste a tua sogra, depois da morte de teu marido, e como deixaste a teu pai, e a tua mãe, e a terra onde nasceste e vieste para um povo que dantes não conhecias. O Senhor retribua o teu feito, e seja cumprida a tua recompensa do Senhor, Deus de Israel, sob cujas asas vieste buscar refúgio" (RUTE 2:11,12). Ela deixou seu pai, sua mãe e sua terra natal para buscar refúgio sob a sombra das asas de Deus, e realmente recebeu uma recompensa completa, conforme Boaz lhe desejou. Porque, além de bênçãos espirituais imediatas para sua própria alma e recompensas eternas em outro mundo, ela foi recompensada com abundantes e prósperas circunstâncias exteriores na família de Boaz. E, da semente dela, Deus levantou Davi e Salomão e, em sua posteridade, estabeleceu a coroa de Israel (o povo que ela escolheu como seu próprio povo); e, muito mais, de sua descendência, Ele levantou Jesus Cristo, em quem todas as famílias da Terra são abençoadas.

Jonathan Edwards

ACIMA DOS ANJOS

Pois a qual dos anjos disse jamais:
Tu és meu Filho, eu hoje te gerei? E outra vez:
Eu lhe serei Pai, e ele me será Filho?
HEBREUS 1:5

A sabedoria que aparece no caminho da salvação por Jesus Cristo está muito acima da sabedoria dos anjos. Aqui ela é mencionada como um objetivo de Deus ao revelar o plano da nossa salvação, para que assim os anjos possam ver e saber quão grande e multiforme é a sabedoria de Deus, e para expor a sabedoria divina à visão e admiração dos anjos. Porém, por que seria assim se essa sabedoria não fosse maior do que a própria sabedoria deles? Os anjos poderem ver quão multiforme é a sabedoria de Deus nunca teria sido mencionado como um dos objetivos da revelação do plano da redenção se toda a sabedoria a ser vista não fosse maior do que a deles. Ela é mencionada como uma sabedoria como eles nunca haviam visto, nem em Deus, muito menos neles mesmos. Para que *agora* pudesse ser conhecida quão multiforme é a sabedoria de Deus, agora, 4.000 anos após a criação. Durante todo esse tempo, os anjos sempre haviam contemplado a face de Deus e observado as obras de criação de Deus. Contudo, até então, eles jamais haviam visto algo assim; nunca haviam conhecido quão multiforme é a sabedoria de Deus como agora a conheceram por meio da Igreja.

Jonathan Edwards

CÂNTICO DOS CÂNTICOS

Cântico dos cânticos de Salomão.
CÂNTICO DOS CÂNTICOS 1:1

O nome dado a essa canção por Salomão confirma em mim que ela é mais do que uma canção de amor comum e que foi projetada para ser uma canção divina e de divina autoridade, pois lemos em 1 Reis 4:32 que "...foram os seus cânticos mil e cinco". A este ele denomina "cântico dos cânticos" (CÂNTICO DOS CÂNTICOS 1:1), isto é, o mais excelente de todos os seus cânticos, o que me parece muito provável, por ser um cântico a respeito do mais excelente assunto, tratando do amor, da união e da comunhão entre Cristo e Sua esposa, do que o casamento e o amor conjugal eram apenas uma sombra. Esses são os cônjuges mais excelentes, e o amor deles é o mais excelente.

Na introdução à sua exposição desse livro, Matthew Henry diz que ele parece ter sido "tomado pela igreja judaica em um sentido espiritual, para o que foi inicialmente composto, como se supõe pela paráfrase caldeia e os mais antigos expositores judeus". No mesmo lugar, ele diz: "Em nossa crença, tanto da igreja dos judeus, à qual foram entregues os oráculos de Deus e nunca levantou dúvida quanto à autoridade desse livro, e da Igreja Cristã, que felizmente os sucede nessa confiança e honra".

Jonathan Edwards

NÃO SOMOS PARA O MUNDO

Tesouro desejável e azeite há na casa do sábio,
mas o homem insensato os desperdiça.
PROVÉRBIOS 21:20

Nós não somos feitos para uma felicidade terrena. Certamente, Deus jamais criou o homem para o tipo de felicidade que ele não consegue suportar; não fomos criados para a felicidade que, quase tão logo quanto desfrutada, voa para longe de nós e nos deixa decepcionados. Se essa fosse a maior felicidade para a qual fomos criados, a felicidade que seria inevitavelmente acompanhada das decepções e frustrações que fazem mais do que contrabalançá-la, se fôssemos criados para essa felicidade, seria nossa maior sabedoria firmar nosso coração nela, porque é nossa sabedoria firmar nosso coração naquilo para o qual fomos criados. Contudo, no estado atual, quanto mais firmamos nosso coração nessas coisas, mais problemas e aborrecimentos, e menos satisfação, encontramos nelas.

Os pagãos sábios viam isso claramente e, por isso, ensinavam ser uma grande sabedoria do homem abstrair seus pensamentos e afeições de todas as coisas terrenas. Embora eles não tivessem qualquer outro conhecimento de uma felicidade futura do que a simples razão lhes ensinava, até mesmo eles descobriram tanta insatisfação e aborrecimento nesses prazeres que muitos deles, por sua própria escolha, isolaram-se dessas coisas e negaram a si próprios até mesmo os confortos comuns da vida.

Jonathan Edwards

DEDICAÇÃO A DEUS

*Sacrifícios agradáveis a Deus
são o espírito quebrantado;
coração compungido e contrito,
não o desprezarás, ó Deus.*
SALMO 51:17

Ora, cabe a todos nós saber que Deus nunca nos considera Seus para nos fazer felizes enquanto não nos entregamos inteiramente a Ele, e não nos consideramos Seus para obedecer às Suas Leis, e nos submeter à Sua vontade em tudo. Essa nossa entrega ao Senhor é a única coisa que nos dá direito ao privilégio dos filhos de Deus e nos torna participantes dos benefícios adquiridos por Seu querido e único Filho, porque, enquanto não nos entregamos a Deus e não nos oferecemos como sacrifício a Ele, pertencemos ao diabo e este reivindica direito sobre nós. Afinal, de fato, todos nós nos entregamos ao maligno pelo pecado e, a menos que possamos demonstrar outra obra pela qual tenhamos nos entregado a Deus, por meio do qual essa entrega é anulada, quando viermos a morrer, o diabo certamente estará pronto em nosso leito de morte e nos tomará como seus, como aqueles que são seus servos, que se venderam e se entregaram a ele, e nos levará rápida e violentamente para o inferno, a sua própria morada.

Jonathan Edwards

CRISTO, A LUZ DO MUNDO

...Eu sou a luz do mundo...
JOÃO 8:12

Quase nada há de excelente, belo, agradável ou proveitoso além daquilo que é usado, nas Escrituras, como um emblema para Cristo. Ele é chamado leão por Seu grande poder, Sua vitória e Suas gloriosas conquistas. Ele é chamado cordeiro por Seu grande amor, Sua piedade e Sua compaixão; por Seu caráter misericordioso, compassivo, condescendente e brando; por Sua humildade, mansidão e grande paciência; e por ter sido morto como um cordeiro. Ele foi levado ao abate como um cordeiro e, por isso, permaneceu calado. Ele é chamado pão da vida e água da vida devido ao refrigério e à nutrição espirituais que fornece aos membros e por produzir o conforto que refrigera a alma, assim como o fruto da videira faz ao corpo. Ele é chamado vida porque é a vida da alma. Ele é chamado rosa, lírio e outros nomes semelhantes devido à Sua transcendente beleza e fragrância. Ele é chamado brilhante estrela da manhã e Sol da justiça; e, em nosso texto, de a Luz do mundo.

Ele é chamado rosa, lírio e outros nomes semelhantes
devido à Sua transcendente beleza e fragrância.

Jonathan Edwards

VIDA VERDADEIRA

Porque, se viverdes segundo a carne, caminhais para a morte; mas, se, pelo Espírito, mortificardes os feitos do corpo, certamente, vivereis.

ROMANOS 8:13

O que precede o viver para Cristo é o morrer para o pecado, para si mesmo e para o mundo. A vida de um verdadeiro cristão, pela qual ele vive para Cristo, é uma nova vida; ela é denominada ressurreição dos mortos e regeneração. Esse tipo de ressurreição é mencionado em João: "Em verdade, em verdade vos digo que vem a hora e já chegou, em que os mortos ouvirão a voz do Filho de Deus; e os que a ouvirem viverão" (5:25). É desse tipo de ressurreição que Ezequiel fala em sua visão do vale dos ossos secos, e Paulo, no capítulo 6 de Romanos: "Fomos, pois, sepultados com ele na morte pelo batismo; para que, como Cristo foi ressuscitado dentre os mortos pela glória do Pai, assim também andemos nós em novidade de vida" (v.4); e em Efésios: "e estando nós mortos em nossos delitos, nos deu vida juntamente com Cristo, — pela graça sois salvos, e, juntamente com ele, nos ressuscitou, e nos fez assentar nos lugares celestiais em Cristo Jesus" (2:5,6); e, frequentemente, em outros lugares.

Jonathan Edwards

VESTIDOS COM CRISTO

*Perguntou-lhe Deus:
Quem te fez saber que estavas nu?
Comeste da árvore de que
te ordenei que não comesses?*
GÊNESIS 3:11

Em nosso estado caído, nós precisamos de roupas para esconder a nossa nudez (por havermos perdido a nossa glória primitiva) que eram desnecessárias em nosso estado de inocência. E tudo quanto Deus providenciou para a humanidade vestir parece representar Jesus Cristo e Sua justiça: seja algo feito de pele, como as vestimentas de peles que Deus fez para os nossos primeiros antepassados, que representavam a justiça de Cristo; ou a lã das ovelhas, que representam a justiça daquele que é o Cordeiro de Deus e permaneceu mudo como a ovelha diante de seus tosquiadores. E a bela roupa proveniente do bicho-da-seda, que esse verme nos fornece em sua morte, representa a vestimenta gloriosa que temos para a nossa alma pela morte daquele que se fez homem, que é um verme; o filho do homem, que é um verme, disse ser verme e não homem (SALMO 22:6).

Jonathan Edwards

NASCIDO EM UMA MANJEDOURA

*...e ela deu à luz o seu
filho primogênito, enfaixou-o
e o deitou numa manjedoura,
porque não havia lugar
para eles na hospedaria.*

LUCAS 2:7

A infinita condescendência de Cristo apareceu maravilhosamente no modo de Seu nascimento. Ele nasceu em um estábulo por não haver vaga para eles na hospedaria. A hospedaria estava ocupada por outros, considerados pessoas de maior valor. A bem-aventurada Virgem, sendo pobre e desprezada, foi dispensada ou excluída. Embora ela estivesse em circunstâncias de tanta necessidade, ainda assim aqueles que se consideravam melhores não lhe deram lugar. Portanto, chegado o tempo do trabalho de parto, ela foi obrigada a dirigir-se a uma estrebaria e, quando a criança nasceu, foi embrulhada em panos e colocada em uma manjedoura. Ali estava Cristo, deitado como um pequeno bebê e, eminentemente, aparentava um cordeiro. Porém, ainda assim, esse bebê fraco, nascido em uma estrebaria e colocado em uma manjedoura, nasceu para conquistar e triunfar sobre Satanás, o leão que ruge. Ele veio para subjugar os grandes poderes das trevas e para expô-los publicamente, de modo a restaurar a paz na Terra, manifestar a benevolência de Deus para com os homens e dar glória a Deus nas alturas. Consequentemente, a finalidade de Seu nascimento foi declarada pelos cânticos jubilosos das gloriosas hostes angelicais que apareceram aos pastores ao mesmo tempo em que o bebê jazia na manjedoura, por meio das quais Sua divina dignidade foi manifestada.

Jonathan Edwards

OLHANDO PARA TRÁS

Irmãos, quanto a mim, não julgo havê-lo alcançado;
mas uma coisa faço: esquecendo-me
das coisas que para trás ficam e avançando
para as que diante de mim estão.

FILIPENSES 3:13

Nós não devemos olhar para trás ao fugir de Sodoma, porque Sodoma é uma cidade destinada à destruição. O clamor da cidade chegou ao Céu. A Terra não consegue suportar tal fardo como seus habitantes. Ela, portanto, se livrará deles e os vomitará. O Senhor não permitirá que tal cidade permaneça; Ele a consumirá. Deus é santo, e Sua natureza é infinitamente oposta a toda essa impureza. Ele será para ela, portanto, um fogo consumidor. A santidade de Deus não permitirá que ela permaneça, e a majestade e a justiça de Deus exigem que os habitantes daquela cidade que o ofendem e provocam sejam destruídos. E, certamente, Deus os destruirá. Esse é o decreto imutável e irreversível do Senhor. Ele o disse e o fará. O decreto foi promulgado e, tão certo como há um Deus e Ele é onipotente e capaz de cumprir Seus decretos e ameaças, com certeza Ele destruirá Sodoma. "Então, disseram os homens a Ló: Tens aqui alguém mais dos teus? Genro, e teus filhos, e tuas filhas, todos quantos tens na cidade, faze-os sair deste lugar; pois vamos destruir este lugar, porque o seu clamor se tem aumentado, chegando até à presença do SENHOR; e o SENHOR nos enviou a destruí-lo" (GÊNESIS 19:12,13). E no versículo 14: "...Levantai-vos, saí deste lugar, porque o SENHOR há de destruir a cidade...".

Jonathan Edwards

A DIVINDADE DE CRISTO

*...porquanto, nele,
habita, corporalmente, toda
a plenitude da Divindade.*
COLOSSENSES 2:9

Por ser uma das pessoas da Trindade, Cristo é Deus e, assim, a natureza divina, ou a Divindade, habita nele e todos os atributos divinos lhe pertencem, sendo a imutabilidade um deles. Em sua natureza humana, Cristo não era absolutamente imutável, embora, devido à sua união com o divino, Sua natureza humana não estivesse sujeita às mudanças características de uma mera criatura. Por exemplo, ela era indestrutível e imperecível. Tendo a natureza divina para sustentá-la, ela não era passível de cair e cometer pecado, como Adão e os anjos caídos o fizeram; no entanto, a natureza humana de Cristo, quando Ele estava na Terra, esteve sujeita a muitas mudanças. Ela teve um começo: foi concebida no ventre da virgem Maria. Ela teve infância e, depois, a idade adulta; isso ocorreu não somente por uma mudança em Seu corpo, devido à Sua crescente estatura, mas também em Sua mente, pois lemos que Ele não só cresceu em estatura, mas também em sabedoria (LUCAS 2:52). E a natureza humana de Cristo estava sujeita a mudanças dolorosas, embora não a mudanças pecaminosas. Ele sofreu fome, sede e frio. E, finalmente, sofreu mudanças terríveis ao ter Seu corpo torturado e destruído, e Sua alma derramada até a morte. Depois disso, tornou-se sujeito a uma mudança gloriosa em Sua ressurreição e ascensão. E Sua natureza humana não estar sujeita a mudanças pecaminosas, como as de Adão ou dos anjos, não era devido à nenhum traço da Sua natureza humana, e, sim, à Sua relação com a natureza divina que a sustentava. Porém,

Jonathan Edwards

a natureza divina de Cristo é absolutamente imutável e não está sujeita à menor alteração ou variação em aspecto algum. Ela é, agora, a mesma que era antes de o mundo ser criado.

REJEITANDO CRISTO

...por que morreríeis, ó casa de Israel?
EZEQUIEL 18:31

O incrédulo demonstra os pensamentos mesquinhos e desprezíveis que tem sobre Cristo recusando-se a aceitá-lo e fechando a porta de seu coração para Ele. Cristo está à porta e bate e, às vezes, passa anos batendo à porta de seu coração, mas ele se recusa a abri-la para o Mestre. Ora, isso certamente mostra que os homens têm um pensamento muito vil a respeito de uma pessoa quando a deixam para fora de suas portas. Os incrédulos demonstram os pensamentos mesquinhos e desonrosos que têm acerca de Cristo na medida em que não ousam confiar nele. Eles não creem no que o Senhor diz ser verdade. Confiarão menos na palavra de Cristo do que na de um de seus vizinhos honestos ou de um servo que eles tenham descoberto ser fiel. Não parece também que eles tenham no coração alguma verdadeira honra para Cristo, pois se recusam a obedecer aos Seus mandamentos. Eles nada fazem por espírito de obediência a Ele; e a obediência exterior que prestam não passa de uma obediência forçada e fingida, de nenhum modo por qualquer respeito à autoridade ou dignidade de Cristo a ser obedecida.

Eles não creem no que o Senhor diz ser verdade.

Jonathan Edwards

VERDADEIRA ESPERANÇA CRISTÃ

*...segundo a minha ardente expectativa e esperança
de que em nada serei envergonhado; antes,
com toda a ousadia, como sempre, também agora,
será Cristo engrandecido no meu corpo,
quer pela vida, quer pela morte.*

FILIPENSES 1:20

Paulo insiste na natureza bendita da esperança por ela nos permitir gloriar-nos nas tribulações. Essa excelente natureza da verdadeira esperança cristã é descrita nas seguintes palavras: "E não somente isto, mas também nos gloriamos nas próprias tribulações, sabendo que a tribulação produz perseverança; e a perseverança, experiência; e a experiência, esperança. Ora, a esperança não confunde, porque o amor de Deus é derramado em nosso coração pelo Espírito Santo, que nos foi outorgado" (ROMANOS 5:3-5). Isso equivale ao apóstolo ter dito que, por meio da esperança de uma recompensa bendita, que mais do que compensará abundantemente toda a tribulação, somos capazes de suportar a tribulação com paciência; suportar resignadamente e esperar pacientemente pela recompensa. E a paciência produz experiência, porque, quando suportamos a tribulação com uma paciente espera pela recompensa, isso traz a experiência da garantia da recompensa, a saber, a garantia do Espírito, em sentirmos o amor de Deus amplamente derramado em nosso coração pelo Espírito Santo. Para que nossa esperança não nos envergonhe, ela não ficará decepcionada; porque, em meio à nossa tribulação, experimentamos o bendito recebimento do Espírito em nossa alma, que torna até mesmo um tempo de tribulação doce para nós e é uma confirmação muito fervorosa da nossa esperança; e, assim, a experiência produz esperança.

Jonathan Edwards

PECADORES CONSCIENTES

Desventurado homem que sou!
Quem me livrará do corpo desta morte?
ROMANOS 7:24

Quem não tem consciência de seu sofrimento não pode buscar verdadeiramente a misericórdia de Deus, porque a própria noção da misericórdia divina é a bondade e a graça de Deus para com os sofredores. Sem sofrimento no receptor não pode haver exercício de misericórdia. Supor misericórdia sem supor sofrimento, ou compaixão sem calamidade, é uma contradição: portanto, os homens não podem considerar-se receptores de misericórdia se não se reconhecerem sofredores; e assim, a menos que se reconheçam como tais, é-lhes impossível recorrerem a Deus em busca de misericórdia. Eles precisam ter consciência de que são filhos da ira; que a Lei é contra eles e que estão expostos à maldição dela; que a ira de Deus permanece sobre eles; e que Ele está irado com eles todos os dias enquanto estiverem sob a culpa do pecado. Precisam ter consciência de que é algo muito terrível ser objeto da ira de Deus; que é muito terrível tê-lo como inimigo; e que não são capazes de suportar a Sua ira. Eles precisam ter consciência de que a culpa pelo pecado os torna criaturas miseráveis, quaisquer que sejam os seus prazeres temporais; que não podem ser outra coisa senão criaturas miseráveis e perdidas enquanto Deus estiver irado com eles; que não têm força e deverão perecer eternamente se Deus não os salvar. Eles precisam ver que seu caso é totalmente desesperado, independentemente de qualquer coisa que alguém possa fazer por eles; que pairam sobre o abismo do sofrimento eterno e que, obrigatoriamente, cairão dentro dele se Deus não tiver misericórdia deles.

Jonathan Edwards

PERDÃO JUSTO

*Se confessarmos os nossos pecados,
ele é fiel e justo para nos perdoar os pecados
e nos purificar de toda injustiça.*
1 JOÃO 1:9

Deus pode, por intermédio de Cristo, perdoar o maior pecador sem qualquer prejuízo à honra de Sua majestade. A honra da majestade divina requer, de fato, satisfação; porém, os sofrimentos de Cristo reparam totalmente o dano. Por maior que seja o desprezo, se uma pessoa tão honrada quanto Cristo se compromete a ser o Mediador do ofensor e sofre tanto por ele, há a reparação total do dano causado à Majestade do Céu e da Terra. Os sofrimentos de Cristo satisfazem plenamente à justiça. A justiça de Deus, como supremo Governante e Juiz da Terra, exige a punição do pecado. O supremo Juiz precisa julgar o mundo segundo uma regra de justiça. Deus não mostra misericórdia como um juiz, mas como um soberano; portanto, Seu exercício de misericórdia como soberano e Sua justiça como juiz precisam ser coerentes entre si; e isso é feito por meio dos sofrimentos de Cristo, nos quais o pecado é totalmente punido e a justiça é atendida... A Lei não é obstáculo ao perdão do maior pecado se os homens verdadeiramente recorrerem a Deus em busca de misericórdia: por ter cumprido a Lei, Cristo carregou a maldição da Lei em Seus sofrimentos; "Cristo nos resgatou da maldição da lei, fazendo-se ele próprio maldição em nosso lugar (porque está escrito: Maldito todo aquele que for pendurado em madeiro)" (GÁLATAS 3:13).

Jonathan Edwards

BUSQUE A PUREZA

*Bem-aventurados os limpos de coração,
porque verão a Deus.*
MATEUS 5:8

Limpe-se de toda impureza exterior de fala e comportamento. Cuide de nunca macular as mãos com maldade conhecida. Cesse todos os seus pecados pela justiça. E cuide de não ceder a cobiças impuras que o seduziriam a praticar atos pecaminosos. Se você se dedicar ao trabalho de purificar-se, mas mergulhar novamente na lama ao surgir uma tentação, provavelmente nunca se tornará puro. Você precisa, porém, permanecer firme na sua reforma e na correção de seus caminhos e atos. Segundo, cuide de não descansar na pureza exterior, mas busque a pureza de coração nos caminhos da designação de Deus. Busque-a em um constante e diligente atendimento a todas as ordenanças de Deus. Terceiro, sonde frequentemente o seu próprio coração, e busque e ore para ser capaz de ver a imundícia dele. Para ser purificado, você precisa ser levado a reconhecer que está imundo. Você precisa ver o flagelo e a poluição do seu próprio coração. Quarto, implore para que Deus lhe conceda o Seu Espírito Santo. O Espírito de Deus é quem purifica a alma. Por isso, o Espírito de Deus é frequentemente comparado ao fogo, e é dito que Ele batiza com fogo. Ele limpa o coração como o fogo purifica os metais; e, por queimar a imundícia e a poluição da mente, é chamado Espírito purificador; "quando o Senhor lavar a imundícia das filhas de Sião e limpar Jerusalém da culpa do sangue do meio dela, com o Espírito de justiça e com o Espírito purificador" (ISAÍAS 4:4).

Jonathan Edwards

CULTIVE A MANSIDÃO

*Melhor é o fim das coisas
do que o seu princípio; melhor é
o paciente do que o arrogante.*
ECLESIASTES 7:8

Se queremos manter a paz, precisamos dar lugar ao agir de Deus. Quando outras pessoas estão furiosas conosco, precisamos ser brandas e gentis com elas. Por esse meio, a raiva e a contenda perdem poderosamente a sua força; elas são mais anuladas e amortecidas por esse meio do que por qualquer outro. Se a raiva e a ira não encontrarem no indivíduo um fogo semelhante, não encontrarão combustível para trabalhar e se extinguirão. Quando retrocedemos um pouco ao encontrar resistência, o golpe do inimigo perde sua força, assim como um saco de lã, por ceder, para e amortece uma bala mais rapidamente do que um carvalho. Assim, um homem de temperamento manso e brando encerra a contenda antes daquele que resiste. O fogo nunca será apagado com fogo; se quisermos apagá-lo, deveremos jogar-lhe a água, que lhe é contrária. Assim, a contenda não será extinguida pela contenda, mas por seu oposto: a mansidão. "Eu, porém, vos digo: não resistais ao perverso; mas, a qualquer que te ferir na face direita, volta-lhe também a outra" (MATEUS 5:39); observe o versículo 19 de Romanos 12, "não vos vingueis a vós mesmos, amados, mas dai lugar à ira, porque está escrito: Minha é a vingança; eu recompensarei, diz o Senhor".

*Se queremos manter a paz, precisamos
dar lugar ao agir de Deus.*

Jonathan Edwards

RIQUEZAS ESPIRITUAIS

Não confieis naquilo que extorquis,
nem vos vanglorieis na rapina;
se as vossas riquezas prosperam,
não ponhais nelas o coração.
SALMO 62:10

Assim como o cobiçoso deseja riquezas terrenas, o homem regenerado deseja riquezas espirituais. Ele estima a graça em sua alma como as melhores riquezas; considera a sabedoria melhor do que o ouro e a prata e ambiciona a honra que vem de Deus, ser Seu filho e herdeiro da glória. E, assim como o sibarita persegue avidamente os prazeres sensuais, ele anseia pelos prazeres espirituais: o prazer de ver a glória de Cristo, desfrutar de Seu amor e ter comunhão com Ele; o prazer e as alegrias do Espírito Santo, que consistem no doce e poderoso exercício de graça, fé e amor, submissão, gratidão, caridade e bondade fraternal. E, no tocante a esses apetites, a abnegação pode ser deixada de lado, pois a eles pode-se dar liberdade sem limites.

Ele estima a graça em sua alma
como as melhores riquezas.

Jonathan Edwards

O PRAZER DE DEUS

> *Pois ele diz a Moisés: Terei misericórdia*
> *de quem me aprouver ter misericórdia e compadecer-me-ei*
> *de quem me aprouver ter compaixão.*
> ROMANOS 9:15

Se você fosse levado a ver a soberania de Deus, veria que Ele poderia mostrar-lhe misericórdia, se assim quisesse, e poderia recusá-la, se assim quisesse. E ver que Deus pode lhe mostrar misericórdia, se desejar, despertará em você esperança. Os hipócritas que temem o inferno não estão totalmente convencidos de nenhuma das duas coisas. Eles não estão convencidos de que Deus possa recusar-lhes misericórdia; parece-lhes muito difícil Ele jogá-los no inferno e não ter consideração por suas boas obras. Também não estão convencidos de que Deus possa mostrar-lhes misericórdia. Às vezes, eles são propensos a argumentar consigo mesmos que são grandes pecadores. Deus nunca lhes mostrará misericórdia. Eles temem não haver esperança para si. Eles tanto afrontaram a Deus que temem que o Senhor não se reconcilie com eles. Pensam que Sua honra exige que eles sejam punidos. E, assim, ficam divididos entre duas opiniões: seu coração está confuso, às vezes pensando que Deus deveria mostrar-lhes misericórdia por suas obras e que seria muito difícil Ele não o fazer; e, outras vezes, afirmando serem tão grandes pecadores que não há esperança.

Jonathan Edwards

O SUPREMO JUIZ

*Exalta-te, ó juiz da terra;
dá o pago aos soberbos.*
SALMO 94:2

Deus é o supremo juiz do mundo. Ele tem poder suficiente para reivindicar o Seu próprio direito. Por ter um direito que não pode ser contestado, Ele tem também um poder que não pode ser controlado. Ele possui onipotência, com a qual mantém Seu domínio sobre o mundo. E Ele mantém Seu domínio tanto no mundo moral quanto no natural. Os homens podem recusar a sujeição a Deus como legislador. Eles podem se livrar do jugo de Suas leis por rebelião. No entanto, não podem se eximir do Seu julgamento. Embora não tenham Deus como seu legislador, ainda assim o terão como seu juiz. A mais forte das criaturas nada pode fazer para controlar Deus ou para evitar que Ele aja em Sua qualidade de juiz. Ele é capaz de levá-los ao Seu trono de julgamento e, também, de executar a sentença que pronunciará.

Certa vez, ocorreu uma notável tentativa, por oposição de poder, de sacudir inteiramente o jugo do governo moral de Deus, tanto como legislador quanto como juiz. Essa tentativa foi feita pelos anjos, as mais poderosas das criaturas. Porém, eles falharam miseravelmente. Não obstante, Deus agiu como seu juiz, expulsando do Céu aqueles espíritos soberbos e atando-os com cadeias de trevas para um julgamento posterior e uma execução adicional. "Ele é sábio de coração e grande em poder; quem porfiou com ele e teve paz" (JÓ 9:4). Naquilo em que os inimigos de Deus se portam soberbamente, Ele está acima deles. Ele sempre agiu como juiz em conceder as recompensas e infligir as punições que lhe agradassem aos filhos dos homens. E Ele ainda o faz. Ele continua cumprindo diariamente as promessas e ameaças da Lei ao dispor das almas dos filhos dos homens, e assim agirá eternamente.

Embora eles não tenham Deus como seu legislador,
ainda assim o terão como seu juiz.

SEM NECESSIDADE DE PODER

*O Senhor fez todas as coisas para determinados fins
e até o perverso, para o dia da calamidade.*
PROVÉRBIOS 16:4

Não há, em Deus, falta de poder para lançar homens perversos no inferno a qualquer momento. As mãos humanas não conseguem ser fortes quando Deus se levanta. Os mais fortes não têm poder para resistir a Ele, nem conseguem se livrar das Suas mãos. Ele não só é capaz de lançar homens perversos no inferno, como pode fazê-lo facilmente. Às vezes, um príncipe terreno tem grande dificuldade para subjugar um rebelde que encontrou meios de se fortificar e se fortaleceu pela quantidade de seus seguidores. Com Deus, porém, não é assim. Não há fortaleza que possa defender contra o poder de Deus. Embora mãos se unam e grandes multidões de inimigos de Deus se combinem e se associem, elas são facilmente despedaçadas. Elas são como grandes montes de palha leve diante do redemoinho; ou grandes quantidades de restolho seco diante de chamas devoradoras. Nós achamos fácil pisar e esmagar um verme que vemos rastejando na terra; igualmente fácil para nós é cortar ou chamuscar um fio fino pelo qual tudo pende: do mesmo modo, é fácil para Deus, quando lhe agrada, lançar Seus inimigos no inferno. O que somos nós para pensar estar diante dele, cuja repreensão faz a Terra tremer e diante do qual as rochas são derrubadas?

Jonathan Edwards

LISONJAS A SI MESMO

*Porventura, te foram reveladas
as portas da morte ou viste essas portas
da região tenebrosa?*

JÓ 38:17

Muito comumente, quem se lisonjeia com a esperança de ainda viver um longo tempo no mundo continua a fazê-lo até a morte chegar. A morte sobrevém a essas pessoas quando elas não a esperam; elas consideram a lisonja a si mesmas uma grande escapatória quando há apenas um passo entre elas e a morte. Elas não pensavam que morreriam naquele momento, nem em qualquer tempo próximo. Quando eram jovens, elas se propuseram a viver um longo tempo e, se vivem até a meia-idade, ainda mantêm o mesmo pensamento de que ainda não estão perto da morte; assim, esse pensamento as acompanhará enquanto viverem ou até estarem prestes a morrer.

Jonathan Edwards

A ALMA IMERSÍVEL

*Então, clamando, disse: Pai Abraão,
tem misericórdia de mim! E manda a Lázaro
que molhe em água a ponta do dedo
e me refresque a língua, porque estou
atormentado nesta chama.*

LUCAS 16:24

A natureza do homem deseja a felicidade; é parte da natureza da alma almejar e ter sede de bem-estar; e, se estiver sofrendo, ansiosamente suspirar por alívio; quanto maior é o sofrimento, mais avidamente ela luta por ajuda. Porém, se todo alívio for recusado, toda força for superada e todo apoio for totalmente perdido, ela afunda nas trevas da morte.

Nós conseguimos compreender muito pouco acerca do assunto; não somos capazes de conceber o que é esse afundar da alma em tal caso. Porém, para ajudar a sua concepção, imagine-se sendo lançado em um forno aceso ou uma grande fornalha, onde a sua dor seria muito maior do que aquela ocasionada por tocar acidentalmente um carvão em brasa, porque o calor é maior. Imagine também que o seu corpo ficasse ali durante um quarto de hora, todo o tempo com total percepção; que horror você sentiria na entrada de tal fornalha! E quanto tempo pareceria durar aquele quarto de hora! E, após tê-la suportado durante um minuto, quão insuportável lhe seria pensar que teria de suportá-la durante os outros catorze!

Porém, qual seria o efeito sobre a sua alma saber que você deveria ficar ali, suportando totalmente aquele tormento durante 24 horas! E quão maior seria o efeito se você soubesse que deveria suportá-la durante um ano inteiro; e quão imensamente ainda

Jonathan Edwards

maior se você soubesse que deveria suportá-la durante mil anos! Então, como o seu coração afundaria se você pensasse, se soubesse, que precisaria suportá-la para todo o sempre! Que não haveria fim! Que, após milhões de milhões de anos, o seu tormento não estaria mais próximo de um fim do que antes; e que você nunca, jamais seria liberto!

PAZ DURADOURA

*Estas coisas vos tenho dito para que
tenhais paz em mim. No mundo, passais
por aflições; mas tende bom ânimo;
eu venci o mundo.*

JOÃO 16:33

Nosso Senhor Jesus Cristo legou verdadeira paz e conforto aos Seus seguidores. Cristo é chamado o Príncipe da Paz (ISAÍAS 9:6). E, na alegre e maravilhosa ocasião em que Ele veio ao mundo, os anjos cantaram: "Glória a Deus nas alturas e paz na terra", devido à paz que Ele conquistaria e outorgaria aos filhos dos homens: paz com Deus e paz uns com os outros, e tranquilidade e paz em si mesmos, sendo esta última o benefício especialmente mencionado no texto. Cristo conquistou isso para os Seus seguidores e estabeleceu um fundamento para que desfrutassem dele e no qual Jesus adquiriu para eles os outros dois, em outras palavras: paz com Deus e paz uns com os outros. Ele obteve para eles paz e reconciliação com Deus, e Seu favor e amizade, na medida em que pagou os pecados deles e estabeleceu um fundamento para a remoção perfeita da culpa do pecado, e o perdão de todas as suas transgressões, e forjou para eles uma justiça perfeita e gloriosa, a mais aceitável a Deus e suficiente para recomendá-los à plena aceitação de Deus, à adoção de filhos e aos eternos frutos de Sua bondade paterna.

Jonathan Edwards

A VOLTA GLORIOSA DE CRISTO

*Porquanto o Senhor mesmo, dada a sua palavra
de ordem, ouvida a voz do arcanjo,
e ressoada a trombeta de Deus, descerá dos céus...*
1 TESSALONICENSES 4:16

Os santos da Terra terão essa visão gloriosa de seu Salvador vindo nas nuvens do céu, com todos os seus santos anjos com Ele. O primeiro aviso a ser dado dessa descida ocorrerá no Céu, mas, logo após, será feito o aviso na Terra. Cristo será visto descendo enquanto ainda estiver a grande distância; todos os olhos o verão: os dos bons e os dos maus. E, para os santos, essa será a visão mais alegre que eles já tiveram. A primeira percepção de Sua descida fará o coração deles transbordar de júbilo e alegria, deixará o coração dos piedosos tão cheio de alegria quanto o dos iníquos de terror e assombro. Se os santos forem acordados à meia-noite com o som de que Cristo aparece nas nuvens do céu chegando para o julgamento, essa lhes será uma alegre notícia. É provável que, naquele momento, muitos dos santos estarão sofrendo perseguição, porque várias coisas nas Escrituras parecem declarar que, no tempo da vinda de Cristo, a iniquidade será demasiadamente abundante e os santos serão fortemente perseguidos. Isso, porém, os porá em liberdade; então, eles poderão levantar a cabeça a partir de prisões e masmorras, e muitos a partir de galés e minas, e verão o seu Redentor se aproximando. Essa visão afugentará seus perseguidores; porá fim a todas as crueldades destes e libertará o povo de Deus. Então, quando todo o povo da Terra chorar ao ver Cristo nas nuvens do céu, e homens iníquos de todas as partes gritarem e clamarem com terrível assombro, os santos se encherão de louvor e êxtase.

Jonathan Edwards

NOSSA NECESSIDADE DESTRUIDORA

...seca-se a erva, e caem as flores, soprando nelas o hálito do SENHOR. Na verdade, o povo é erva. ISAÍAS 40:7

Encontramo-nos numa urgente necessidade de buscar o reino de Deus; sem ele, estamos total e eternamente perdidos. Fora do reino de Deus não há segurança; não há outro esconderijo; essa é a única cidade de refúgio na qual podemos estar a salvo do vingador que persegue todos os ímpios. A vingança de Deus perseguirá, alcançará e destruirá eternamente quem não estiver nesse reino. Todos os que não tiverem essa proteção serão engolidos por um transbordante dilúvio ardente de ira. Eles poderão ficar à porta, e bater, e clamar: "Senhor, Senhor, abre para nós", mas será em vão; serão empurrados para trás e, Deus não terá misericórdia deles; serão eternamente abandonados por Ele. Sua terrível vingança os agarrará; os demônios se apoderarão deles, e todo mal virá sobre eles; e não haverá quem se apiede ou ajude; a situação deles será totalmente desesperada e infinitamente triste. Será um caso perdido; todas as ofertas de misericórdia e expressões da bondade divina serão finalmente retiradas, e toda esperança será perdida. Deus não terá qualquer tipo de consideração pelo bem-estar deles; não cuidará de salvá-los de qualquer inimigo ou de qualquer mal; Ele mesmo será o terrível inimigo deles, executará ira com fúria e se vingará de maneira inexprimivelmente terrível. Todos os que estiverem nessa situação estarão perdidos e de fato arruinados! Eles serão afundados na perdição, infinitamente abaixo de tudo que possamos pensar. Pois quem conhece o poder da ira de Deus? E quem conhece o sofrimento do pobre verme sobre quem essa ira é executada sem misericórdia?

Jonathan Edwards

ABANDONANDO O PECADO

*...aparte-se do mal, pratique o que é bom,
busque a paz e empenhe-se por alcançá-la.*
1 PEDRO 3:11

Que os homens finjam o que quiserem; seu coração não se desvia do pecado se eles não o abandonarem. Não é convertido aquele que não se dispôs verdadeiramente a abandonar por completo todos os caminhos do pecado. Para terem verdadeira esperança e consolo, os pecadores precisam se afastar definitivamente do pecado, como os filhos de Israel fizeram com os egípcios no mar Vermelho. As pessoas podem ter muitos problemas causados pelo pecado, e muitos conflitos e lutas com ele, e parecer abandoná-lo durante algum tempo, mas não o abandonam definitivamente, tal como ocorreu entre os filhos de Israel e os egípcios. Aqueles tiveram uma longa luta com estes antes de serem libertos. Quantos juízos Deus trouxe sobre os egípcios antes de eles deixarem os hebreus irem? E, às vezes, Faraó parecia que os deixaria ir; porém, ao ser provado, recusava-se. E, quando partiram de Ramsés, sem dúvida pensaram ter se livrado dos egípcios. O povo de Israel não esperava vê-los novamente. Porém, ao chegarem ao mar Vermelho e olharem para trás, os viram chegar ao seu encalço. Eles descobriram ser difícil livrarem-se totalmente dos egípcios. Porém, quando estes se afogaram no mar Vermelho, os filhos de Israel se livraram eternamente deles... Do mesmo modo, os pecadores precisam não apenas se separar do pecado durante algum tempo, mas devem abandoná-lo para sempre e estar dispostos a nunca mais ter algo a ver com seus antigos caminhos e prazeres pecaminosos.

Jonathan Edwards

A PRECIOSIDADE DO TEMPO

...remindo o tempo, porque os dias são maus.
EFÉSIOS 5:16

O tempo é muito precioso porque, quando é passado, não pode ser recuperado. Há muitas coisas que os homens possuem e, quando se desfazem delas, podem obtê-las novamente. Se um homem se desfez de algo que tinha, não conhecendo o valor daquilo ou a necessidade que teria, frequentemente pode recuperá-lo, pelo menos com dificuldade e custo. Se um homem se envolveu em uma barganha, e trocou ou vendeu alguma coisa, e depois se arrependeu, frequentemente consegue desobrigar-se e recuperar aquilo de que havia se desfeito. Porém, não é assim que ocorre com o tempo. Uma vez que ele tenha passado, foi para sempre; nenhum esforço ou custo o recuperará. Apesar de nos arrependermos tanto por tê-lo deixado passar e não termos nos beneficiado enquanto o tivemos, isso de nada adiantará. Cada parte dele nos é sucessivamente oferecida para que possamos escolher se nos apossaremos dela ou não. Porém, não pode haver atraso. Ela não nos esperará para ver se aceitamos ou não a oferta. Contudo, se a recusarmos, ela é imediatamente retirada e nunca mais oferecida. Quanto à parte do tempo que se foi, independentemente de como tenhamos negligenciado nos beneficiar dela, estará fora de nosso poder e alcance.

Jonathan Edwards

CONFORTOS DA VIDA

*Nos muitos cuidados que dentro
de mim se multiplicam, as tuas consolações
me alegram a alma.*

SALMO 94:19

Considere que o conforto da vida não é, de modo algum, proporcional às riquezas dos homens. Nenhum bem exterior pode ser, de qualquer maneira, desejável por outro motivo senão contribuir para o conforto de um homem, seja aqui ou no futuro. Se a nossa vida for igualmente confortável também sem riquezas, aqui e no futuro, todos concordarão que seria da mesma forma bom as possuirmos ou não. Porém, até mesmo o conforto desta vida e o que há nas coisas temporais não são proporcionais às riquezas de um homem. Muitas pessoas são muito ricas e, com todas as suas posses, com toda a sua grandeza e honra, e todas as satisfações que seu dinheiro pode obter, não têm tanto conforto quanto muitas outras em circunstâncias mais modestas. Elas não estão mais perto da satisfação por isso; não anseiam por menos, mesmo possuindo tanto. Eclesiastes 5:10 diz: "Quem ama o dinheiro jamais dele se farta; e quem ama a abundância nunca se farta da renda"; e 4:8: "…um homem sem ninguém, não tem filho nem irmã; contudo, não cessa de trabalhar, e seus olhos não se fartam de riquezas; e não diz: Para quem trabalho eu, se nego à minha alma os bens da vida? Também isto é vaidade e enfadonho trabalho". Quando as riquezas aumentam, muito frequentemente o cuidado e a ansiedade sobre as posses aumentam; a mente fica mais sobrecarregada com pensamentos e preocupações referentes a elas. E como nos diz o sábio em Eclesiastes 4:6: "Melhor é um punhado de descanso do que ambas as mãos cheias de trabalho e correr atrás do vento".

Jonathan Edwards

FALSOS AFETOS

*...mas os cuidados do mundo,
a fascinação da riqueza e as demais
ambições, concorrendo, sufocam
a palavra, ficando ela infrutífera.*
MARCOS 4:19

Embora as pessoas se derretam por novos falsos afetos, no final, estes tendem a endurecer-lhes o coração. Pode-se estabelecer uma disposição para algum tipo de paixão, como o egocentrismo, a autopromoção e a oposição aos outros. Porém, os falsos afetos, com o engano que os acompanha, finalmente tendem a entorpecer a mente e a calar os afetos em que consiste a ternura do coração e, por fim, o efeito deles é que, em sua mentalidade acomodada, as pessoas se tornam menos comovidos com seus pecados presentes e passados, e menos cuidadosas quanto aos pecados futuros, menos comovidas pelas advertências e os avisos da Palavra de Deus ou com os castigos da providência divina, mais descuidadas com as inclinações do coração e com a maneira e tendência de seu comportamento, menos perspicazes para discernir o que é pecaminoso e menos temerosas da aparência do mal do que quando estavam sob o despertamento para a Lei e o medo do inferno.

Jonathan Edwards

IGNORÂNCIA ESPIRITUAL

*Ora, o homem natural não aceita
as coisas do Espírito de Deus, porque lhe
são loucura; e não pode entendê-las,
porque elas se discernem espiritualmente.*

1 CORÍNTIOS 2:14

O motivo pelo qual os homens naturais não têm conhecimento das coisas espirituais é não terem coisa alguma do Espírito de Deus habitando neles... porque nos é dito que é pelo Espírito que essas coisas são ensinadas, e as pessoas piedosas são chamadas espirituais por terem o Espírito habitando em si. Com isso, o sentido é novamente confirmado, porque os homens naturais em nada são espirituais; eles têm apenas sua natureza e nenhum Espírito. Se tivessem algo do Espírito, embora não tanto quanto os piedosos, ainda assim seriam ensinados nas coisas espirituais, ou coisas do Espírito, na proporção da quantidade do Espírito que tivessem. O Espírito, que tudo sonda, lhes daria alguma medida de ensinamento. Não haveria uma diferença tão grande que a pessoa nada conseguisse perceber desse ensinamento e que ele fosse loucura para ela, enquanto para os outros eles parecessem divina e notavelmente sábios e excelentes.

Jonathan Edwards

UM ESPÍRITO DE AMOR

*Ora, temos, da parte dele,
este mandamento: que aquele que ama
a Deus ame também a seu irmão.*
1 JOÃO 4:21

Esforce-se para que possa transparecer em seu comportamento uma grande quantidade de um espírito de amor. Se houver muito desse espírito transparecendo em você, isso será benefício e conquista para o não convertido. As pessoas não convertidas estão prontas para ter preconceito contra as consideradas como convertidas; porém, se observarem em si mesmas tal espírito de amor, não apenas umas pelas outras, mas pareça evidentemente haver um espírito de sincera boa vontade para com os não convertidos e para com todos, isso tenderá muito a diminuir aquele preconceito e gerar nelas um bom pensamento acerca não somente das convertidas, mas também da própria piedade. Assim, os convertidos produzirão frutos de arrependimento.

*Esforce-se para transparecer em seu comportamento
grande quantidade do espírito de amor.*

Jonathan Edwards

PRÁTICA SANTA

*...assim como nos escolheu nele antes
da fundação do mundo, para sermos santos e irrepreensíveis
perante ele; e em amor.* EFÉSIOS 1:4

A conduta santa é o objetivo da eleição eterna que é o primeiro fundamento da concessão de toda verdadeira graça. A conduta santa não é a base e a razão da eleição, como supõem os arminianos, que imaginam que Deus elege os homens para a vida eterna mediante a previsão de suas boas obras; e sim o objetivo e fim da eleição. Deus não elege os homens porque prevê que eles serão santos, mas para que os possa tornar, e eles possam ser, santos. Assim, na eleição, Deus ordenou que os homens andassem em boas obras, como diz o apóstolo: "Pois somos feitura dele, criados em Cristo Jesus para boas obras, as quais Deus de antemão preparou para que andássemos nelas" (EFÉSIOS 2:10). E novamente é dito que os eleitos são escolhidos para esse fim específico: "...nos escolheu nele antes da fundação do mundo, para sermos santos e irrepreensíveis perante ele; e em amor" (EFÉSIOS 1:4). E assim diz Cristo aos Seus discípulos: "...eu vos escolhi a vós outros e vos designei para que vades e deis fruto, e o vosso fruto permaneça..." (JOÃO 15:16). Ora, a eleição eterna de Deus é a primeira base da concessão da graça salvífica. Alguns têm essa graça salvífica e outros não a têm, porque alguns são escolhidos por Deus desde a eternidade e outros não. E, vendo-se que a conduta santa é o escopo e objetivo da primeira base da concessão da graça, essa mesma conduta santa é, sem dúvida, a tendência da própria graça. Caso contrário, seguir-se-ia que, para atingir certo fim, Deus usa certo meio que não é adequado para atingir esse fim e que nem tende a fazê-lo.

Jonathan Edwards

FAÇA O BEM A TODOS

*Digo-vos, porém, a vós
outros que me ouvis: amai os vossos inimigos,
fazei o bem aos que vos odeiam.*
LUCAS 6:27

Nós devemos fazer o bem, tanto para os bons quanto para os maus. Devemos fazer isso para imitar o nosso Pai celestial, "...porque ele faz nascer o seu sol sobre maus e bons e vir chuvas sobre justos e injustos" (MATEUS 5:43-45). O mundo é repleto de diversos tipos de pessoas, algumas boas e algumas más; e nós devemos fazer o bem a todas elas. Deveríamos, de fato, fazer o bem especialmente "aos da família da fé" ou aos que temos motivos, no exercício da caridade, para considerar santos. Porém, embora devamos ser-lhes abundantes em beneficência, o nosso bem não deve ser confinado a eles — devemos fazer o bem a todos os homens, conforme tivermos oportunidade. Enquanto vivemos no mundo, devemos esperar encontrar alguns homens com características muito más e inclinações e práticas odiosas. Alguns são soberbos; alguns, imorais; alguns, cobiçosos; alguns, profanos; alguns, injustos ou severos; e, alguns, desprezadores de Deus. Porém, qualquer uma dessas más qualidades, ou todas elas, não devem prejudicar a nossa beneficência, nem nos impedir de lhes fazer o bem quando temos oportunidade. Por isso mesmo, devemos ser diligentes em beneficiá-las, para podermos ganhá-las para Cristo; especialmente, devemos ser diligentes em beneficiá-las nas coisas espirituais.

Jonathan Edwards

DEUS NÃO É COMO NÓS

Deus não é homem, para que minta;
nem filho de homem, para que se arrependa.
Porventura, tendo ele prometido,
não o fará? Ou, tendo falado, não o cumprirá?
NÚMEROS 23:19

É bom para nós o fato de Deus não ser infiel a nós como nós somos a Ele. Nós, que professamos ser cristãos, estamos sob solenes votos e compromissos de ser do Senhor e servi-lhe. Toda vez que vamos à Ceia do Senhor, renovamos tais votos de maneira bastante enfática. Porém, quanta infidelidade para com Deus há entre os que se professam cristãos. E aqueles que se entregam sinceramente a Deus em sua conversão, com que frequência falham em fidelidade ao seu Deus da aliança. O Senhor não é assim para com os piedosos. Por promessa, Ele comprometeu-se em sustentá-los, por meio da fé, para a salvação, em não permitir que sejam tentados acima do que são capazes de resistir; em levá-los por um caminho de graça; em livrá-los de todos os seus inimigos. Ele prometeu que cuidará deles e os vigiará para sempre, os protegerá contra o poder do diabo, os manterá fora do inferno e, por fim, os levará à glória. Deus nunca falha. A palavra saiu de Sua boca, e céu e Terra passarão antes que falhe um jota ou til dela. Se não tivéssemos certeza quanto à fidelidade de Deus para conosco não poder falhar, e fosse tão suscetível de falhar quanto os homens em relação a Ele, em que pobre e duvidosa situação todos nós estaríamos!

Jonathan Edwards

DEUS OUVE A ORAÇÃO

*Bendito seja o Senhor,
porque me ouviu as vozes súplices.*
SALMO 28:6

É realmente algo maravilhoso que um Deus tão grande esteja tão pronto a ouvir as nossas orações, embora sejamos tão desprezíveis e indignos. Que Ele conceda livre acesso a todos em todos os momentos, nos permita sermos importunos sem considerar isso uma ousadia indecente, e seja tão rico em misericórdia para com os que o invocam: que vermes do pó tenham, junto a Deus, tal poder por meio da oração, de forma que Ele faça grandes coisas em resposta às suas orações e se mostre, por assim dizer, vencido por eles. Tudo isso é maravilhoso quando consideramos a distância entre Deus e nós, como o provocamos com os nossos pecados e quão indignos somos da menos graciosa atenção. Não é por qualquer necessidade que Deus toma nosso lugar, pois a nossa bondade não o alcança. Também não há em nós qualquer coisa que faça o coração de Deus se inclinar a nosso favor. Tampouco é por qualquer merecimento em nossas orações, que são, em si mesmas, poluídas. É, porém, porque Deus se deleita na misericórdia e na condescendência. Nisso ele se distingue infinitamente de todos os outros deuses. Ele é a grande fonte de todo bem, de quem a bondade flui como luz do sol.

Jonathan Edwards

AFASTADO DO SENHOR

Mal os deixei, encontrei logo o amado da minha alma;
agarrei-me a ele e não o deixei ir embora,
até que o fiz entrar em casa de minha mãe
e na recâmara daquela que me concebeu.

CÂNTICO DOS CÂNTICOS 3:4

Quando estamos afastados de nossos queridos amigos, eles estão fora de nosso campo de visão, mas, quando estamos com eles, temos a oportunidade e a satisfação de vê-los. Assim, enquanto os santos estão no corpo e distantes do Senhor, Ele está, em vários aspectos, fora de vista, "a quem, não havendo visto, amais; no qual, não vendo agora, mas crendo…" (1 PEDRO 1:8) etc. Eles realmente têm, neste mundo, uma visão espiritual de Cristo, mas veem através de um espelho sombriamente e com grande interferência, mas no Céu eles o verão face a face (1 CORÍNTIOS 13:12). "Bem-aventurados os limpos de coração, porque verão a Deus" (MATEUS 5:8); sua visão beatífica de Deus está em Cristo, que é o brilho ou resplendor da glória de Deus, pelo qual Sua glória resplandece no Céu para ser vista pelos santos e anjos por toda a Terra. Esse é o Sol da justiça, que é não apenas a luz deste mundo, mas também o sol que ilumina a Jerusalém celestial, por cujos raios luminosos a glória de Deus brilha ali, para iluminar e alegrar todos os habitantes gloriosos. "…a glória de Deus a iluminou, e o Cordeiro é a sua lâmpada" (APOCALIPSE 21:23).

Jonathan Edwards

FOI PELA ALEGRIA

*...olhando firmemente para o Autor
e Consumador da fé, Jesus, o qual, em troca
da alegria que lhe estava proposta,
suportou a cruz, não fazendo caso da ignomínia,
e está assentado à destra do trono de Deus.*

HEBREUS 12:2

Cristo fez coisas maiores do que criar o mundo para obter Sua noiva e a alegria de Sua boda com ela, pois se fez homem para esse fim, algo muito maior do que criar o mundo. O Criador fazer a criatura foi algo grandioso. Porém, tornar-se uma criatura foi algo ainda maior. E Ele fez algo maior ainda para obter essa alegria: por ela, entregou a Sua vida e sofreu até a morte de cruz. Por isso Ele derramou Sua alma até a morte. E aquele que é o Senhor do Universo, Deus sobre todos, eternamente bendito, ofereceu a si mesmo como sacrifício, de corpo e de alma, nas chamas da ira divina. Cristo obtém Sua esposa eleita por conquista, pois ela era uma prisioneira nas mãos de inimigos terríveis. Seu Redentor veio ao mundo para conquistar esses inimigos e resgatá-la das mãos deles, para que ela pudesse ser Sua noiva. Ele veio e confrontou esses inimigos na maior batalha jamais contemplada por homens ou anjos. Ele lutou contra principados e potestades. Ele lutou sozinho contra os poderes das trevas e todos os exércitos do inferno. Sim, Ele entrou em conflito com a ira infinitamente mais terrível de Deus e foi vencedor nessa grande batalha. Assim, comprou Sua esposa. Consideremos por quão grande preço Cristo a comprou. Ele não a resgatou com coisas corruptíveis, como prata e ouro, mas com o Seu próprio sangue precioso. Sim, Ele se entregou por ela. Quando Ele se ofereceu a Deus naqueles

Jonathan Edwards

esforços e sofrimentos extremos, essa era a alegria que lhe estava proposta, que o fez suportar a cruz com alegria e desprezar a dor e a vergonha em comparação a essa alegria; até mesmo aquele regozijo sobre a Sua Igreja, quando o noivo se alegra com a noiva que o Pai lhe havia prometido e que Ele esperava quando o Pai a apresentaria a Ele em perfeita beleza e bem-aventurança.

UNICAMENTE PELA GRAÇA

*...a fim de que, justificados
por graça, nos tornemos seus herdeiros,
segundo a esperança da vida eterna.*
TITO 3:7

Os remidos têm tudo pela graça de Deus. Foi por mera graça que Deus nos deu Seu Filho unigênito. A grandeza da graça é proporcional à excelência daquilo que é concedido. O presente foi infinitamente precioso por ser de uma pessoa infinitamente digna, uma pessoa de infinita glória; e também por ser de uma pessoa infinitamente próxima a Deus e querida por Ele. A grandeza da graça é proporcional ao benefício que nos demos nele. O benefício é duplamente infinito porque nele temos livramento de um sofrimento infinito, por ser eterno, e também recebermos eterna alegria e glória. A grandeza da graça em conceder esse presente é proporcional à nossa indignidade em recebê-lo; em vez de merecer tal presente, nós merecíamos das mãos de Deus um mal infinito. A grandeza da graça é de acordo com a maneira com que foi concedida ou proporcional à humilhação e ao custo do método, e dos meios, pelos quais o caminho para que a recebêssemos foi traçado. Ele o deu para habitar entre nós; Ele o deu a nós encarnado, ou em nossa natureza e semelhança, e, embora com fraquezas, não teve pecado. Ele o deu a nós em um estado humilde e afligido; e não somente assim, mas morto, para que pudesse ser um banquete para a nossa alma.

Jonathan Edwards

IMITANDO A DEUS

*Buscai o Senhor, vós todos os mansos
da terra, que cumpris o seu juízo; buscai a justiça,
buscai a mansidão; porventura, lograreis
esconder-vos no dia da ira do Senhor.*

SOFONIAS 2:3

O amor a Deus nos dispõe a imitá-lo e, portanto, nos inclina à mesma longanimidade manifestada por Ele. A longanimidade é frequentemente mencionada como um dos atributos de Deus. Em Êxodo 34:6 é dito: "E, passando o Senhor por diante dele, clamou: Senhor, Senhor Deus compassivo, clemente e longânime e grande em misericórdia e fidelidade" etc. E, em Romanos 2:4, o apóstolo pergunta: "...desprezas a riqueza da sua bondade, e tolerância, e longanimidade...?". A longanimidade de Deus é manifesta de maneira muito maravilhosa quando Ele sofre inúmeros insultos, grandes e contínuas ofensas dos homens. Se considerarmos a iniquidade que existe no mundo e, depois, considerarmos como Deus continua sustentando o mundo e não o destruindo, mas derramando sobre ele inumeráveis misericórdias, as generosidades de Sua providência e graça diárias, fazendo com que Seu sol se levante sobre o mau e sobre o bom, e enviando chuva sobre os justos e também sobre os injustos, e oferecendo as Suas bênçãos espirituais incessantemente e a todos, perceberemos quão abundante é a Sua longanimidade para conosco. E, se considerarmos a Sua longanimidade para com algumas das grandes e populosas cidades do mundo, e pensarmos quão constantemente os presentes de Sua bondade são concedidos sobre elas e consumidos por elas, e então considerarmos como a iniquidade dessas mesmas cidades é grande, isso nos mostrará quão supreendentemente grande é a Sua longanimidade. E a mesma longanimidade se manifestou a muitas pessoas específicas, em todas as Eras do mundo. Deus é longânimo para com os pecadores que Ele poupa e com quem oferece a Sua misericórdia, mesmo enquanto estão se rebelando contra Ele. E é longânimo para com o Seu povo eleito, muitos membros do qual viveram em pecado durante muito tempo e desprezaram, igualmente, a Sua bondade e a Sua ira. Contudo, Ele foi longânimo para com eles até o fim, até terem sido levados ao arrependimento e feitos, por intermédio da Sua graça, vasos de misericórdia e glória.

SOFRIMENTO SEM AMOR

*E ainda que eu distribua todos
os meus bens entre os pobres e ainda
que entregue o meu próprio corpo
para ser queimado, se não tiver amor,
nada disso me aproveitará.*

1 CORÍNTIOS 13:3

O apóstolo nos ensina que não apenas nossas realizações, mas também nossos sofrimentos, são inúteis sem amor. Os homens são propensos a considerar muito o que fazem e, mais ainda, o que sofrem. Eles tendem a pensar que é uma grande coisa quando desistem de seu próprio caminho, ou enfrentam grande custo ou sofrimento, por sua religião. Aqui, o apóstolo menciona um sofrimento do tipo mais extremo, o sofrimento até a morte — e de uma das formas mais terríveis de morte — e diz que até isso nada é sem amor. Quando um homem doa todos os seus bens, nada lhe sobra para dar, além de si mesmo. E o apóstolo ensina que, quando um homem dá todas as suas posses e, depois, entrega seu próprio corpo para ser totalmente consumido nas chamas, isso de nada valerá se não for feito por amor sincero no coração. No tempo em que o apóstolo escreveu aos coríntios, os cristãos eram frequentemente chamados não apenas a dar seus bens, mas também seus corpos, por amor a Cristo, porque a Igreja estava sofrendo perseguição generalizada. Multidões foram, na época ou logo depois, mortas por amor ao evangelho. Porém, quer sofressem em vida ou suportassem a morte mais angustiante, tudo seria em vão sem amor. O que se entende por esse amor é que ele é a soma de tudo que é distintivo na religião do coração.

Jonathan Edwards

CONDUTA PIEDOSA

Vós sois a luz do mundo.
Não se pode esconder a cidade edificada
sobre um monte...
MATEUS 5:14

Quem prefere sinceramente em seu coração Deus a todas as outras coisas fará isso em sua conduta, porque, o julgamento apropriado das escolhas dos homens revela-se quando todas as demais coisas entram em competição com Deus; e a maneira de agir em tais casos deve, certamente, determinar qual é a escolha em todos os agentes livres, os que atuam sobre a escolha. Portanto, não há outro sinal de sinceridade em que a Bíblia insista tanto quanto esse: negarmos a nós mesmos, vendermos tudo, abandonarmos o mundo, tomarmos a cruz e seguirmos a Cristo aonde quer que Ele vá. Portanto, corra, não com incerteza; lute, não como quem bate no ar; mas mantenha seu corpo submisso e leve-o à sujeição. Não aja como se considerasse ter aprendido, porém faça isto: "...esquecendo-me das coisas que para trás ficam e avançando para as que diante de mim estão, prossigo para o alvo, para o prêmio da soberana vocação de Deus em Cristo Jesus" (FILIPENSES 3:13,14). "...por isso mesmo, vós, reunindo toda a vossa diligência, associai com a vossa fé a virtude; com a virtude, o conhecimento; com o conhecimento, o domínio próprio; com o domínio próprio, a perseverança; com a perseverança, a piedade; com a piedade, a fraternidade; com a fraternidade, o amor. Porque estas coisas, existindo em vós e em vós aumentando, fazem com que não sejais nem inativos, nem infrutuosos no pleno conhecimento de nosso Senhor Jesus Cristo" (2 PEDRO 1:5-8).

Jonathan Edwards

RELIGIÃO PRÁTICA

*Porque qualquer que
fizer a vontade de meu Pai celeste,
esse é meu irmão, irmã e mãe.*

MATEUS 12:50

Há pessoas que nunca chegaram a determinar, em sua própria mente, se devem abraçar a prática da religião. Ela não consiste meramente, nem principalmente, em teoria ou especulação, mas em prática. Ela é prática. Sua finalidade é orientar e influenciar a nossa conduta. E, considerada sob esse prisma, há multidões que nunca chegaram a uma conclusão quanto a abraçar a religião ou não. Provavelmente, é bastante geral os homens planejarem tornarem-se religiosos em algum momento antes de morrerem, porque ninguém pretende ir para o inferno. Porém, eles ainda mantêm essa decisão à distância. Adiam-na de tempos em tempos e nunca chegam a alguma conclusão — e isso determina que continuem em sua prática atual. E alguns nunca chegam a estabelecer algum momento. Planejam ser religiosos algum tempo antes de morrerem, mas não sabem quando.

*A religião não consiste unicamente,
nem principalmente, em teoria ou especulação,
mas em prática.*

Jonathan Edwards

A CIDADE DE DEUS

...à cidade do Deus vivo...
HEBREUS 12:22

Nas Escrituras, o Céu é comparado a uma cidade esplêndida e gloriosa. Muitos homens ficam surpresos e espantados com a visão de uma cidade esplêndida. Não precisa ser dito com que frequência o Céu é chamado de Cidade santa de Deus. Outras cidades são construídas por homens, mas somos informados de que essa Cidade foi construída pelo próprio Deus, sem intermediários. Suas mãos ergueram as majestosas mansões dessa cidade e Sua sabedoria as planejou, "porque aguardava a cidade que tem fundamentos, da qual Deus é o arquiteto e edificador" (HEBREUS 11:10). Outras cidades que são reais — isto é, as cidades que são as sedes de reis e onde eles mantêm suas cortes — são comumente, acima de todas as outras, imponentes e belas; mas o Céu, como nos é dito, é a Cidade real de Deus, onde o Rei do Céu e da Terra habita e exibe a Sua glória.

Jonathan Edwards

O BANQUETE DO EVANGELHO

*E, tomando um pão, tendo
dado graças, o partiu e lhes deu, dizendo:
Isto é o meu corpo oferecido por vós;
fazei isto em memória de mim.*

LUCAS 22:19

A Ceia do Senhor é uma representação de um banquete espiritual do evangelho. Ela é muito adequada à cerimônia evangélica da Igreja, na qual a graça de Deus para provisão das almas é tão abundantemente manifestada, e essa provisão espiritual é tão abundantemente concedida, que deve haver uma festa designada e observada na Igreja evidenciando o banquete espiritual que Deus forneceu às nossas almas, em Jesus Cristo, com tão grande custo e significando e selando a aliança com acordo e amizade entre Deus e Seu povo. Nessa ordenança é representada, pelo enorme custo que Deus pagou para nos proporcionar esse banquete, o partir do corpo e o derramar do sangue de Jesus Cristo para que tivéssemos todas as bênçãos espirituais por meio do corpo e do sangue de Cristo. E Cristo se submeteu à morte para poder dar Seu corpo e sangue para ser nosso alimento e bebida, a fim de que pudéssemos ter um alimento que nutrisse e satisfizesse a nossa alma.

Jonathan Edwards

EMPREGO SAGRADO

*Saiamos ao seu encontro, com ações de graças,
vitoriemo-lo com salmos.* SALMO 95:2

Considere-se que a Igreja da Terra é uma única sociedade com a dos santos que estão louvando a Deus no Céu. Não há uma Igreja de Cristo no Céu e outra aqui na Terra. Embora a primeira seja, às vezes, denominada Igreja triunfante e a segunda, Igreja militante, ainda assim elas não são, de fato, duas igrejas. Por Igreja triunfante se entende a parte da igreja que já triunfou, e, por Igreja militante, sua parte que permanece lutando, porque há somente uma Igreja universal, ou católica: "...uma só é a minha pomba, a minha imaculada..." (CÂNTICO DOS CÂNTICOS 6:9). A assembleia gloriosa e os santos da Terra formam uma única família, "de quem toma o nome toda família, tanto no céu como sobre a terra" (EFÉSIOS 3:15). Embora alguns estejam no Céu e outros na Terra, em circunstâncias muito diferentes, ainda assim todos estão unidos, porque há um só Corpo e um só Espírito, e um só Senhor Jesus Cristo, um Deus e Pai de todos, que está acima de tudo, por todos e em todos. Em Cristo, Deus uniu os habitantes do Céu e os santos habitantes desta Terra e os fez um: Ele fez "...convergir nele, na dispensação da plenitude dos tempos, todas as coisas, tanto as do céu, como as da terra" (EFÉSIOS 1:10). O Céu está a grande distância da Terra. Ele é chamado país distante, mas a distância não os separa de modo a formarem duas sociedades, porque, embora os santos da Terra estejam, no momento, a certa distância do Céu, ainda assim pertencem ao Céu. Esse é o seu lar adequado. Os santos que estão neste mundo são forasteiros aqui. E, por isso, o apóstolo reprovou os cristãos de sua época por agirem como se pertencessem a este mundo: "...por que, como se vivêsseis no mundo, vos sujeitais a ordenanças...?" (COLOSSENSES 2:20).

Jonathan Edwards

PAGANDO DÍVIDAS

...esforçai-vos por fazer o bem perante todos os homens...
ROMANOS 12:17

Uma maneira pela qual os homens retêm injustamente o que pertence ao seu próximo é deixando de pagar as suas dívidas. Às vezes, isso acontece porque eles se endividam tanto que não conseguem, razoavelmente, esperar ser capazes de pagar seus débitos; e eles fazem isso por orgulho e hipocrisia de viver acima de suas possibilidades, por uma inclinação gananciosa, cobiçosa, ou por algum outro princípio corrupto. Às vezes, eles negligenciam o pagamento de suas dívidas por um espírito descuidado quanto a isso, pouco se preocupando com elas serem pagas ou não, não cuidando de ir até o seu credor ou enviar alguém até ele. E, se o veem de quando em quando, nada dizem sobre suas dívidas. Às vezes, eles deixam de pagar suas dívidas porque isso os colocaria em alguma situação de inconveniência. A razão pela qual eles não o fazem não é não poderem fazê-lo, e, sim, não poderem fazê-lo tão convenientemente quanto desejam. E, assim, preferem criar inconveniência ao seu credor privando-o do que lhe pertence propriamente, em vez de criar inconveniência para si mesmos ficando sem o que não lhes pertence e não têm o direito de reter. Em qualquer um desses casos, eles usurpam injustamente a propriedade de seu próximo.

Jonathan Edwards

UMA PEDRA PRECIOSA

*Que preciosos para mim,
ó Deus, são os teus pensamentos!
E como é grande a soma deles!*
SALMO 139:17

Para os cristãos, Cristo é uma pedra preciosa: "Para vós outros, portanto, os que credes, é a preciosidade". Para os incrédulos, porém, Ele é uma pedra reprovada, rejeitada e desprezada. Eles têm pouca consideração por Cristo, como pelas pedras da rua. Eles não fazem caso dele e o desaprovam. Quando vão construir, lançam fora essa Pedra como inútil, não apropriada para uma fundação e não apropriada para ter lugar em seu edifício. Em sua primeira carta aos cristãos a quem está escrevendo, Pedro diz que os incrédulos que assim rejeitam a Cristo, e para os quais Ele é uma pedra de tropeço e rocha de ofensa, foram designados para isso. "e: Pedra de tropeço e rocha de ofensa. São estes os que tropeçam na palavra, sendo desobedientes, para o que também foram postos" (1 PEDRO 2:8). Foi designado que eles tropeçassem na palavra de que Cristo seria uma ocasião, não para a sua salvação, mas para a sua mais profunda condenação. A seguir, em nosso texto, ele põe os cristãos a pensar até onde Deus havia lidado com eles de maneira diferente da que com aqueles réprobos. Eles eram uma geração escolhida. Deus havia rejeitado os outros em Seus conselhos eternos, mas havia escolhido eles mesmos desde a eternidade. Eram uma raça eleita, um sacerdócio real, uma nação santa, um povo especial.

Para os cristãos, Cristo é uma pedra preciosa.

Jonathan Edwards

AMOR ELETIVO

Como está escrito: Amei Jacó, porém me aborreci de Esaú.
ROMANOS 9:13

Na eleição, Deus dedicou Seu amor àqueles a quem Ele elegeu; "De longe se me deixou ver o Senhor, dizendo: Com amor eterno eu te amei; por isso, com benignidade te atraí" (JEREMIAS 31:3); "Nós amamos porque ele nos amou primeiro" (1 JOÃO 4:19). Um Deus de infinita bondade e benevolência ama aqueles que não têm excelência para movê-las ou atraí-las. O amor dos homens é consequência da amabilidade do objeto desse amor. O amor de Deus, porém, é anterior ao próprio objeto e a causa desse objeto existir. Desde toda a eternidade, os cristãos foram amados pelo Pai e pelo Filho. O eterno amor do Pai transparece em, desde toda a eternidade, Ele haver planejado um caminho para a salvação dos homens: ter escolhido Jesus Cristo para ser seu Redentor e o colocado como auxílio. Foi fruto desse amor eletivo Deus enviar Seu Filho ao mundo para morrer, para redimir aqueles a quem Ele amava. "Nisto consiste o amor: não em que nós tenhamos amado a Deus, mas em que ele nos amou e enviou o seu Filho como propiciação pelos nossos pecados" (1 JOÃO 4:10). Jesus Cristo ter se disposto a vir ao mundo e morrer pelos pecadores foi fruto do Seu eterno amor eletivo "... Estou crucificado com Cristo; logo, já não sou eu quem vive, mas Cristo vive em mim; e esse viver que, agora, tenho na carne, vivo pela fé no Filho de Deus, que me amou e a si mesmo se entregou por mim" (GÁLATAS 2:19,20). E assim, conversão, glorificação e tudo que é feito por um cristão do início ao fim é fruto do amor eletivo.

Jonathan Edwards

SUPORTAI-VOS UNS AOS OUTROS

...que vos ameis uns aos outros...
JOÃO 13:34

Os cristãos devem oferecer suporte uns aos outros... eles pertencem a uma única família, têm com os outros cristãos um relacionamento que não têm com o resto do mundo, sendo de uma raça distinta deles, mas da mesma raça entre si. Eles descendem dos mesmos progenitores; são filhos da mesma Igreja universal de Deus; todos eles são filhos de Abraão, a semente de Jesus Cristo e a descendência de Deus. E eles são ainda muito mais semelhantes do que por serem originalmente da mesma raça: são também imediatamente filhos do mesmo Pai. Deus gerou a todos pela mesma Palavra e Espírito. Todos eles pertencem à mesma família e devem, portanto, amar-se como irmãos: "Finalmente, sede todos de igual ânimo, compadecidos, fraternalmente amigos, misericordiosos, humildes" (1 PEDRO 3:8).

Deus gerou todos os Seus filhos
pela mesma Palavra e Espírito.

Jonathan Edwards

GRANDE TRABALHO E CUIDADO

*Assim, pois, amados meus,
como sempre obedecestes, não só na minha presença,
porém, muito mais agora, na minha ausência,
desenvolvei a vossa salvação com temor e tremor...*

FILIPENSES 2:12

A verdadeira religião envolve grande trabalho e cuidado. Há muitos mandamentos a serem obedecidos, muitos deveres a serem cumpridos: deveres para com Deus, para com o próximo e para conosco. Há muita oposição externa no caminho desses deveres. Há um adversário sutil e poderoso colocando todos os tipos de bloqueios no caminho. Há inumeráveis tentações de Satanás a serem resistidas e repelidas. Há grande oposição do mundo, inumeráveis armadilhas colocadas em todos os lados, muitas rochas e montanhas a serem transpostas, muitos rios a serem atravessados e muitas lisonjas e seduções de um mundo fútil a serem resistidas. Há grande oposição interior; um coração entorpecido e lento, extremamente adverso a essa necessária atividade na religião; um coração carnal, adverso à religião e aos exercícios espirituais, que puxa continuamente para a direção oposta, e um coração soberbo e enganoso, no qual a corrupção se exercitará de todas as maneiras. Desse modo, nada de útil pode ser feito sem uma vigilância extremamente rigorosa e cuidadosa, grande trabalho e luta.

Jonathan Edwards

DEVEDORES À MISERICÓRDIA

*...porém eu, pela riqueza da tua misericórdia,
entrarei na tua casa e me prostrarei
diante do teu santo templo, no teu temor.*

SALMO 5:7

As pessoas que verdadeiramente buscam misericórdia em Deus vêm como pedintes, não como credoras: elas vêm por mera misericórdia, por graça soberana, e não por qualquer coisa que seja devida. Portanto, precisam ver que o sofrimento a que estão submetidas é trazido sobre elas justamente, e que a ira à qual estão expostas é ameaçada contra elas justamente; e que mereciam que Deus *fosse* seu inimigo e *continuasse* sendo seu inimigo. Elas precisam ter consciência de que seria justo Deus fazer o que ameaçou em Sua santa Lei, a saber, torná-las os objetos de Sua ira e maldição no inferno durante toda a eternidade. Quem vem a Deus buscando a Sua misericórdia de maneira correta não é inclinado a criticar a Sua severidade; em vez disso, vem consciente de sua própria indignidade absoluta, como que com uma corda no pescoço e prostrado no pó aos pés da misericórdia.

*As pessoas que verdadeiramente buscam misericórdia em Deus
vêm como pedintes, não como credoras.*

Jonathan Edwards

O GRANDE MÉDICO

*Vendo a mulher que não podia ocultar-se,
aproximou-se trêmula e, prostrando-se diante dele,
declarou, à vista de todo o povo, a causa por que
lhe havia tocado e como imediatamente fora curada.*

LUCAS 8:47

Cristo tem capacidade para ajudar e está pronto a fazê-lo em todo tipo de dificuldade. Eis aqui um grande encorajamento às pessoas enfermas para buscarem a cura em Cristo e para seus amigos próximos levarem sua causa a Cristo, pois Ele estava pronto, quando esteve na Terra, a ajudar quem o buscava sob tais dificuldades! E quão suficiente para isso Ele parecia ser, comumente curando ao impor Sua mão ou falando uma palavra! E lemos que Ele curava todos os tipos de doenças e enfermidades do povo. Pessoas sofrendo das mais terríveis e arraigadas enfermidades eram, frequentemente, curadas. E Cristo permanece o mesmo. Eis aqui um grande encorajamento para que os aflitos busquem consolo em Cristo. Nós lemos sobre essa compaixão de Cristo, como no caso da viúva da cidade de Naim (LUCAS 7:12,13). E, assim, Ele chorou com os que choravam, lamentou-se no espírito e chorou de compaixão por Marta e Maria ao ver sua tristeza pela perda de seu irmão Lázaro (JOÃO 11:32 EM DIANTE). E Ele ainda é o mesmo. Ele está tão pronto a ter compaixão pelos aflitos agora quanto esteve naquela época.

*Jesus está tão pronto para ter compaixão dos aflitos
agora assim como quando esteve na Terra.*

Jonathan Edwards

O MELHOR MEDIADOR

*Porquanto há um só Deus
e um só Mediador entre Deus e os homens,
Cristo Jesus, homem.*
1 TIMÓTEO 2:5

A sabedoria de Deus ao escolher Seu Filho eterno aparece não somente em Ele ser uma pessoa apta, mas por ser a única pessoa entre todas, criadas ou não. Nenhuma pessoa criada, nem homem ou anjo, era apta para esse empreendimento... As três pessoas, não criadas, na Trindade são: o Pai, o Filho e o Espírito Santo. E, dessas, somente Cristo era uma pessoa adequada para ser um redentor. Não era adequado que o redentor fosse Deus Pai, porque Ele, na divina economia das pessoas da Trindade, era a pessoa que detém os direitos da Deidade e, assim, era a pessoa ofendida, cuja justiça exigia reparação e deveria ser aplacada por um mediador. Não era adequado que fosse o Espírito Santo, pois, sendo mediador entre o Pai e os santos, Cristo está, em certo sentido, entre o Pai e o Espírito. Em todas as suas transações espirituais com Deus, os santos atuam pelo Espírito; ou melhor, é o Espírito de Deus quem atua neles... E, portanto, era adequado que o mediador não devesse ser nem o Pai nem o Espírito, mas uma pessoa intermediária aos dois. Nos santos, é o Espírito quem busca a bênção de Deus, por fé e oração; e, como diz o apóstolo, com gemidos inexprimíveis: "Também o Espírito, semelhantemente, nos assiste em nossa fraqueza; porque não sabemos orar como convém, mas o mesmo Espírito intercede por nós sobremaneira, com gemidos inexprimíveis" (ROMANOS 8:26). Nos santos, o Espírito busca as divinas bênçãos de Deus por meio de um mediador. E, portanto, esse mediador não deve ser o Espírito, mas outra pessoa.

Jonathan Edwards

TOTALMENTE REPARADOS

*Justificados, pois, mediante a fé,
temos paz com Deus por meio de nosso
Senhor Jesus Cristo.*

ROMANOS 5:1

Quem se entrega a Cristo não precisa ter medo da ira de Deus por seus pecados, porque a honra de Deus não sofrerá por ele escapar da punição e ter se tornado feliz. A alma ferida tem consciência de que afrontou a majestade de Deus e considera o Senhor um vingador de Sua honra, um Deus ciumento que não será zombado, infinitamente grande que não suportará ser afrontado, que não permitirá que Sua autoridade e majestade sejam pisoteadas, um Deus que não suportará que Sua bondade seja abusada. Uma visão de Deus sob esse prisma aterroriza as almas despertas. Elas pensam como pecaram excessivamente, como pecaram contra a luz, contra frequentes e prolongados chamados e advertências; e como desrespeitaram a misericórdia e foram culpadas de transformar a graça de Deus em lascívia, tomando a Sua misericórdia como encorajamento para continuar pecando contra Ele; e temem que Deus seja tão afrontado pelo desprezo e insulto que lançaram sobre Ele, que Ele, zeloso de Sua honra, jamais os perdoará, e, sim, os punirá. Porém, se essas almas buscarem a Cristo, a honra da majestade e autoridade de Deus não será ferida por elas terem sido libertas e tornadas felizes, porque o que Cristo fez reparou totalmente a honra de Deus.

Jonathan Edwards

NASCIDO PARA SOFRER

*Porque foi subindo como renovo
perante ele e como raiz de uma terra seca...*
ISAÍAS 53:2

Em Sua natureza original, o nosso Senhor Jesus Cristo estava infinitamente acima de todo sofrimento, porque era "sobre todos, Deus bendito para todo o sempre"; mas, quando se tornou homem, não somente foi capaz de sofrer, mas participou dessa natureza notavelmente fraca e exposta ao sofrimento. Devido à sua fraqueza, a natureza humana é comparada na Escritura à erva do campo, que murcha e seca facilmente; por isso, é comparada a uma folha, ao restolho seco e a uma rajada de vento; e é dito que a natureza do fraco homem é pó e cinzas, tem seu fundamento no pó e é esmagada como a traça. Foi essa natureza, com toda a sua fraqueza e exposição aos sofrimentos, que Cristo, o Senhor Deus onipotente, tomou sobre si. Ele não tomou sobre si a natureza humana em seu primeiro, mais perfeito e vigoroso estado, mas naquele débil estado abatido em que o homem está desde a queda; e, por isso, Cristo é chamado "renovo" e "raiz de uma terra seca" (ISAÍAS 53:2). "Porque foi subindo como renovo perante ele e como raiz de uma terra seca; não tinha aparência nem formosura; olhamo-lo, mas nenhuma beleza havia que nos agradasse". Assim, como a principal missão de Cristo no mundo era sofrer, em conformidade com essa missão Ele veio com tal natureza e em tais circunstâncias que a maioria delas permitisse Seu sofrimento; por isso, toda a Sua vida foi repleta de sofrimento; Ele começou a sofrer em Sua infância, mas Seu sofrimento aumentava quanto mais Ele se aproximava do fim de Sua vida.

Jonathan Edwards

APRENDIZADO PIEDOSO

*Quando vieres, traze a capa que deixei
em Trôade, em casa de Carpo, bem como os livros,
especialmente os pergaminhos.*
2 TIMÓTEO 4:13

Procure não crescer no conhecimento principalmente para receber aplauso e estar capacitado a debater com os outros, e, sim, busque-o para o benefício de sua alma e para o praticar. Se o seu objetivo for o aplauso, você não terá tanta probabilidade de ser levado ao conhecimento da verdade, mas poderá justamente, como costuma ser o caso daqueles que se orgulham de seu conhecimento, ser levado ao erro para sua própria perdição. Se for esse o seu objetivo, se você obtiver muito conhecimento racional, ele provavelmente não lhe trará benefício algum, mas o encherá de orgulho: "…O saber ensoberbece…" (1 CORÍNTIOS 8:1).

Busque a Deus para que Ele o oriente e o abençoe nessa busca de conhecimento. Essa é a orientação do apóstolo: "Se, porém, algum de vós necessita de sabedoria, peça-a a Deus, que a todos dá liberalmente e nada lhes impropera…" (TIAGO 1:5). Deus é a fonte de todo o conhecimento divino: "…o SENHOR dá a sabedoria, e da sua boca vem a inteligência e o entendimento" (PROVÉRBIOS 2:6). Esforce-se para ter consciência de sua própria cegueira e ignorância e de sua necessidade da ajuda de Deus, para não ser levado a erro em vez do verdadeiro conhecimento: "…se alguém dentre vós se tem por sábio neste século, faça-se estulto para se tornar sábio" (1 CORÍNTIOS 3:18).

Jonathan Edwards

APROVEITANDO O DIA

A morte e a vida estão no poder da língua; o que bem a utiliza come do seu fruto. PROVÉRBIOS 18:21

Quando estão mortos, os homens deixam de morder e devorar os outros; como dizem ter sido um antigo provérbio entre os egípcios: "Mortos não mordem". Há muitos que morderão e devorarão enquanto viverem, mas a morte os domará. Os homens podiam não ser calmos ou seguros quando vivos, mas ninguém terá medo deles quando morrerem. Os corpos daqueles que fizeram tanto barulho e tumulto quando vivos, quando mortos, jazem tão silenciosamente entre as sepulturas de seus vizinhos quanto os de qualquer outro. Seus inimigos, sobre quem eles se empenharam em cumprir suas vontades enquanto vivos, cumprem suas vontades sobre eles quando estes estão mortos... Logo virá um tempo em que vocês — que, durante muitos anos, têm, por vezes, debatido calorosamente uns com os outros — serão muito pacíficos com relação a este mundo. Provavelmente, seus cadáveres estarão silenciosamente juntos no mesmo local de inumação. Se vocês não deixarem de debater antes da morte, quão natural será os outros terem pensamentos como estes quando virem seus cadáveres: "O quê? É esse o homem que costumava estar tão ocupado com promover os desígnios de sua facção? Oh, agora ele fez. Agora ele não tem mais parte em qualquer dessas coisas... Ele não se sentará mais para reprovar os outros e rir deles. Ele se foi para comparecer perante seu Juiz e receber segundo a sua conduta na vida."

Certamente, a consideração de coisas semelhantes a essas teria um efeito poderoso entre nós se não afastássemos do pensamento o dia da morte. Se todos nós agíssemos todos os dias como se não dependêssemos de qualquer outro dia, seríamos um povo pacífico e tranquilo.

Jonathan Edwards

A ASTÚCIA DA SERPENTE

*Sede sóbrios e vigilantes. O diabo,
vosso adversário, anda em derredor, como leão que ruge
procurando alguém para devorar.*
1 PEDRO 5:8

Para realizar seus propósitos, o diabo se apresenta sob muitas formas e coloca muitos disfarces. Ele conduz tudo por meio de engano. Se agisse abertamente e sem disfarce, e mostrasse o que é de fato, isto é, um espírito perverso, malicioso e cruel, ele frustraria seus próprios objetivos, que são opor-se a Deus e buscar a ruína dos homens. Se aparecesse em sua verdadeira forma, os outros ficariam cientes de sua presença e em guarda contra ele, não tendo tanta facilidade para caírem em seus mecanismos e nem para serem influenciados e conduzidos por ele. Ao iniciar sua obra no mundo tentando nossos primeiros pais, o diabo estava com uma aparência diferente. Ele tomou a forma de uma serpente ou entrou em um desses animais, que considerou o melhor disfarce para o seu propósito naquele momento. Da mesma maneira, ele frequentemente assume muitas outras formas, conforme pensa ser mais adequado aos seus propósitos.

Jonathan Edwards

PRESUNÇÃO E FRAGILIDADE

Pois ele conhece a nossa estrutura e sabe que somos pó.
SALMO 103:14

Quão pouco os homens pensam depender de Deus em todos os momentos! Eles são preservados e mantidos vivos e fora do inferno. Porém, quão pouco eles pensam que é Deus quem os mantém! Quão pouco pensam em quantos males estão sujeitos todos os dias, a menos que Deus os preserve! E, quando estão buscando seu próprio bem e felicidade, quão pouca consciência eles têm de sua absoluta dependência de Deus! Como é habitual, nesses casos, os homens tentarem com suas próprias forças! E, quando estão sob a condenação de sua culpa e do sofrimento de uma situação natural, quão propensos eles são a pensar que podem se aprimorar e defender-se diante de Deus, ou a fazer alguma expiação pelo pecado, quando não podemos fazê-lo tanto quanto não podemos criar um mundo! Quão difícil é convencer os homens da insuficiência de sua própria razão e capacidade para ajudá-los a saírem de um estado natural! Essas pobres criaturas frágeis pensam ser muito grandes. Elas pouco pensam como é Deus, que, todos os dias, as impede de cair na mais hedionda maldade imaginável, pelas restrições que Ele impõe às suas corrupções, e como é Deus, que, a todo momento, as impede de serem destruídas pelo diabo, o qual, se Deus permitisse, se lançaria imediatamente sobre elas como um leão que ruge. Isso surge da grande presunção que naturalmente temos de nós mesmos e de nossa ignorância sobre a nossa própria fraqueza.

Jonathan Edwards

PAZ VIRTUOSA E SANTA

*...eis que lhe trarei a ela saúde
e cura e os sararei; e lhes revelarei abundância
de paz e segurança.*

JEREMIAS 33:6

A paz de Cristo é virtuosa e santa. A paz que os homens do mundo desfrutam é perversa. Ela é uma estupidez vil que deprava e degrada a mente e embrutece os homens. Porém, a paz que os santos desfrutam em Cristo não é apenas seu conforto, mas faz parte de sua beleza e dignidade. A tranquilidade, o descanso e a alegria cristãos dos verdadeiros santos não são apenas privilégios indescritíveis, mas virtudes e graças do Espírito de Deus, em que consiste, em parte, a imagem de Deus que há neles. Essa paz tem sua origem nos princípios mais virtuosos e agradáveis, tais como pobreza de espírito, santa resignação, confiança em Deus, amor divino, mansidão e caridade — o exercício de tais frutos benditos do Espírito conforme mencionados em Gálatas 5:22,23.

A paz de Cristo é virtuosa e santa.

Jonathan Edwards

CORRENTE DE ÁGUAS

*Ele é como árvore plantada
junto a corrente de águas, que, no devido tempo,
dá o seu fruto, e cuja folhagem não murcha;
e tudo quanto ele faz será bem sucedido.*

SALMO 1:3

O rio que abastece a cidade de Deus é uma correnteza plena e incessante; ele é suficiente e nunca seca. E os que confiam em Deus e cuja esperança é o Senhor serão "...como a árvore plantada junto às águas, que estende as suas raízes para o ribeiro e não receia quando vem o calor, mas a sua folha fica verde; e, no ano de sequidão, não se perturba, nem deixa de dar fruto" (JEREMIAS 17:8). Deus prometeu que nunca os deixará, nem os abandonará. As pessoas que têm Deus entre elas têm, em seu meio, a fonte de todo o bem. Há uma fonte plena, verdadeiramente uma fonte inesgotável e infinita, suficiente para o suprimento de todos, sob todas as suas circunstâncias e necessidades; o que quer que alguém deseje, poderá ir a essa fonte e abastecer-se nela.

*O rio que abastece a cidade de Deus
é uma correnteza plena e incessante.*

Jonathan Edwards

AMIZADE COM DEUS

*...e se cumpriu a Escritura, a qual diz:
Ora, Abraão creu em Deus, e isso lhe foi imputado
para justiça; e: Foi chamado amigo de Deus.*

TIAGO 2:23

Nós devemos tratar Deus como um amigo querido. Devemos agir em relação a Ele como quem tem um amor sincero e uma consideração autêntica por Ele; e, assim, devemos vigiar e ter cuidado com todas as ocasiões que são contrárias à Sua honra e glória. Se não tivermos índole e desejo de fazê-lo, isso mostrará que, independentemente de como finjamos, não somos amigos sinceros de Deus e não temos amor verdadeiro por Ele. Se ficamos ofendidos com alguém que nos professou amizade, nos tratou dessa maneira e não deu atenção aos nossos interesses, certamente Deus pode ficar ofendido justamente por não darmos atenção à Sua glória.

Devemos tratar Deus como um amigo querido.

Jonathan Edwards

MORADAS ETERNAS

Na casa de meu Pai há muitas moradas. Se assim não fora,
eu vo-lo teria dito. Pois vou preparar-vos lugar.
JOÃO 14:2

As moradas da casa de Deus mencionadas no versículo são moradas eternas. Quem tem um lugar ali atribuído, quer seja de maior ou menor dignidade, quer esteja mais próximo ou mais distante do trono, o manterá durante toda a eternidade. Isso está prometido: "Ao vencedor, fá-lo-ei coluna no santuário do meu Deus, e daí jamais sairá..." (APOCALIPSE 3:12). Se vale a pena desejar e buscar assentos elevados na capela, onde você está um dia por semana e irá poucos dias ao todo; se vale a pena prezar muito um assento em vez de outro na casa de adoração somente por ser o banco ou assento mais à frente e para ser visto aqui durante alguns dias, quanto não vale a pena buscar uma mansão elevada no templo de Deus e naquele lugar glorioso que é a Sua habitação eterna e de todos os Seus filhos? Vocês que estão satisfeitos com seus assentos nesta casa porque estão sentados no alto ou em um lugar considerado honroso por quem está sentado à sua volta, e porque muitos podem contemplá-los, considerem quão pouco tempo desfrutarão desse prazer. E, se houver alguém incomodado com seu assento por ser muito baixo, considere que, dentro de pouco tempo, lhe será igual ter sentado no alto ou embaixo aqui. Porém, será do seu infinito e eterno interesse onde o seu assento está no outro mundo. Que a sua grande preocupação neste mundo seja aprimorar as suas oportunidades na casa de Deus, quer você se sente no alto ou embaixo, para que você possa ter uma morada distinta e gloriosa na casa de Deus no Céu, onde você poderá estar firmado em seu lugar naquela assembleia gloriosa, num descanso eterno.

Jonathan Edwards

UNIÃO MÍSTICA

Portanto, se fostes ressuscitados juntamente com Cristo, buscai as coisas lá do alto, onde Cristo vive, assentado à direita de Deus.
COLOSSENSES 3:1

Assim como a esposa passa a dispor conjuntamente do patrimônio do marido, e como a esposa de um príncipe participa com ele de suas posses e honras principescas, também a Igreja, a esposa de Cristo, quando as bodas vierem e ela for recebida para habitar com Ele no Céu, participará com Jesus de Sua glória. Quando Cristo ressuscitou dos mortos e tomou posse da vida eterna, isso não ocorreu como um indivíduo particular, mas como a cabeça pública de todo o Seu povo redimido. Ele tomou posse dessa vida eterna para eles, assim como para si mesmo, e eles recebem "...vida [...] juntamente com Cristo, e... [são ressuscitados]". Então, quando Jesus subiu ao Céu e ali foi exaltado com grande glória, isso também ocorreu como pessoa pública. Ele tomou posse do Céu, não só para si, mas para o Seu povo, como seu precursor e cabeça, para que o povo também pudesse subir e "...assentar nos lugares celestiais em Cristo Jesus" (EFÉSIOS 2:5,6); Cristo escreve sobre eles seu novo nome (APOCALIPSE 3:12), isto é, Ele os torna coparticipantes de Sua própria glória e exaltação no Céu. Seu novo nome é a nova honra e glória com que o Pai o investiu, quando o colocou à Sua própria direita, como um príncipe quando promove alguém a uma nova dignidade em Seu reino e lhe dá um novo título. Cristo e Seus santos serão glorificados juntos (ROMANOS 8:17).

Jonathan Edwards

DESEJANDO RIQUEZAS

*Com efeito, passa o homem como
uma sombra; em vão se inquieta; amontoa
tesouros e não sabe quem os levará.*
SALMO 39:6

Diz-se que têm seu coração nas riquezas os que têm alta estima por elas e pela felicidade que elas produzem, aqueles a quem a riqueza parece ser o principal bem, que é suficiente para dar felicidade à alma. Eles têm uma noção de que os ricos são os homens mais felizes, e, aos seus olhos, ninguém parece tão sofredor quanto os pobres e humildes no mundo. Eles cogitam grandes expectativas quanto às riquezas. Se têm a esperança de serem ricos, eles se comprazem em imaginar quão melhor serão do que os outros homens, quanto estarão acima deles, quanto mais serão considerados e que melhor imagem terão no mundo.

Quem imagina que a felicidade é encontrada em alguma coisa específica, direciona seu coração a isso, porque o coração de todos os homens deseja e desejará, necessariamente, a felicidade. Há muitos homens em cuja estima os bens e prazeres terrenos têm o lugar de bem maior. Entretanto, eles podem dizer, com os demais cristãos professos, que a felicidade não deve ser encontrada nessas coisas e que desfrutar de Deus é o bem maior; no entanto, essas são apenas palavras corriqueiras que aprenderam a falar por costume e educação, e não têm consciência alguma do que dizem. Eles têm uma noção muito mais elevada da felicidade proveniente das coisas terrenas do que de qualquer outra. Sua alma é vazia e os prazeres mundanos lhes parecem tão grandes que eles pensam que sua alma pode ser preenchida com riquezas temporais.

Jonathan Edwards

OS SANTOS PERSEVERARÃO

Eu lhes dou a vida eterna; jamais perecerão, e ninguém as arrebatará da minha mão. JOÃO 10:28

A perseverança dos santos será, necessariamente, decorrente de já terem cumprido a obediência que é a retidão pela qual são justificados para a vida; ou ela já foi realizada em favor deles e imputada a eles, porque isso é, aos olhos de Deus, o mesmo que eles já o terem feito. Ora, quando já realizou e cumpriu a justiça da Lei, a criatura é imediatamente selada e confirmada para a vida eterna. Nada a manterá longe da árvore da vida. Porém, tão logo a justiça de Cristo é imputada a um cristão, ele virtualmente cumpre a justiça da Lei.

É evidente que os santos perseverarão, pois já estão justificados. Adão não teria sido justificado enquanto não tivesse cumprido e feito a sua obra; então, sua justificação teria sido uma confirmação. Teria sido uma aprovação dele como tendo realizado a sua obra e tendo direito à sua recompensa. Um servo enviado a fazer um trabalho não é justificado por seu senhor enquanto não o tenha feito; então, o mestre vê a obra e, considerando-a concluída em conformidade com a sua ordem, aprova e justifica o servo como tendo feito seu trabalho e tendo, agora, direito à recompensa prometida. O direito desse servo à sua recompensa não mais depende de algo ainda pendente. Assim, tendo Cristo feito a nossa obra por nós, assim que cremos nele, somos justificados e somos agora, por meio do que Ele realizou e concluiu, merecedores da recompensa da vida. E a justificação não abrange somente a remissão de pecados, mas também ser declarado apto para a vida, ou, por justiça, aceito como merecedor da recompensa da vida; isso é evidente porque os cristãos são justificados pela comunhão com Cristo em Sua justificação.

Jonathan Edwards

SEMENTES DE ESPERANÇA

*E o Deus da esperança vos encha
de todo o gozo e paz no vosso crer, para que sejais ricos
de esperança no poder do Espírito Santo.*
ROMANOS 15:13

Há uma esperança implícita na essência da fé justificadora. Assim, há esperança de eu poder obter justificação por Cristo, embora não esteja contida em sua essência uma esperança de eu a haver obtido. Desta forma, há uma confiança em Cristo contida na essência da fé. Há uma confiança implícita em buscar a Cristo para ser meu Salvador, em uma percepção de que Ele é um Salvador suficiente, embora não seja uma confiança, como alguém que prometeu me salvar, em Ele já haver cumprido a condição da promessa. Se uma cidade foi sitiada e afligida por um potente inimigo, e ouviu falar de algum grande campeão à distância e, pelo que soube acerca de seu valor e bondade, é induzida a buscar e chamá-lo para alcançar alívio, acreditando no que ouviram falar sobre a suficiência dele e, por isso, concebendo uma esperança de poder ser libertada, pode-se dizer que, ao buscar tal campeão, o povo confia nele, como na antiguidade os filhos de Israel, quando buscaram ajuda no Egito, disseram confiar no Egito. Muitos já disseram que a alma aplicar imediatamente Cristo a si mesma como seu Salvador é essencial para a fé e para que se creia que Ele seja o seu Salvador. Sem dúvida, uma aplicação imediata é necessária. Porém, o que é essencial não é a alma aplicar imediatamente Cristo a si mesma, e, sim, aplicar-se a Cristo.

Jonathan Edwards

VENDENDO CRISTO

Compra a verdade e não a vendas...
PROVÉRBIOS 23:23

Todos os homens naturais que ouvem falar de Cristo e continuam na incredulidade têm o mesmo espírito dos gadarenos; eles inclinam seu coração em coisas terrenas, como estes faziam, e têm a mesma disposição mundana mesquinha e rastejante que estes tinham. Eles têm o mesmo desprezo por Jesus Cristo e não o amam mais do que os gadarenos amavam. Eles têm maior estima e afeição por coisas mesquinhas e inferiores do que por Ele, como as pessoas de Gadara tinham, e o tratam da mesma maneira. Eles também, por assim dizer, amam seus porcos mais do que a Cristo; isto é, eles se entregam mais aos mais mesquinhos e sórdidos prazeres terrenos do que a Cristo. Eles vendem Cristo com toda a Sua glória e os Seus benefícios para obterem um lucro imundo; e preferem um pouco de dinheiro desonesto, ou o prazer imundo de gratificar alguma concupiscência bestial, mais do que a Cristo, com tudo que Ele é ou fez.

Eles amam seus bens mais do que a Cristo.

OUVINTES ENDURECIDOS

Ai de ti, Corazim! Ai de ti, Betsaida!
Porque, se em Tiro e em Sidom se tivessem
operado os milagres que em vós se fizeram,
há muito que elas se teriam arrependido
com pano de saco e cinza.

MATEUS 11:21

Quando Cristo atravessou Samaria e teve uma breve conversa com uma mulher — uma meretriz junto a um poço —, quando ela ouviu as Suas palavras, creu que Ele era o Cristo. E ela foi contar aos homens da cidade. A Palavra nos diz que muitos dos samaritanos daquela cidade creram nele pelo que a mulher lhes havia dito. Eles foram em massa até Cristo, junto ao poço, e eles mesmos o ouviram e lhe rogaram que permanecesse com eles. Ele ficou ali apenas dois dias e, nesse tempo, muitos creram nele devido à Sua palavra (JOÃO 5). Porém, em Jerusalém e na Galileia, onde Ele pregava com tanta frequência e operou milagres durante tanto tempo, pouco sucesso teve.

Jonathan Edwards

VENDO A GLÓRIA DE CRISTO

E ele, tremendo e atônito, disse:
Senhor, que queres que faça?
ATOS 9:6 (ARC)

Uma verdadeira confiança em Jesus Cristo sempre surge de uma visão da Sua divina glória. Porém, aquele que vê a divina glória certamente se entregará ao Seu serviço. Uma visão da divina glória do Senhor Jesus terá tanto poder sobre o coração, que o transformará e fará que ele tenha uma natureza renovada e santa; e quem tem tal natureza não pode viver em pecado, pelo motivo de isso ser excessivamente contrário a essa natureza. Um homem que vê a divina glória do Senhor Jesus se entregará a esse serviço, porque vê que Cristo é digno de que ele assim proceda. Está convencido de que Jesus é digno de ser servido e obedecido em tudo. Ele vê a irracionalidade e a odiosidade da desobediência a uma Pessoa tão excelente e gloriosa.

Cristo é digno de ser servido e obedecido em tudo.

Jonathan Edwards

BENDITA SEGURANÇA

*Pois o necessitado não será para sempre
esquecido, e a esperança dos aflitos
não se há de frustrar perpetuamente.*
SALMO 9:18

Quem está em Cristo jamais perecerá, porque ninguém o arrancará de Sua mão. Essas pessoas são libertas de todo o seu terrível sofrimento, daquela indignação, ira, tribulação e angústia que virão sobre os ímpios. Elas foram naturalmente expostas a isso, mas são libertas disso; todos os seus pecados lhes são perdoados. A escritura de dívida é eternamente apagada. Todos os seus pecados são eliminados; Deus os lançou para trás, e enterrou os seus sofrimentos nas profundezas do mar, e deles não se lembrará mais. Essas pessoas estão totalmente a salvo do sofrimento por estarem edificadas em Cristo, sua rocha eterna. Quem as condenará? É Cristo, que morreu, ressuscitou e está à destra de Deus. Elas têm a fiel promessa divina de sua segurança, estabelecida como uma testemunha segura no Céu. Eles têm parte na aliança que é bem ordenada em tudo e segura. "...nem a morte, nem a vida, nem os anjos, nem os principados, nem as coisas do presente, nem do porvir, nem os poderes, nem a altura, nem a profundidade, nem qualquer outra criatura poderá separar-nos do amor de Deus, que está em Cristo Jesus..." (ROMANOS 8:38,39).

Jonathan Edwards

TESTEMUNHAS OCULARES DA MAJESTADE

*Porque não vos demos a conhecer o poder
e a vinda de nosso Senhor Jesus Cristo seguindo fábulas
engenhosamente inventadas, mas nós mesmos
fomos testemunhas oculares da sua majestade.*

2 PEDRO 1:16

A beleza do corpo de Cristo vista pelos olhos naturais será arrebatadora e deleitosa, principalmente porque expressará a Sua glória espiritual. A majestade que aparecerá no corpo de Cristo expressará e exibirá a grandiosidade e a majestade espiritual da natureza divina; a pureza e beleza daquela luz e glória expressarão a perfeição da santidade divina; a doçura e a arrebatadora delicadeza de Seu semblante exprimirão Seu amor e graça divinos e espirituais. Assim foi quando os três discípulos contemplaram Cristo em Sua transfiguração no monte. Eles contemplaram uma maravilhosa glória exterior no corpo de Cristo, uma inexprimível beleza em Seu semblante; porém, essa glória e beleza exteriores os alegraram principalmente como expressão das divinas excelências de Sua mente, como podemos ver na maneira que comentaram o assunto. Foi pela doce mistura de majestade e graça em Seu semblante que eles foram arrebatados.

Jonathan Edwards

COISAS TERRENAS

*…afasta de mim a falsidade e a mentira;
não me dês nem a pobreza nem a riqueza;
dá-me o pão que me for necessário;
para não suceder que, estando eu farto,
te negue e diga: Quem é o Senhor?
Ou que, empobrecido, venha a furtar
e profane o nome de Deus.*

PROVÉRBIOS 30:8,9

Deus nunca distribuiria prazeres terrenos tão abundantemente entre os ímpios enquanto dá aos Seus próprios filhos apenas pouco, se não soubesse que esses prazeres são em si mesmos muito inúteis, uma porção humana muito inútil. Que homem, em sã consciência, estaria disposto a ocupar-se da porção que Deus costuma atribuir a quem Ele mais abomina? Se Deus não visse que todas essas coisas terrenas são realmente inúteis, certamente não estaria disposto a dar o melhor delas a quem abomina; Ele reservaria algumas das melhores para os Seus favoritos. Porém, não é assim. Comumente, Ele dá as melhores coisas terrenas, a nata de tudo que a Terra pode oferecer, aos que Ele abomina, sim, àqueles por quem Ele sente uma ira peculiar. Ele dá aos Seus filhos um pouco daquelas coisas, tanto quanto necessário para levá-los em sua jornada rumo ao Céu.

*Deus dá aos Seus filhos todo o necessário para levá-los
em sua jornada rumo ao Céu.*

Jonathan Edwards

JUSTIFICAÇÃO

*Porque Cristo, quando nós ainda éramos fracos,
morreu a seu tempo pelos ímpios.*
ROMANOS 5:6

A justificação considera que o homem é ímpio. Isso fica evidente pelas palavras "que justifica o ímpio", que não podem implicar algo diferente de que, no ato da justificação, Deus não considera coisa alguma da pessoa justificada como piedade ou qualquer bondade; e, sim, que, imediatamente antes desse ato, Deus a vê apenas como uma criatura ímpia, a fim de que a piedade da pessoa a ser justificada não seja tão antecedente à sua justificação a ponto de ser o fundamento desta. Quando se diz que Deus justifica o ímpio, é absurdo supor que a nossa piedade, tomada como alguma bondade em nós, é o fundamento da nossa justificação. Isso seria equivalente a, quando se diz que Jesus deu vista aos cegos, supor que a visão era anterior e o fundamento daquele ato de misericórdia em Cristo; ou também equivalente a, se alguém dissesse que determinada pessoa, por sua generosidade, enriqueceu um homem pobre, supor que promover a riqueza desse pobre foi o fundamento dessa generosidade e o preço pelo qual foi adquirida.

Jonathan Edwards

GRAÇA E MISERICÓRDIA

E, levantando-se, foi para seu pai.
Vinha ele ainda longe, quando seu pai o avistou,
e, compadecido dele, correndo,
o abraçou, e beijou.
LUCAS 15:20

Cristo é infinitamente gracioso e misericordioso. Embora Sua justiça seja tão rigorosa no tocante a todo pecado e toda violação da Lei, ainda assim Ele tem graça suficiente para todo pecador e até para o maior dos pecadores. E ela é não apenas suficiente para os mais indignos, para mostrar-lhes misericórdia e conceder-lhes algum bem, mas para conceder o maior bem; sim, ela é suficiente para lhes dar todo o bem e fazer tudo por eles. Não há benefício ou bênção tão grande que eles possam receber, mas a graça de Cristo é suficiente para concedê-la ao maior pecador que já viveu. E não só isso, mas tão grande é a Sua graça que nada é demasiado como o meio desse bem. É suficiente não apenas fazer coisas grandiosas, mas também sofrer para fazê-las; e não apenas sofrer, mas sofrer extremamente até a morte, o mais terrível dos males naturais. E não apenas a morte, mas a mais infame, atormentadora e, de todas as maneiras, a mais terrível que os homens conseguiriam infligir; sim, e sofrimentos maiores do que os homens seriam capazes de infligir, que só conseguiriam atormentar o corpo. Ele teve em Sua alma sofrimentos que eram os frutos mais imediatos da ira de Deus contra os pecados daqueles por quem Ele se responsabilizou.

Cristo tem graça suficiente para todo pecador.

Jonathan Edwards

OS ÚLTIMOS SOFRIMENTOS DE CRISTO

Porque convinha que aquele, por cuja causa e por quem todas as coisas existem, conduzindo muitos filhos à glória, aperfeiçoasse, por meio de sofrimentos, o Autor da salvação deles.

HEBREUS 2:10

A santidade de Cristo nunca resplandeceu tão evidentemente quanto em Seus últimos sofrimentos; contudo, Ele nunca foi tão tratado como culpado. A santidade de Cristo nunca teve um julgamento como o de então e, portanto, nunca teve uma manifestação tão grande. Quando foi provada nessa fornalha, ela saiu como ouro, ou como prata purificada sete vezes. Sua santidade, então, acima de tudo, apareceu em Sua firme busca da honra de Deus e em sua obediência a Ele, porque Sua sujeição à morte foi, transcendentemente, o maior ato de obediência já prestado a Deus por qualquer pessoa desde a fundação do mundo. Ainda assim, Cristo foi tratado no grau extremo de como uma pessoa iníqua teria sido. Ele foi detido e preso como malfeitor. Seus acusadores o representaram como um patife imoral. Nos sofrimentos que precederam a Sua crucificação, Ele foi tratado como se tivesse sido o pior e mais vil de toda a humanidade e, depois, foi condenado a um tipo de morte que somente os piores tipos de malfeitores costumavam sofrer, os de personalidade mais abjeta e culpados dos crimes mais tenebrosos. E Ele sofreu como se tivesse sido considerado culpado pelo próprio Deus, devido à nossa culpa a Ele imputada; porque Aquele que não conheceu pecado foi feito pecado por nós; Ele foi submetido à ira como se Ele mesmo tivesse sido pecador. Foi feito maldição por nós. Cristo

Jonathan Edwards

nunca manifestou tão grandemente Seu ódio ao pecado contra Deus quanto em Sua morte, para eliminar a desonra que o pecado havia feito ao Pai; entretanto, nunca esteve tão sujeito aos efeitos terríveis do ódio de Deus contra o pecado e de Sua ira contra Ele quanto naqueles momentos. Nisso transparecem as diversas excelências reunidas em Cristo, a saber, amor a Deus e graça aos pecadores.

SOBERANIA ABSOLUTA

Respondeu-lhe Jesus: Se eu quero que ele permaneça até que eu venha, que te importa? Quanto a ti, segue-me.
JOÃO 21:22

Quando os homens caem e se tornam pecaminosos, Deus, por Sua soberania, tem o direito de determinar sobre a redenção deles conforme lhe agrade. Ele tem o direito de determinar se os resgatará ou não. Se Ele quisesse, poderia ter deixado todos perecerem ou poderia ter redimido todos. Ou poderia resgatar alguns e deixar outros; e, se assim fizer, poderá levar quem Ele quiser e deixar quem Ele quiser. Supor que todos perderam Seu favor e mereceriam perecer, e supor que Ele pode não deixar qualquer um deles perecer, é uma contradição, pois implica que tal pessoa tem direito ao favor de Deus e não é justamente suscetível de perecer, o que é contrário à suposição. É merecedor que Deus deva ordenar todas essas coisas segundo o Seu próprio prazer. Devido à Sua grandeza e glória, pela qual Ele é infinitamente acima de todos, Ele é digno de ser soberano, e o Seu desejo deve ser cumprido em tudo. Ele é digno de estabelecer o Seu objetivo e fazer com que nada, a não ser a Sua própria sabedoria, o guie na busca desse objetivo, sem pedir licença ou conselho a qualquer um e sem prestar contas de qualquer um dos Seus assuntos. É certo que Aquele que é absolutamente perfeito, infinitamente sábio e a Fonte de toda a sabedoria determine tudo que Ele realiza por Sua própria vontade, até mesmo coisas da maior importância. Convém, assim, que Ele seja soberano, porque é o primeiro ser, o ser eterno, de onde provêm todos os outros seres. Ele é o Criador de todas as coisas; todos são absoluta e universalmente dependentes dele; e, portanto, é adequado que Ele atue como o soberano possuidor do Céu e da Terra.

Jonathan Edwards

CHUMBO PESADO

*Viu o SENHOR que a maldade do homem
se havia multiplicado na terra e que era continuamente
mau todo desígnio do seu coração...*
GÊNESIS 6:5

A sua maldade torna você, por assim dizer, pesado como chumbo e o faz tender para baixo, com grande peso e pressão, em direção ao inferno; se Deus o deixar ir, você afundará imediatamente, descerá rapidamente e mergulhará no abismo sem fundo; sua constituição saudável, seu próprio cuidado e prudência, sua melhor inventividade e toda a sua justiça não serão mais capazes de o segurar e mantê-lo fora do inferno do que uma teia de aranha seria capaz de parar uma pedra caindo. Se não fosse pelo soberano prazer de Deus, a Terra não o suportaria um único momento, porque você é um fardo para ela; a criação geme com você; involuntariamente, a criatura está sujeita à escravidão da sua corrupção; o Sol não brilha de bom grado sobre você para lhe dar luz para servir ao pecado e a Satanás; a terra não oferece voluntariamente sua prosperidade para satisfazer às suas luxúrias, nem se prontifica a ser palco para a sua maldade ser colocada em prática; o ar não tem boa vontade em lhe servir de fôlego para que mantenha a chama da vida em seus órgãos vitais enquanto passa a vida a serviço dos inimigos de Deus. As criaturas divinas são boas e foram feitas para que os homens sirvam a Deus com elas; não servem voluntariamente a qualquer outro propósito e gemem quando são abusadas para propósitos tão diretamente contrários à sua natureza e fim. E o mundo vomitaria você se não fosse pela mão soberana daquele que o sujeitou com esperança. Agora, as nuvens negras da ira de Deus pairam diretamente sobre a sua cabeça,

Jonathan Edwards

repletas de terrível tempestade e grandes trovões; e, se não fosse pela mão restritiva de Deus, ela irromperia imediatamente sobre você. Por enquanto, o soberano prazer de Deus contém Seu vento tempestuoso; do contrário, ele viria com fúria e sua destruição viria como um redemoinho, e você seria como a palha da eira no verão.

O VENTO DO ESPÍRITO

O vento sopra onde quer, ouves a sua voz,
mas não sabes donde vem, nem para onde vai;
assim é todo o que é nascido do Espírito.
JOÃO 3:8

Eagora você tem uma oportunidade extraordinária, um dia em que Cristo escancarou a porta da misericórdia e está chamando e gritando em alta voz aos pobres pecadores; um dia em que muitos estão se reunindo a Ele e se apressando para entrar no reino de Deus. Muitos estão vindo diariamente de leste, oeste, norte e sul; muitos que, bem recentemente, estavam no mesmo estado de sofrimento em que você se encontra estão, agora, em um estado feliz, com o coração repleto de amor por Aquele que os amou e os lavou de seus pecados com Seu próprio sangue e regozijando-se na esperança da glória de Deus. Quão terrível é ser deixado para trás em tal dia! Ver tantos outros banqueteando enquanto você está definhando e perecendo! Ver tantos se regozijando e cantando de alegria no coração enquanto você tem motivo para lamentar-se por tristeza e para uivar de vexação do espírito! Como você pode descansar um momento sequer em tal condição? A sua alma não é tão preciosa quanto as almas das pessoas de Suffield [N.E.: Cidade inglesa que vivia um avivamento por ocasião deste sermão por Jonathan Edwards.], que estão se unindo a Cristo diariamente?

Cristo abriu a porta da misericórdia e está chamando
e clamando em alta voz.

Jonathan Edwards

A PERCEPÇÃO PELO CORAÇÃO

*Depois, revestido este meu corpo
da minha pele, em minha carne verei a Deus.*
JÓ 19:26

Há um duplo conhecimento do bem, para o qual Deus capacitou a mente do homem. O primeiro é meramente imaginário, como quando uma pessoa julga especulativamente que tudo é, conforme concorda a humanidade, dito bom ou excelente, isto é, o que mais se presta à vantagem geral que entre essa vantagem e a recompensa há uma conveniência, e coisas semelhantes. E o outro é aquele que consiste na percepção do coração, como quando o coração tem consciência de prazer e se deleita na presença da ideia desse prazer. No primeiro é exercida meramente a faculdade especulativa, ou o entendimento, diferentemente da vontade ou inclinação da alma. Neste último está principalmente envolvida a vontade, a inclinação ou o coração.

Assim, há uma diferença entre ter a opinião de que Deus é santo e gracioso e, por outro lado, ter consciência do encanto e beleza dessa santidade e graça. Há diferença entre um julgamento racional de que o mel é doce e uma noção de sua doçura. Um homem pode ter o primeiro, que não sabe conhece o sabor do mel; porém, não pode ter o último se não tiver, em sua mente, uma ideia do seu sabor. Há, portanto, uma diferença entre acreditar que uma pessoa é bonita e ter uma noção de sua beleza. A primeira condição pode ser obtida por ouvir falar, mas a última, apenas por ver o semblante. Quando o coração se conscientiza da beleza e afabilidade de algo, sente necessariamente prazer em apreendê-la. Em uma pessoa ter no coração a consciência da beleza de uma coisa está implícito que a ideia daquilo é agradável à sua alma, o que é muito diferente de ter uma opinião racional de que aquilo é excelente.

Jonathan Edwards

CONVICÇÃO PIEDOSA

Atentai para a minha repreensão;
eis que derramarei copiosamente para vós outros o meu
espírito e vos farei saber as minhas palavras.
PROVÉRBIOS 1:23

Uma verdadeira percepção da divina excelência das coisas contidas na Palavra de Deus nos convence mais direta e imediatamente de sua verdade, porque a excelência dessas coisas é muito superlativa. Há nelas uma beleza tão divina e semelhante a Deus que as diferencia de forma grandiosa e evidente das coisas meramente humanas, das quais os homens são os inventores e autores; uma glória tão elevada e grandiosa que, quando claramente vista, exige a concordância com sua realidade divina. Quando houver uma descoberta real e viva dessa beleza e excelência, o pensamento de que ela seja fruto de invenção humana não será cogitado. Essa é uma evidência intuitiva e imediata. Eles creem que as doutrinas da Palavra de Deus são divinas porque veem nelas uma glória divina, transcendente e mais evidentemente distintiva; se vista claramente, tal glória não deixa espaço para duvidar que elas provêm de Deus e não de homens.

Jonathan Edwards

A PALAVRA DE DEUS É SUBLIME

*Quão doces são as tuas palavras
ao meu paladar! Mais que o mel à minha boca.*
SALMO 119:103

Se Cristo aparecesse agora a alguém como apareceu no monte em Sua transfiguração, ou aparecesse ao mundo em Sua glória celestial, como fará no dia do juízo, sem dúvida Sua glória e majestade seriam tais que corresponderiam às expectativas quanto a Ele ser uma pessoa divina e a religião, verdadeira; e seria também uma convicção extremamente razoável e bem-fundamentada. E por que não pode haver aquele selo de divindade, ou glória divina, sobre a palavra de Deus, sobre o esquema e a doutrina do evangelho, que possa ser semelhantemente distintivo e racionalmente convincente quando visto? É racional supor que, quando Deus fala ao mundo, deve haver em Sua palavra algo muitíssimo diferente da palavra dos homens. Supondo-se que Deus nunca houvesse falado ao mundo, mas soubéssemos que Ele estava prestes a se revelar do Céu e falar conosco diretamente, ou a nos dar um livro de Sua própria acusação, de que maneira deveríamos esperar que Ele falasse? Não seria racional supor que Sua fala seria muitíssimo diferente da fala dos homens, que houvesse tal excelência e sublimidade em Sua palavra, tal selo de sabedoria, santidade, majestade e outras perfeições divinas, que a palavra dos homens, sim, dos homens mais sábios, parecesse desprezível e vil em comparação a ela? Sem dúvida, seria considerado racional esperar isso e insensato pensar de outra maneira. Quando um homem sábio fala no exercício de sua sabedoria, algo em tudo que ele diz é muito distinguível da conversa de uma criança pequena. Assim, sem dúvida e muito mais, a fala de Deus deve ser distinguida da fala dos homens mais sábios.

Jonathan Edwards

ALEGRANDO-SE NA BELEZA

*O meu amado é meu, e eu sou dele;
ele apascenta o seu rebanho entre os lírios.*
CÂNTICO DOS CÂNTICOS 2:16

Cristo e Sua Igreja se alegram na beleza um do outro. A Igreja se alegra na divina beleza e glória de Cristo. Ela, por assim dizer, consola-se docemente à luz da glória do Sol da justiça; e os santos dizem uns aos outros, como em Isaías 2:5: "Vinde, ó casa de Jacó, e andemos na luz do Senhor". As perfeições e virtudes de Cristo são como um unguento perfumado para a Igreja, que fazem o Seu nome ser, para ela, como unguento derramado; "Suave é o aroma dos teus unguentos, como unguento derramado é o teu nome; por isso, as donzelas te amam" (CÂNTICO DOS CÂNTICOS 1:3). E Cristo se deleita e se regozija com a beleza da Igreja, a beleza que Ele colocou sobre ela: suas graças cristãs são unguentos de grande valor aos Seus olhos (1 PEDRO 3:4). E diz-se que Ele deseja muito a beleza dela (SALMO 45:11). Sim, Ele mesmo fala de Seu coração como arrebatado pela beleza dela: "Arrebataste-me o coração, minha irmã, noiva minha; arrebataste-me o coração com um só dos teus olhares, com uma só pérola do teu colar" (CÂNTICO DOS CÂNTICOS 4:9).

Jonathan Edwards

VIVENDO A VIDA CRISTÃ

*Ora, de um e outro lado,
estou constrangido, tendo o desejo
de partir e estar com Cristo,
o que é incomparavelmente melhor.*

FILIPENSES 1:23

Quando a alma deixar o corpo, todos esses obstáculos e obstruções serão removidos, todo muro de separação será demolido, todo impedimento será tirado do caminho e toda distância cessará; o coração estará total e eternamente ligado e unido a Ele por uma perfeita visão de Sua glória. E a união vital será, então, levada à perfeição; a alma viverá perfeitamente em Cristo e por Ele, estando perfeitamente cheia do Seu Espírito e reavivada por Suas influências vitais; vivendo, por assim dizer, somente pela vida de Cristo, sem qualquer resto de morte espiritual ou vida carnal.

*A alma viverá perfeitamente em Cristo e por Ele,
estando perfeitamente cheia do Seu Espírito e reavivada
por Suas influências vitais.*

Jonathan Edwards

A PROSPERIDADE DO POVO

*Ouvi a palavra do SENHOR, vós,
príncipes de Sodoma; prestai ouvidos à lei
do nosso Deus, vós, povo de Gomorra.*
ISAÍAS 1:10

A prosperidade de um povo depende mais de seus governantes do que comumente se imagina. Por terem a sociedade pública sob seu cuidado e poder, eles têm vantagem em promover o interesse público em todos os sentidos; e, se são governantes desse tipo, são uma das maiores bênçãos para o povo. Sua influência tende a promover riqueza e causar valor temporal às pessoas e, assim, uni-las umas às outras em paz e mútua benevolência, e fazê-las felizes na sociedade, sendo cada uma o instrumento de quietude, conforto e prosperidade de seu próximos e, por esses meios, aumentar sua reputação e honra no mundo. E, o que é muito mais: promover sua felicidade espiritual e eterna. Por isso, o sábio diz: "Ditosa, tu, ó terra cujo rei é filho de nobres…" (ECLESIASTES 10:17).

Jonathan Edwards

A LOUCURA DE NOÉ

...os quais, noutro tempo, foram desobedientes quando a longanimidade de Deus aguardava nos dias de Noé, enquanto se preparava a arca, na qual poucos, a saber, oito pessoas, foram salvos, através da água...
1 PEDRO 3:20

A tarefa de Noé foi muito difícil, por expô-lo às contínuas censuras de todos os seus vizinhos ao longo de todos aqueles cento e vinte anos. Nenhum deles acreditou no que ele lhes dissera acerca de uma inundação que estava prestes a afogar o mundo. Um homem empreender trabalho tão vasto sob a noção de que aquilo seria o meio de salvá-lo quando o mundo fosse destruído fazia dele contínuo objeto de ridículo do mundo. Quando ele estava prestes a contratar trabalhadores, sem dúvida todos riram dele; podemos supor que, embora consentissem em trabalhar em troca de salário, os operários ainda riam da loucura de seu empregador. Podemos supor que, quando a arca foi iniciada, todos os que passavam por ali e viam um casco tão enorme se riam, chamando-o de loucura de Noé.

Jonathan Edwards

10 DE AGOSTO

A MULHER DE LÓ

Lembrai-vos da mulher de Ló.
LUCAS 17:32

A mulher de Ló olhou para trás porque se lembrou das coisas agradáveis que deixou em Sodoma. Ela ansiava por elas; não conseguia deixar de olhar para trás desejosa da cidade onde havia vivido com tanto conforto e prazer. Sodoma era um lugar de grande abundância exterior; eles comiam carnes gordas e tomavam bebidas doces. O solo ao redor de Sodoma era extremamente fértil; diz-se que ele era como o jardim de Deus (GÊNESIS 13:10). E a fartura de pão era um dos pecados do lugar (EZEQUIEL 16:49). Ali, Ló e sua mulher viviam em abundância; e aquele era um lugar onde os habitantes chafurdavam em prazeres e delícias carnais. Porém, por mais que essas coisas fossem abundantes, de que valiam agora, quando a cidade estava queimando? Em sua fuga, a mulher de Ló foi muito tola em relutar por coisas que estavam em chamas. Assim, as alegrias, os benefícios e os prazeres do pecado têm sobre os sodomitas a ira e a maldição de Deus: enxofre é espalhado sobre eles; fogo do inferno está pronto para fazê-los arder em chamas. Portanto, não vale a pena alguma pessoa olhar para trás em busca de tais coisas.

A mulher de Ló foi muito tola em relutar por coisas que estavam em chamas.

Jonathan Edwards

HONRAR O SÁBADO

*...não tireis cargas de vossa casa no dia
de sábado, nem façais obra alguma; antes, santificai
o dia de sábado, como ordenei a vossos pais.*

JEREMIAS 17:22

Em Sua palavra, Deus parece colocar muito mais peso nesse preceito acerca do sábado do que em qualquer outro da Lei cerimonial. Ele está no Decálogo — é um dos dez mandamentos entregues por Deus com voz audível. Foi escrito por Seu próprio dedo nas tábuas de pedra do monte e depois designado para ser escrito nas tábuas que Moisés fizera. A guarda do sábado é mencionada pelos profetas como aquilo em que consiste uma grande parte ou santidade da vida e está inserida entre os deveres morais: "Se desviares o pé de profanar o sábado e de cuidar dos teus próprios interesses no meu santo dia; se chamares ao sábado deleitoso e santo dia do Senhor, digno de honra, e o honrares não seguindo os teus caminhos, não pretendendo fazer a tua própria vontade, nem falando palavras vãs, então, te deleitarás no Senhor. Eu te farei cavalgar sobre os altos da terra e te sustentarei com a herança de Jacó, teu pai, porque a boca do Senhor o disse" (ISAÍAS 58:13,14).

*Esse mandamento foi escrito pelo próprio
dedo de Deus nas tábuas de pedra.*

Jonathan Edwards

POSSUINDO TODAS AS COISAS

*Visto como, pelo seu divino poder, nos têm sido
doadas todas as coisas que conduzem à vida
e à piedade, pelo conhecimento completo daquele
que nos chamou para a sua própria glória e virtude...*
2 PEDRO 1:3

Em virtude de sua união com Cristo, o cristão realmente possui todas as coisas. Sabemos isso claramente pelas Escrituras, mas pode ser perguntado: "Como ele possui todas as coisas? Em que ele é melhor para que seja assim? De que maneira um verdadeiro cristão é muito mais rico do que os outros homens?". Para responder a isso, explicarei o que quero dizer com possuir todas as coisas. Quero dizer que tudo que o Deus Triúno é, tem e faz, tudo que Ele criou ou fez — todo o Universo, corpos e espíritos, luz, céu, anjos, homens e demônios, Sol, Lua, estrelas, terra e mar, peixes e aves, toda a prata e todo o ouro, todos os seres e perfeições, assim como o mero homem — pertencem ao cristão tanto quanto o dinheiro que há em seu bolso, as roupas que ele usa, a casa onde ele mora ou os alimentos que come. Sim, tudo isso é mais propriamente dele, mais convenientemente, mais dele do que se ele ordenasse que todas essas coisas mencionadas fossem, exatamente em todos os aspectos, do seu agrado a qualquer momento, em virtude da união com Cristo. Pelo fato de Jesus, que certamente possui todas as coisas, ser inteiramente dele, de modo que ele possui tudo, mais do que uma esposa possui os bens do melhor e mais querido marido, mais do que a mão possui o que a cabeça faz. Todo o Universo é dele, só que ele não tem o trabalho de administrá-lo; mas Cristo, para quem não é difícil administrar o Universo, o administra para esse cristão mil vezes mais vantajosamente do que ele mesmo conseguiria se detivesse a administração de todos os átomos do Universo.

Jonathan Edwards

LIBERTOS DO PECADO

*E lhes enxugará dos olhos toda lágrima,
e a morte já não existirá, já não haverá luto, nem pranto,
nem dor, porque as primeiras coisas passaram.*

APOCALIPSE 21:4

Quando a Bíblia fala do acréscimo de felicidade e glória aos santos na ressurreição, pelo texto me parece evidente que ele será extremamente grande. Trata-se da boda do Cordeiro com a Igreja; o estado das coisas, então, é o estado de perfeição; todo o estado da Igreja antes disso, tanto na Terra quanto no Céu, é um estado de crescimento. De fato, a alma dos homens justos tornados perfeitos estará perfeitamente livre de pecado e sofrimento: terá uma inexprimível e inconcebível felicidade e perfeito contentamento. Porém, ainda assim, parte de sua felicidade consistirá na esperança do que ainda virá. Os homens terão tanta felicidade quanto quiserem desejar em seu estado atual, porque escolherão ter o acréscimo no momento e na ordem que Deus planejou; de todas as maneiras, para eles será mais agradável e satisfatório que seja assim. Eles terem uma felicidade perfeita não exclui todo o acréscimo, nem toda esperança, pois não sabemos se eles terão acréscimo de felicidade para sempre. As almas dos santos podem ter, agora, tanta felicidade quanto desejarem, embora separadas; e tal felicidade responde à sua natureza em seu estado atual a ponto de excluir todo tipo de desassossego e inquietação; e, contudo, parte dessa felicidade, parte daquele doce descanso e alegria que traz contentamento, consiste na visão do que é futuro. Os justos não desejam que esse acréscimo ocorra agora; eles sabem que será mais belo, mais para a glória de Deus, mais para a sua própria felicidade, mais para a glória da Igreja e, de todas as maneiras, mais desejável se estiver sob a ordem de Deus.

Jonathan Edwards

OS ANJOS ELEITOS

Houve peleja no céu. Miguel e os seus anjos pelejaram contra o dragão. Também pelejaram o dragão e seus anjos; todavia, não prevaleceram; nem mais se achou no céu o lugar deles.

APOCALIPSE 12:7,8

Quando Lúcifer se rebelou e se estabeleceu como uma cabeça em oposição a Deus e a Cristo, levando consigo um grande número de anjos, Cristo, o Filho de Deus, manifestou-se como líder oposto e apareceu graciosamente para dissuadir e impedir, por Sua graça, os anjos eleitos de darem ouvido à tentação de Lúcifer, para que, pela livre e soberana graça distintiva de Cristo, fossem defendidos e preservados da destruição eterna naquele momento de grande perigo. Nisso, Cristo foi o Salvador dos anjos eleitos, pois, embora não os tenha salvado como salvou os homens eleitos da ruína que já haviam merecido e à qual estavam condenados, e do estado miserável em que estes já estavam, Ele salvou esses seres celestiais eleitos da destruição eterna da qual corriam grande perigo e, se não tivesse sido assim, eles teriam caído com os outros anjos. Esses seres eleitos se juntaram a Cristo, tendo o glorioso Miguel como seu capitão, enquanto os outros deram ouvido a Lúcifer e se uniram a ele; então, foi literalmente verdadeiro o que se cumpriu, depois figurativamente (APOCALIPSE 12).

Jonathan Edwards

MANIFESTAÇÃO DE GLÓRIA

*...assim como nos escolheu nele antes
da fundação do mundo, para sermos santos
e irrepreensíveis perante ele; e em amor...*
EFÉSIOS 1:4

Deus eleger certo número definido dentre os homens caídos desde toda a eternidade é uma manifestação de Sua glória. Isso demonstra a glória da soberania divina. Com isso, Deus declara ser Aquele que dispõe absolutamente da criatura; Ele nos mostra até onde se estendem Sua soberania e Seu domínio escolhendo eternamente alguns e negligenciando outros e deixando-os perecer. Aqui, Deus aparece em uma majestade incomparável. Quem não consegue ver a glória do domínio nesse ato não apreendeu Deus corretamente e nunca foi sensibilizado à Sua gloriosa grandeza. E a glória da graça divina é especialmente mostrada em Deus ter escolhido o Seu povo para bem-aventurança e glória muito antes de este nascer; em escolhê-lo da massa da humanidade, de quem eles não eram distinguidos, e em Seu amor por eles preceder tudo que têm ou fazem, sem ser influenciado por qualquer excelência deles, pela luz de qualquer esforço ou empreendimento deles, ou por qualquer respeito deles por Deus.

*Nisso, Deus aparece em uma
majestade incomparável.*

Jonathan Edwards

O MESMO ESPÍRITO

*Porque eu vos dei o exemplo, para que,
como eu vos fiz, façais vós também.
Em verdade, em verdade vos digo que o servo
não é maior do que seu senhor, nem
o enviado, maior do que aquele que o enviou.*

JOÃO 13:15,16

Os ministros de Cristo devem ser pessoas com o mesmo espírito de seu Senhor: o mesmo espírito de humildade e modéstia de coração, porque o servo não é maior do que o seu Senhor. Eles devem ter o mesmo espírito de mentalidade celestial e desprezo por glória, riqueza e prazeres deste mundo; devem ter o mesmo espírito de devoção e amor fervoroso a Deus; devem seguir o exemplo de Sua piedade; daquele de quem, de vez em quando, lemos que se afastava do mundo, para longe do barulho e dos aplausos das multidões, para montanhas e lugares solitários, para oração secreta e santa conversação com Seu Pai; e, certa vez, levantou-se muito antes do amanhecer e se dirigiu a um lugar solitário para orar (MARCOS 1:35). E, outra vez, foi a um monte para orar e passou a noite toda em oração a Deus (LUCAS 6:12).

Jonathan Edwards

A MARAVILHA DO MUNDO

E apedrejavam Estêvão, que invocava e dizia:
Senhor Jesus, recebe o meu espírito!

ATOS 7:59

O mundo era propenso a imaginar que estranho princípio influenciava os cristãos a se exporem a tão grandes sofrimentos, abandonarem as coisas visíveis e renunciarem a tudo que era desejado e agradável, que era o objeto dos sentidos. Aos homens do mundo, eles pareciam estar fora de si e agir como se odiassem a si mesmos; nada havia diante de *seus* olhos que pudesse induzi-los a sofrer dessa forma ou a apoiá-los e a motivá-los a persistir ao longo de tais provações. Porém, embora nada houvesse que o mundo tivesse visto, ou que os próprios cristãos jamais viram com os seus olhos corpóreos, que assim os influenciasse e apoiasse; eles tinham, contudo, um princípio sobrenatural de amor por algo *não visto*; eles amavam a Jesus Cristo porque viam espiritualmente Aquele a quem o mundo não via e eles mesmos jamais haviam visto com os olhos físicos.

Eles viam espiritualmente Aquele a quem o mundo não via
e eles mesmos jamais haviam visto com os olhos físicos.

Jonathan Edwards

GRANDE SENTIMENTO

*Por isso, te digo: perdoados lhe são os seus
muitos pecados, porque ela muito amou; mas aquele
a quem pouco se perdoa, pouco ama.*

LUCAS 7:47

Algumas pessoas têm a tendência de condenar todo grande sentimento. Se as pessoas parecem ter seu amor pela religião elevado a um tom extraordinário, sofrem preconceito e, imediatamente, esse amor é determinado como ilusão sem qualquer questionamento. Porém, se, como foi anteriormente provado, a verdadeira religião reside muito no amor à religião, segue-se que, se houver uma grande quantidade daquela, haverá grande amor a esta; se a verdadeira religião no coração dos homens for elevada à grande altura, afeições divinas e santas serão elevadas a grande altura.

O amor é uma afeição, mas algum cristão dirá que os homens não devem amar a Deus e a Jesus Cristo em alto grau? E alguém dirá que não devemos ter um ódio muito grande pelo pecado e uma tristeza muito profunda por ele? Ou que não devemos exercer um alto grau de gratidão a Deus, pelas misericórdias que recebemos dele e pelas grandes coisas que Ele fez pela salvação dos homens caídos? Ou que não devemos desejar muito fortemente Deus e a santidade? Alguém professará que suas afeições religiosas são suficientemente grandes e dirá: "Não tenho por que ser humilhado por não ser mais afeiçoado pelas coisas da religião do que sou; não tenho motivo para me envergonhar por não exercer maior amor por Deus, tristeza pelo pecado e gratidão pelas misericórdias que recebi?". Quem bendirá a Deus por ser suficientemente afeiçoado pelo que leu e ouviu sobre o maravilhoso amor de

Jonathan Edwards

Deus pelos vermes e rebeldes ao entregar Seu Filho unigênito para morrer por eles? E quem o louvará pelo amor de Cristo que lhe causou a morte, e ainda assim orará para não ser afeiçoado por eles em grau mais elevado, porque grandes afeições são impróprias e, nos cristãos, muito desagradável e ruinoso à verdadeira religião serem entusiastas?

MANSIDÃO E TOLERÂNCIA

Buscai o Senhor, vós todos os mansos da terra, que cumpris o seu juízo; buscai a justiça, buscai a mansidão; porventura, lograreis esconder-vos no dia da ira do Senhor.

SOFONIAS 2:3

Deus chama especialmente Seu povo ao extraordinário exercício da mansidão e mútua tolerância. Cristo aparece como se estivesse vindo em Seu reino, o que exige grande moderação em nosso comportamento para com todos os homens; "Seja a vossa moderação conhecida de todos os homens. Perto está o Senhor" (FILIPENSES 4:5). A reverência diante da Divina Majestade, que parece estar presente ou se aproximando, deve nos dispor à mansidão e nos impedir do contrário. É extremamente inadequado julgarmos uns aos outros e nos comportarmos com ferocidade e amargura uns em relação aos outros, quando Aquele que sonda todos os corações, a quem todos nós precisamos prestar contas, parece estar tão notavelmente presente. Em um momento como esse, devemos atentar para nós mesmos, sondando-nos, condenando a nós mesmos e cuidando de nosso próprio comportamento. Se houver uma gloriosa prosperidade vindo à Igreja de Deus, os mais mansos receberão a maior parte dela, porque, quando Cristo cavalga em Sua glória e majestade, é "...pela causa da verdade e da justiça..." (SALMO 45:3,4).

Jonathan Edwards

A COLHEITA FUTURA

*Sede, pois, irmãos, pacientes, até à vinda do Senhor.
Eis que o lavrador aguarda com paciência o precioso fruto
da terra, até receber as primeiras e as últimas chuvas.*

TIAGO 5:7

Todas as grandes obras de Deus no mundo durante certo período de tempo foram preparatórias. Houve muitas grandes mudanças e revoluções no mundo, e todas elas foram apenas o girar das engrenagens da providência para abrir caminho para a vinda de Cristo e o que Ele deveria fazer no mundo; Ele cuidou especialmente de todas as grandes obras de Deus para com a Sua Igreja. Antes da vinda de Cristo, a Igreja esteve sob diversas dispensações da providência e em circunstâncias muito diversas, mas todas essas dispensações deviam preparar o caminho para a Sua vinda. Deus forjou a salvação para a alma dos homens durante todo aquele tempo, embora em quantidade muito menor do que viria depois, e tudo isso foi feito como uma antecipação. Todas as almas que foram salvas antes da vinda de Cristo eram apenas os presságios da colheita futura.

Jonathan Edwards

O MAIS GRANDIOSO

*E Jacó gerou a José, marido de Maria,
da qual nasceu Jesus, que se chama o Cristo.*
MATEUS 1:16

A encarnação de Cristo foi algo maior e mais maravilhoso do que tudo que já havia acontecido. A criação do mundo foi algo muito grandioso, mas não tão grandioso quanto a encarnação de Cristo. Deus fazer a criatura foi grandioso, mas não tão grandioso quanto o próprio Criador se tornar uma criatura. Nós falamos de muitas coisas grandiosas realizadas entre a queda do homem e a encarnação de Cristo; porém, Deus se tornar homem foi o mais grandioso de tudo. Então, nasceu a pessoa mais grandiosa que já existiu ou jamais existirá.

*Jesus foi a pessoa mais grandiosa que já existiu
ou jamais existirá.*

Jonathan Edwards

O TEMPO DE DEUS, NÃO O NOSSO

*Tudo tem o seu tempo determinado, e há tempo
para todo propósito debaixo do céu...*
ECLESIASTES 3:1

Lembre-se de que, se algum dia Deus lhe conceder misericórdia, usará Seu soberano prazer no tempo em que Ele quiser. Ele a concederá a alguns em pouco tempo; a outros, não antes de o haverem procurado durante muito tempo. Se outras pessoas são logo esclarecidas e consoladas enquanto você permanece um longo tempo na escuridão, não há outra coisa a fazer, senão esperar. Deus agirá arbitrariamente quanto a isso; não há como evitar. Você precisa contentar-se com esperar, empenhando-se de modo laborioso e diligente, até chegar o tempo dele. Se você se recusar, só se arruinará; e quando, mais tarde, estiver arruinado e vir que seu caso é irremediável, condenar-se-á muito por renunciar a uma grande probabilidade de salvação, somente por não ter tido paciência para manter-se firme e não ter se disposto a dar-se ao trabalho de perseverar! E de que valerá, diante de Deus ou de sua própria consciência, dizer que você não conseguiu suportar ser obrigado a buscar a salvação durante tanto tempo, quando Deus a concedeu a outros que a procuraram, mas não durante pouco tempo?... Você precisa ocupar-se em buscar a salvação nos termos — e sem nenhuma outra expectativa — de que, se Deus conceder misericórdia, isso ocorrerá no Seu próprio tempo; e não somente isso, mas também de que, após você ter feito tudo, Deus não se verá obrigado a lhe demonstrar misericórdia.

Jonathan Edwards

DEPENDENTES DE DEUS

*...a fim de que ninguém se vanglorie
na presença de Deus.*
1 CORÍNTIOS 1:29

Nós dependemos do poder de Deus ao longo de todos os passos da nossa redenção. Dependemos do poder de Deus para nos converter e nos conceder fé em Jesus Cristo e na nova natureza. Essa é uma obra de criação: "…se alguém está em Cristo, é nova criatura…" (2 CORÍNTIOS 5:17); nós somos "…criados em Cristo Jesus…" (EFÉSIOS 2:10). A criatura caída é incapaz de atingir a verdadeira santidade se não for criada novamente: "e vos revistais do novo homem, criado segundo Deus, em justiça e retidão…" (EFÉSIOS 4:24). É um ressuscitar dos mortos: "…igualmente fostes ressuscitados mediante a fé no poder de Deus que o ressuscitou dentre os mortos" (COLOSSENSES 2:12). Sim, essa é uma obra de poder mais gloriosa do que a criação, ou a ressurreição de um corpo morto, uma vez que o efeito alcançado é mais grandioso e excelente. Esse ser e vida espiritual sagrados e felizes produzidos na obra da conversão são um efeito muito mais grandioso e glorioso do que meros ser e vida. E o estado a partir do qual a transformação é efetuada, uma morte em pecado, uma corrupção total da natureza e profundidade de miséria, é muito mais distante do estado alcançado do que a mera morte ou nulidade.

Jonathan Edwards

CEGUEIRA NATURAL

*...porquanto, tendo conhecimento de Deus,
não o glorificaram como Deus, nem lhe deram graças;
antes, se tornaram nulos em seus próprios raciocínios,
obscurecendo-se-lhes o coração insensato.*

ROMANOS 1:21

Cristo é o Santo de Deus. Ele é tão santo que os Céus não são puros aos seus olhos. Ele é possuidor de toda aquela santidade que é a infinita beleza e encanto da natureza divina. Contudo, um incrédulo nada baliza pela Sua santidade. Cristo é a sabedoria de Deus e o poder do Pai (1 CORÍNTIOS 1:24). Porém, um incrédulo nada define por Seu poder e sabedoria. O Senhor Jesus Cristo é repleto de graça e misericórdia: a misericórdia e o amor de Deus não aparecem em qualquer outro lugar com tanto brilho e glória quanto na face de Jesus Cristo. Porém, um incrédulo não dá valor algum à infinita graça de Cristo. Os incrédulos também não definem coisa alguma pelas excelentes virtudes que apareceram na natureza humana de Cristo quando Ele estava na Terra. Ele era santo, inofensivo, imaculado e separado dos pecadores; era manso e humilde de coração; foi paciente quando sujeito a aflições e ferimentos; quando era insultado, não revidava. Porém, os incrédulos nada balizam por essas características de Jesus Cristo. Com muita frequência, eles ouvem quão excelente e gloriosa pessoa é Cristo: ouvem falar de Sua santidade, graça, condescendência e mansidão, e têm as Suas excelências claramente expostas a eles; no entanto, não lhes atribuem valor algum.

Jonathan Edwards

PERSEVERE NA SANTIDADE

*Apresentar-se-á voluntariamente o teu povo,
no dia do teu poder; com santos ornamentos, como o orvalho
emergindo da aurora, serão os teus jovens.*
SALMO 110:3

Muitas pessoas, ao pensar que estão convertidas, parecem imaginar que seu trabalho está encerrado e nada mais é necessário para que possam ir para o Céu. De fato, a perseverança em santidade de vida não é necessária para a salvação, diferentemente da justiça pela qual o direito à salvação é obtido. Também a real perseverança não é necessária para nos tornarmos interessados nessa justiça pela qual somos justificados, porque, assim que uma alma crê em Cristo ou faz a Ele um ato de fé, torna-se interessada por Sua justiça e todas as promessas adquiridas por ela. Porém, perseverar no caminho do dever é necessário para a salvação, como acompanhamento e evidência de um direito à salvação. Nunca há um direito à salvação sem essa perseverança, embora ela não seja a justiça pela qual é obtido o direito à salvação. Ela é imprescindível para a salvação por ser a necessária consequência da verdadeira fé. Ela é uma evidência que atende universalmente à retidão, e sua falta é uma evidência infalível da falta de retidão. Os bons e retos de coração se distinguem dos que se perdem ou se desviam: "Faze o bem, Senhor, aos bons e aos retos de coração. Quanto aos que se desviam para sendas tortuosas, levá-los-á o Senhor juntamente com os malfeitores. Paz sobre Israel!" (SALMO 125:4,5). Ela é mencionada como uma evidência de que o coração dos filhos de Israel não estava certo com Deus, de que eles não perseveravam nos caminhos da santidade; "...geração obstinada e rebelde, geração de coração inconstante, e cujo espírito não foi fiel a Deus" (SALMO 78:8).

Jonathan Edwards

A ÁRVORE DA VIDA

O fruto do justo é árvore de vida,
e o que ganha almas é sábio.
PROVÉRBIOS 11:30

Essa árvore da vida floresceu à vista dos anjos quando o homem foi criado em um estado inocente, santo, agradável e feliz, e ela foi aquela criatura de onde esse futuro fruto da árvore da vida deveria brotar. Era uma floração boa e agradável, embora fraca e débil, e provou murchar como uma flor. Quando o homem caiu, a flor murchou e caiu; o homem nasceu como flor e foi cortado, mas a flor caiu para dar lugar ao fruto que viria. A queda do homem abriu caminho para a encarnação de Cristo, deu ocasião à produção e ao amadurecimento daquele fruto e às suas benditas consequências. Assim, embora não seja o Salvador dos anjos como é o dos homens, Cristo é a árvore da vida para os anjos e, igualmente, o Pão da vida para os homens.

O homem nasceu como flor e foi cortado, mas a flor caiu
para dar lugar ao fruto que viria.

Jonathan Edwards

A IGREJA DE CRISTO

*Durou o dilúvio quarenta dias sobre
a terra; cresceram as águas e levantaram
a arca de sobre a terra.*
GÊNESIS 7:17

Em muitos relatos, o grupo presente na arca de Noé foi um tipo da Igreja de Cristo. A arca continha literalmente a Igreja de Deus, porque toda carne havia se corrompido diante de Deus, e a verdadeira religião e piedade pareciam estar confinadas a Noé e sua família. A arca foi feita para a salvação da Igreja de um transbordante dilúvio da ira de Deus que o mundo sofreria, e ao qual estava condenado, bem como todo o resto da humanidade. Assim também Cristo, Deus-homem, mediador, foi feito para a salvação de Sua igreja, para salvá-la da destruição e aflição proclamada contra este mundo iníquo e do dilúvio de ira que dominará todos os outros. A maneira pela qual as pessoas foram salvas pela arca foi atentar ao aviso de Noé, o pregador da justiça, para fugir da ira vindoura, dar ouvido ao chamado, correr para refugiar-se na arca e entrar nela. Assim também, o caminho pelo qual somos salvos por Cristo é fugir do dilúvio da ira de Deus, refugiarmos-nos em Cristo e estar nele.

Jonathan Edwards

O LUGAR DE REFÚGIO

Lembrou-se Deus de Noé e de todos os animais selváticos e de todos os animais domésticos que com ele estavam na arca; Deus fez soprar um vento sobre a terra, e baixaram as águas.

GÊNESIS 8:1

A arca era um refúgio contra tempestade, vento e chuva que caía do céu de uma maneira muito terrível; esses elementos não prejudicavam os que estavam dentro dela; assim também Cristo é um esconderijo contra o vento, um refúgio contra a tempestade (ISAÍAS 32:2). Ele é um refúgio e esconderijo contra a tempestade e a chuva (ISAÍAS 4:6); Ele é, para a Sua Igreja, um refúgio contra a tempestade, porque o golpe dos tiranos é como a tempestade contra o muro (ISAÍAS 25:4). Quando o vento soprar, a chuva cair e as inundações baterem com ímpeto, a casa de quem é edificado sobre Cristo não cairá (MATEUS 7:25).

Cristo é um refúgio e esconderijo contra a tempestade e a chuva.

Jonathan Edwards

UM CAMINHO INFELIZ

*As coisas encobertas pertencem ao Senhor,
nosso Deus, porém as reveladas nos pertencem,
a nós e a nossos filhos, para sempre, para que
cumpramos todas as palavras desta lei.*

DEUTERONÔMIO 29:29

Não deixe sua mente perplexa com os decretos ocultos de Deus, e particularmente quanto aos decretos eternos de Deus no tocante a você mesmo, intrometendo-se nos segredos que são escondidos dos homens e dos anjos, esforçando-se para abrir o livro que está lacrado com sete selos e nenhum homem, no Céu ou na Terra, é digno ou capaz de abrir ou olhar. Quando os homens tomam um caminho de deixar a mente perplexa com tais coisas, estão em um caminho muito infeliz. O diabo os mantém numa armadilha funesta. Portanto, evite diligentemente essa armadilha e deixe a vontade revelada de Deus ser suficiente para você. Cuide do que Deus lhe ordena, dos conselhos e da direção que Ele dá. Dedique toda a atenção de seu coração a essas coisas. Esse é o caminho para você prosperar. Porém, se você se enredar e provocar sua mente com pensamentos sobre os secretos conselhos eternos de Deus, estará fora do caminho de seu dever e a caminho de seu próprio prejuízo, e se exporá à ruína.

Jonathan Edwards

GRANDES ALEGRIAS

*Então, ele disse: Rogo-te
que me mostres a tua glória.*
ÊXODO 33:18

O cristão tem grande alegria à vista da glória e excelência que ele tem de Deus. Quantas artes e artifícios os homens têm para deleitar os olhos! Os homens apreciam observar grandes cidades, edifícios esplêndidos e palácios imponentes. E, frequentemente, quanto deleite há em contemplar um belo rosto! Não podemos concluir que grandes deleites podem também ocorrer ao agradarmos os olhos da mente com a visão do Ser mais belo, mais glorioso e mais maravilhoso do mundo?

*O cristão tem grande alegria à vista da glória
e excelência que ele tem de Deus.*

Jonathan Edwards

A AJUDA AO CORAÇÃO

*…lançando sobre ele toda a vossa ansiedade,
porque ele tem cuidado de vós.*
1 PEDRO 5:7

Cristo é capaz de prestar toda a ajuda necessária… Seu poder e Sua sabedoria são tão suficientes quanto o Seu propósito e adequados às Suas compaixões. Nas entranhas de Suas misericórdias, no amor e na ternura de Seu coração, Ele está disposto a ajudar os aflitos; e Sua capacidade é responsável por Sua disposição. Ele é capaz de ajudar o coração submetido às maiores tristezas e de lançar luz às maiores trevas; Ele é capaz de dividir a nuvem mais espessa com raios de luz e conforto celestiais; Ele é Aquele que dá canções durante a noite e transforma a sombra da morte em manhã; Ele tem poder para compensar a perda dos que estão enlutados pela morte do mais célebre pastor. Sua própria presença com o enlutado é suficiente; se o grande Pastor e o Bispo das almas estiver presente, isso será muito mais do que suficiente para suprir a falta de qualquer pastor! E, então, Ele é capaz de dar a outros presentes e graças semelhantes para essa obra.

Jonathan Edwards

TUDO PELA GRAÇA

Porém Noé achou graça diante do Senhor.
GÊNESIS 6:8

A doutrina da eleição mostra que, se os convertidos buscaram fervorosamente a graça e a santidade e assim a obtiveram, sua conquista não se deve aos próprios esforços, e, sim, à graça e a misericórdia de Deus, que os fizeram buscar ardentemente a conversão para poderem obtê--la. Ela mostra também que a fé é dom de Deus e que os santos perseverarem em um caminho de santidade em direção à glória é também fruto do amor eletivo. O amor dos cristãos por Deus é fruto do amor de Deus por eles, e a entrega de Cristo, a pregação do evangelho e a determinação de ordenanças são frutos da graça da eleição. Toda a graça demonstrada a qualquer um dos homens, seja neste mundo ou no vindouro, está compreendida no amor eletivo de Deus.

O amor dos cristãos por Deus é fruto
do amor de Deus por eles.

Jonathan Edwards

SAGRADOS ANTEGOZOS

*O Senhor retribua o teu feito,
e seja cumprida a tua recompensa do Senhor,
Deus de Israel, sob cujas asas vieste
buscar refúgio.*
RUTE 2:12

Quando os atos de caridade são praticados com base em princípios corretos, Deus concederá descobertas espirituais como recompensa gratuita. Embora a bondade e a excelência da recompensa sejam infinitamente maiores do que o desprezo daquilo que é doado em caridade, ela será aceita e receberá uma recompensa excepcionalmente grande por amor a Cristo, porque não há quem dê um copo de água em nome de Cristo e perca sua recompensa (MARCOS 9:41). Deus recompensa as pessoas boas com medida recalcada, sacudida e transbordante (LUCAS 6:38). Sim, Ele recompensa cem vezes; sim, e muito mais do que isso. Quando dermos aos outros boas coisas terrenas, Deus nos recompensará com boas coisas celestiais. Cristo promete: "…ao dares um banquete, convida os pobres, os aleijados, os coxos e os cegos; e serás bem-aventurado, pelo fato de não terem eles com que recompensar-te; a tua recompensa, porém, tu a receberás na ressurreição dos justos" (LUCAS 14:13,14). E Deus muitas vezes dá às pessoas antevisões dessas recompensas futuras enquanto estão aqui. O tesouro é assim depositado no Céu e, portanto, as bênçãos celestiais fluirão do Céu sobre eles enquanto estiverem aqui.

Jonathan Edwards

IMPOTENTES POR NÓS MESMOS

*Não! Pelo contrário, Deus por sua força
prolonga os dias dos valentes; veem-se eles
de pé quando desesperavam da vida.*
JÓ 24:22

Frequentemente, Deus faz uso da experiência dos homens para convencê-los de que, por si mesmos, são desamparados. Quando eles começaram a buscar a salvação, talvez tenham pensado que seria fácil serem convertidos. Eles pensaram que deveriam se arrepender agora de seus pecados e crer em Cristo; consequentemente, empenharam-se com suas próprias forças, esperançosos de obter sucesso. Porém, ficaram desapontados. E, assim, Deus os submete à luta contínua para abrirem seus próprios olhos e consertarem seu próprio coração. Porém, eles não têm sucesso. Há muito tempo eles têm se esforçado para ver, mas continuam cegos como sempre e nada conseguem enxergar. Tudo são trevas egípcias. Eles têm se esforçado para se tornarem melhores, mas continuam tão ruins como sempre. Frequentemente se esforçam para fazer algo bom, exercer boas afeições que sejam aceitáveis a Deus, mas não têm sucesso. E lhes parece que, em vez de melhorarem, ficam cada vez piores; seu coração está mais repleto de pensamentos maus do que no princípio; eles não veem maior probabilidade de sua conversão do que havia no início. Assim, Deus os submete a lutar com suas próprias forças até se desencorajarem e desistirem de ajudar a si mesmos. Primeiramente, o filho pródigo se esforçou para encher a barriga com as alfarrobas que os porcos comiam. Porém, quando se desesperou de ser ajudado daquela maneira, voltou à razão e acolheu o pensamento de voltar à casa de seu pai.

Jonathan Edwards

SIGA PAULO

Sede meus imitadores,
como também eu sou de Cristo.
1 CORÍNTIOS 11:1

Devemos seguir Paulo em seu fervor por buscar sua própria salvação. Ele não era descuidado e indiferente quanto a isso, mas o reino dos Céus sofreu veemência por parte dele. Ele não "coxeava entre dois pensamentos" [N.E. 1 Reis 18:21.], nem buscava com ânimo vacilante e instável, e, sim, com a mais plena determinação e forte resolução. Ele resolveu que, se de alguma forma fosse possível, alcançaria a ressurreição dos mortos. Paulo não disse que estava determinado a alcançá-la, se pudesse, por meios não muito custosos ou difíceis, ou esforçando-se por ela durante um curto tempo, ou apenas de vez em quando, ou sem qualquer grande quantidade de sofrimento, ou sem grande perda em seu interesse temporal. Porém, se por algum meio pudesse fazê-lo, ele o faria, quer os meios fossem fáceis ou difíceis. Quer fosse um esforço e provação curtos ou longos e a cruz, leve ou pesada, ele considerava tudo como igual. Independentemente de quais fossem os meios necessários — se fosse possível, ele a obteria. Não hesitou diante de perdas mundanas, pois nos diz que sofreu facilmente a perda de tudo para ganhar a Cristo e ser achado nele e em Sua justiça (FILIPENSES 3:8,9). Não lhe ocorreu o mesmo que ao jovem que foi de joelhos a Cristo indagar o que deveria fazer para herdar a vida eterna e, quando Cristo disse "...Vai, vende tudo o que tens, dá-o aos pobres...", ele foi embora triste. Esse rapaz não estava disposto a separar-se de tudo. Se Cristo lhe tivesse pedido que vendesse a metade, pode ser que ele o houvesse cumprido. Ele tinha um grande desejo de garantir a salvação, mas o apóstolo

Jonathan Edwards

Paulo não se contentou com desejar. O apóstolo estava resolvido a, se fosse possível, obtê-la. E, quando lhe era necessário perder bens mundanos ou quando algum grande sofrimento atrapalhava seu caminho, ele não se permitia hesitar.

EMPREGO CELESTIAL

*Cura-me, Senhor, e serei curado,
salva-me, e serei salvo;
porque tu és o meu louvor.*
JEREMIAS 17:14

João, o discípulo amado, tinha frequentemente visões do Céu e, em quase todos os casos, uma visão de seus habitantes louvando a Deus... ele nos diz que olhou e eis que uma porta foi aberta no Céu, e ele foi chamado para lá e viu o trono de Deus e Aquele que estava sentado no trono. Relata como os que estavam ao redor do trono estavam louvando a Deus; os quatro seres viventes não descansam nem de dia, nem de noite, dizendo: "Santo, Santo, Santo é o Senhor Deus, o Todo-Poderoso, aquele que era, que é e que há de vir". E, quando essas criaturas viventes lhe dão glória, honra e graças, os vinte e quatro anciãos se prostram diante dele e o adoram. Novamente... temos um relato de como eles cantam louvores a Cristo... um relato de como as hostes do Céu cantam aleluia a Deus. Tudo isso mostra mais evidentemente que sua ocupação consiste em louvar a Deus e a Cristo. Nós temos apenas um conhecimento bem limitado do futuro estado de bem-aventurança e da ocupação deles: sem dúvida, eles têm diversas ocupações ali. Não podemos questionar razoavelmente, mas eles se ocupam em contribuir para um mútuo deleite. Devem viver juntos em sociedade. Provavelmente, estarão também ocupados em contemplar Deus, Suas gloriosas perfeições e obras gloriosas e, assim, adquirir conhecimento sobre essas coisas. E, sem dúvida, estarão ocupados de muitas maneiras sobre as quais nada sabemos; podemos, porém, determinar que boa parte do trabalho deles consiste em louvar a Deus.

Jonathan Edwards

BELO COM SANTIDADE

> *Tributai ao Senhor a glória*
> *devida ao seu nome; trazei oferendas*
> *e entrai nos seus átrios; adorai*
> *o Senhor na beleza da sua santidade.*
>
> 1 CRÔNICAS 16:29

Para um ser inteligente e racional, é um grande prazer ser excelente. Felicidade e deleite da alma surgem sempre da visão ou apreensão de algo que parece excelente. Assim, até mesmo o próprio Deus tem infinito deleite em contemplar Sua própria infinita excelência e, por ser excelente, necessariamente surge prazer. Os piedosos não se agradam com pensamentos soberbos e arrogantes sobre sua própria excelência, pois sabem que nada têm além do que receberam e que sua excelência lhes é integralmente transmitida por Deus. Porém, o cristão pode se alegrar, e se alegra, em ver a imagem de Deus em sua alma, em ver a semelhança de seu querido Jesus. Os santos no Céu, de quem todos os resquícios de orgulho foram retirados, ainda se regozijam em se verem feitos excelentes por Deus e parecerem belos devido à santidade. E, se for um grande prazer ver coisas excelentes, deve ser uma doce consideração pensar que, por Sua graça, Deus me fez excelente e encantador. Se eles se deleitam em ver a beleza de Jesus Cristo, só pode ser um prazer ver que Cristo transmitiu a Sua beleza à alma deles.

Jonathan Edwards

OS ÍMPIOS ODEIAM A SUA SANTIDADE

Deus é justo juiz, Deus que sente indignação todos os dias.
SALMO 7:11

Os ímpios não gostam de Deus porque Ele é santo. Esse é o principal fundamento da inimizade que os ímpios têm contra Deus. A perfeita pureza e santidade de Deus os torna inimigos dele, porque, devido à perfeição de Sua natureza, Ele necessariamente odeia o pecado e, assim, odeia os pecados deles, os quais os ímpios amam, e Ele não pode permitir e não permitirá pecado algum neles. Os ímpios são inimigos absolutos de um Deus tão santo. No entanto, também não gostariam dele se supusessem que Ele fosse um ser profano ou totalmente desprovido de perfeita santidade, porque, então, não poderiam confiar nele. Eles sabem que, se Deus fosse profano e lhes prometesse alguma coisa, não poderiam depender disso com certeza, porque um ser profano é capaz de não cumprir as suas promessas; se Ele fosse profano, não dependeriam de Sua fidelidade e, portanto, nunca estariam dispostos a entregarem-se a Ele como seu Deus, porque não saberiam como Ele os descartaria, o que faria com eles. Se Ele tivesse de obrigar-se por aliança, ainda assim eles não poderiam depender dela e, portanto, de modo algum aceitariam que tal Deus fosse o seu Deus, governasse sobre eles e se desfizesse deles.

Jonathan Edwards

O ESTREITO E O LARGO

*...porque estreita é a porta, e apertado,
o caminho que conduz para a vida,
e são poucos os que acertam com ela.*
MATEUS 7:14

Há apenas duas coisas que Deus oferece à humanidade para sua porção: uma é este mundo, com os prazeres e proveitos do pecado, acompanhados por decorrente sofrimento eterno; a outra é o Céu e a glória eterna, com uma vida de abnegação e respeito por todos os mandamentos de Deus. Muitas pessoas, enquanto vivem, não chegam a estabelecer uma determinação sobre qual delas escolher. Elas precisam escolher uma ou a outra, não podem ter as duas; porém, sempre permanecem em suspense e nunca fazem sua escolha. Elas se alegrariam em ter o Céu e este mundo também; teriam a salvação e, também, os prazeres e proveitos do pecado. Porém, considerando o Céu e o mundo à maneira que Deus lhes oferece, elas escolherão nenhum dos dois. Deus oferece o Céu somente com a abnegação e a dificuldade que fazem parte do caminho para este; e as pessoas não estão dispostas a terem o Céu sob tais condições. Deus oferece o mundo e os prazeres do pecado aos homens, não isoladamente, mas com sofrimento eterno ligado a tais coisas; por isso, eles também não estão dispostos a ter o mundo. Mas gostariam de separar o Céu da santidade e abnegação que são o caminho para ele, e da santidade que reina nele; então, ficariam felizes em ter o Céu. Gostariam de separar o pecado do inferno; então, escolheriam totalmente apegar-se ao pecado para sempre. Porém, Deus não fará tal separação para eles. Os homens precisam ter uma ou outra para sua porção, da maneira como Deus oferece; e, portanto, nunca fazem escolha alguma.

Jonathan Edwards

NOSSO RELACIONAMENTO COMO FILHOS

...a fim de que todos sejam um; e como és tu,
ó Pai, em mim e eu em ti, também sejam eles em nós;
para que o mundo creia que tu me enviaste.

JOÃO 17:21

Ao ascender ao Céu, Cristo foi recebido com uma gloriosa e peculiar alegria e bem-aventurança no gozo de Seu Pai, que, durante a paixão de Seu Filho, escondeu Seu rosto dele; tal gozo se tornou o relacionamento que Ele tinha com o Pai e, como tal, foi uma recompensa adequada pela grande e árdua obra que Ele havia realizado na Terra. Então, Deus lhe mostrou o caminho da vida e o levou à Sua presença, onde há plenitude de alegria, para sentar-se à Sua direita, onde há delícias perpetuamente, como é dito acerca de Cristo (SALMO 16:11). Assim, o Pai "o abençoou para sempre". Ele "o encheu de gozo com a sua presença", como é dito no Salmo 21:6. Em virtude de sua união com Cristo, e sendo Seus membros, os santos participam, de algum modo, de Seu relacionamento filial com o Pai e, assim, são com Ele herdeiros de Sua felicidade no gozo de Seu Pai, como parece ser insinuado pelo apóstolo em Gálatas 4:4-7. Em virtude de sua união com o Filho unigênito de Deus, a noiva de Cristo é, por assim dizer, uma participante de Sua relação filial com Deus; ela se torna filha do Rei e, assim, participa com seu marido divino do Seu gozo de Seu Pai e Pai dela, Seu Deus e Deus dela.

Jonathan Edwards

FUNDAMENTOS MAIS SEGUROS

*Temos, assim, tanto mais confirmada
a palavra profética, e fazeis bem em atendê-la,
como a uma candeia que brilha em lugar
tenebroso, até que o dia clareie e a estrela
da alva nasça em vosso coração...*

2 PEDRO 1:19

Conhecemos melhor a verdade a respeito dos fundamentos mais confiáveis por meio do testemunho de Deus, do que poderíamos conhecer por meio do testemunho de alguém que houvesse ressuscitado dos mortos. Suponha que alguém ressuscitasse e nos contasse sobre o horror dos tormentos do inferno; quão precário seria tal fundamento como alicerce, em uma questão de tamanha importância, a menos que o considerássemos confirmado pelo testemunho divino. Deveríamos estar incertos sobre haver ou não algum engano no caso. Nós sabemos que é impossível Deus mentir e podemos saber que o assunto é exatamente como Ele o declara a nós. Porém, se alguém voltasse dos mortos, não poderíamos ter tanta certeza de não estar sendo iludidos. Não poderíamos ter tanta certeza de que aquele que testemunhou não estivesse, de alguma maneira, iludido. Não poderíamos ter certeza de que o assunto não tivesse sido fortemente distorcido e descrito maior do que realmente é.

Alguém que volta dos mortos não poderia simplesmente, pela força de seu próprio testemunho, fazer-nos ter certeza de que iríamos àquele lugar de tormentos se não nos arrependêssemos e não nos restaurássemos. E, se viesse mais de uma testemunha dentre os mortos, ainda que fossem muitas, mesmo assim não há autoridade igual à de Deus; não há testemunho de espíritos do mundo invisível tão indiscutível e inquestionável quanto o testemunho divino. Como poderíamos saber, exceto por revelação divina, que quem veio dos mortos não veio para nos enganar? Como poderíamos saber quão perversos ou quão bons eles foram e sob quais perspectivas atuavam? Entretanto, temos o maior fundamento para estar seguros de que o Primeiro Ser e a Fonte de todo ser e perfeição nada é além de luz e verdade e, portanto, é impossível Ele enganar ou ser enganado.

AINDA UMA GRANDE OBRA

*...prossigo para o alvo,
para o prêmio da soberana vocação
de Deus em Cristo Jesus.*
FILIPENSES 3:14

A obra do cristão não está terminada, mas ele ainda encontra muito trabalho a fazer e grandes necessidades a serem supridas. Ele ainda se vê como uma criatura pobre, vazia e indefesa e que ainda permanece em grande e contínua necessidade da ajuda de Deus. Ele tem consciência de que, sem Deus, nada pode fazer. Uma falsa conversão torna um homem autossuficiente aos seus próprios olhos. Ele diz que é rico e próspero em bens, e que de nada tem necessidade; e não sabe que é desgraçado, miserável, pobre, cego e nu. Porém, após uma verdadeira conversão, a alma permanece consciente de sua própria impotência e de seu próprio vazio, como ela é em si mesma, e sua consciência disso é aumentada, não diminuída. Ela ainda tem consciência de sua dependência universal de Deus para tudo. Um verdadeiro convertido é consciente de que sua graça é muito imperfeita e que ele está muito longe de ter tudo que deseja. Em vez disso, pela conversão são gerados nele novos desejos que ele nunca tivera. Agora, ele encontra em si apetites santos, fome e sede de justiça, desejo de mais intimidade e comunhão com Deus, para que ainda tenha afazeres suficientes diante do trono da graça; sim, seus afazeres ali, em vez de serem diminuídos, aumentam bastante.

Jonathan Edwards

JULGAMENTOS JUSTOS

*Perverteria Deus o direito ou perverteria
o Todo-Poderoso a justiça?*
JÓ 8:3

Não é inconsistente com a misericórdia de Deus infligir um castigo eterno aos ímpios. Ele ser misericordioso a ponto de não tolerar a execução de justiça penal é uma noção absurda e antibíblica de Sua misericórdia. Isso é conceber a misericórdia de Deus como uma paixão à qual Sua natureza é tão sujeita a ponto de Ele ser passível de ser comovido, afetado e vencido ao ver uma criatura sofrendo, de modo a não conseguir suportar executar justiça. Essa é uma noção tremendamente indigna e absurda da misericórdia de Deus e, se fosse verdadeira, denotaria uma grande fraqueza. No soberano e supremo Juiz do mundo, seria um grande defeito, e não uma perfeição, ser misericordioso a ponto de não suportar executar justiça penal. Essa é uma noção muito antibíblica da misericórdia divina. Em toda parte, as Escrituras representam a misericórdia de Deus como livre e soberana, e não que a sua prática seja necessária a ponto de Deus não conseguir suportar que a justiça aconteça. As Escrituras falam dela abundantemente como a glória do atributo divino da misericórdia, cujo exercício é livre e soberano, e não que Deus não possa fazer outra coisa senão libertar os pecadores do sofrimento. Essa é uma ideia mesquinha e tremendamente indigna da misericórdia divina.

Jonathan Edwards

CRISTO ACOLHE OS PECADORES

*Vinde a mim, todos os que
estais cansados e sobrecarregados,
e eu vos aliviarei.*

MATEUS 11:28

Em tempos passados, Cristo recebeu graciosamente as pessoas que foram a Ele. Saudou-as bem-vindas; acolheu-as nos braços de Seu amor; as recebeu para uma união bendita e eterna com Ele, e lhes deu direito a todos os privilégios dos filhos de Deus, e continua a ser o mesmo desde então. As Escrituras relatam que muitos foram a Ele; na história da vida de Cristo, há um relato de muitos que aceitaram Seus chamados, e, no livro de Atos dos Apóstolos, há um relato de multidões que creram nele; porém, não lemos sobre alguém que já tenha sido rejeitado por Ele. E nós mesmos vimos muitos acerca dos quais temos motivo para crer que Cristo aceitou sua ida a Ele; muitos que foram grandes pecadores, muitos que foram antigos pecadores endurecidos, muitos que haviam sido apóstatas e muitos que foram culpados de apagar o Espírito de Deus. E Ele continua sendo o mesmo; está tão pronto para receber pecadores agora quanto esteve naqueles dias. Cristo nunca rejeitou quem quer que se achegue a Ele: nunca mudou quanto a isso; Ele é assim agora e, certamente, permanecerá assim.

Jonathan Edwards

SUA DERRADEIRA PRESTAÇÃO DE CONTAS

*…é porque o Senhor sabe livrar da provação
os piedosos e reservar, sob castigo,
os injustos para o Dia de Juízo,*
2 PEDRO 2:9

Os ímpios precisam comparecer perante seu Juiz para prestar-lhe contas. Eles não encontrarão montanhas ou rochas que caiam sobre eles e possam cobri-los e escondê-los da ira do Cordeiro… Muitos verão seus antigos vizinhos e conhecidos, seus companheiros, seus irmãos e suas esposas serem tomados e eles, deixados. Eles serão convocados a comparecer perante o tribunal e terão de ir, por menos dispostos que estejam; eles precisarão estar à esquerda de Cristo, em meio a demônios e homens perversos. Isso deverá acrescentar ainda mais espanto e fará com que seu horror seja maior do que nunca. Com que horror esse grupo se reunirá! Então, eles serão chamados a prestar contas; serão trazidas à luz as coisas ocultas das trevas; toda a iniquidade do coração deles será revelada; então, será declarada a real impiedade da qual foram culpados e aparecerão seus pecados secretos, que eles ocultaram dos olhos do mundo; assim serão manifestos à sua verdadeira luz os pecados que costumavam defender, desculpar e justificar… O mundo todo verá e muitos se levantarão contra eles em julgamento e os condenarão; seus companheiros, contra quem tentaram cometer iniquidade, outros a quem eles arraigaram no pecado em decorrência de seu exemplo, se levantarão contra muitos deles; e os pagãos que não tiveram vantagens em comparação a eles, muitos dos quais tiveram uma vida melhor do que a deles, se levantarão contra eles; e eles serão chamados a prestar contas especiais; o

Jonathan Edwards

Juiz ajustará as contas com eles, que ficarão sem palavras, emudecerão, com a própria consciência prestando testemunho e clamando em alta voz contra eles, porque, então, verão quão grande e terrível é o Deus contra quem pecaram. Então, ficarão à esquerda enquanto veem outros, a quem conheceram na Terra, sentados à direita de Cristo em glória, resplandecendo como o sol, aceitos por Cristo e sentando-se com Ele para julgá-los e condená-los.

PARA JOELHOS FRACOS

*Os sãos não precisam
de médico, e sim os doentes.*
MATEUS 9:12B

Cristo coloca força e um princípio de nova vida na alma cansada que chega a Ele. Antes de se achegar a Cristo, o pecador é semelhante a um homem doente, que está enfraquecido e abatido e cuja natureza é consumida por alguma forte enfermidade: ele está cheio de dor e tão fraco que não consegue andar, nem permanecer de pé. Por isso, Cristo é comparado a um médico... Quando Ele vem e dá a ordem, coloca um princípio de vida naquele que, anteriormente, estava como morto: Ele dá um princípio de vida espiritual e o início da vida eterna; Ele revigora a mente transmitindo-lhe Sua própria vida e força, renova a natureza e a cria de novo e torna o homem uma nova criatura, para que as almas fracas e desfalecidas sejam agora revividas; esse princípio de vida espiritual é uma fonte contínua de refrigério, como um poço de água viva. "...aquele, porém, que beber da água que eu lhe der nunca mais terá sede; pelo contrário, a água que eu lhe der será nele uma fonte a jorrar para a vida eterna" (JOÃO 4:14). Cristo concede o Seu Espírito que acalma a mente e é semelhante a uma brisa refrescante. Ele concede essa força pela qual levanta as mãos caídas e fortalece os joelhos fracos.

Jonathan Edwards

CRISTO, NOSSO ABRIGO

*...pois tu me tens sido refúgio e torre
forte contra o inimigo.*
SALMO 61:3

Deus exerce Sua misericórdia para com o Seu povo, não por causa do povo em si, mas por causa de Cristo, "pelo bem de Seu nome". É pelo zelo ao Seu nome, porque é por amor a Cristo, pois "o nome de Deus está nele" (ÊXODO 23:21). Ele é o nome do Senhor que é uma torre forte, onde o povo de Deus está seguro. Mesmo quando Deus parece estar prestes a derramar a Sua ira, essa torre protege o povo contra ela. De modo que, embora em certo sentido se possa dizer que a misericórdia venceu a justiça e se alegra contra o juízo, em Cristo Jesus a justiça se sujeita, de bom grado, à misericórdia. A justiça retira suas mãos e vai embora satisfeita, sem o sangue do povo pecador de Deus, porque está satisfeita com o sangue da sua segurança, porque, em Cristo Jesus, "Encontraram-se a graça e a verdade, a justiça e a paz se beijaram" (SALMO 85:10).

*Deus exerce Sua misericórdia para com
o Seu povo, não por causa do povo em si,
mas por causa de Cristo.*

Jonathan Edwards

COMUNHÃO DOS SANTOS

*...o que temos visto e ouvido
anunciamos também a vós outros,
para que vós, igualmente,
mantenhais comunhão conosco.
Ora, a nossa comunhão é com
o Pai e com seu Filho, Jesus Cristo.*

1 JOÃO 1:3

O que os cristãos primitivos queriam dizer com comunhão dos santos parece ser que os cristãos (que, no início, eram mais comumente chamados "santos") originados dos gentios e de todas as nações eram igualmente participantes dos benefícios e bênçãos singulares do povo de Deus. Essa era uma grande questão de fé entre eles, fortemente contestada pelos judeus incrédulos e por muitos dos que creram; e foi, provavelmente, o que ocasionou torná-lo um artigo do Credo Apostólico. Esse parece ser o primeiro significado da frase, pois, é nessa relação que ela é comumente usada no Novo Testamento, mencionada pelos apóstolos de maneira exaltada como uma muito gloriosa descoberta, doutrina e bênção do evangelho, na qual eles insistem muito.

Jonathan Edwards

O ÊXODO

*Disse ainda o SENHOR: Certamente,
vi a aflição do meu povo, que está no Egito, e ouvi
o seu clamor por causa dos seus exatores.
Conheço-lhe o sofrimento...*

ÊXODO 3:7

A redenção da Igreja de Deus para fora do Egito é a mais notável de todas do Antigo Testamento, a maior promessa e precursora da futura redenção por Cristo e muito mais enfatizada nas Escrituras do que qualquer outra dessas redenções. E, de fato, ela foi o maior tipo de redenção por Cristo em relação a qualquer outro evento da providência. Foi efetuada por Jesus Cristo, porque foi forjada por Aquele que apareceu a Moisés na sarça, a mesma Pessoa que enviou Moisés para redimir aquele povo. Porém, é evidente que aquele era Cristo, porque Ele é denominado Anjo do SENHOR (ÊXODO 3:2,3). A sarça representava a natureza humana de Cristo, denominado ramo. A sarça crescia no monte Sinai, ou Horebe, palavra que significa um lugar seco, como a natureza humana de Cristo era uma raiz proveniente de um solo seco. A sarça ardente representava os sofrimentos de Cristo no fogo da ira de Deus. Ela queimava e não se consumia; assim também Cristo, embora tenha sofrido muito, não pereceu; em vez disso, finalmente venceu e ressuscitou dos Seus sofrimentos. Por esse grande mistério da encarnação e dos sofrimentos de Cristo ter sido ali representado, Moisés disse: "Irei para lá e verei essa grande maravilha". Ele bem poderia tê-la chamado de uma grande visão, por ali estar representado Deus, manifesto em carne, sofrendo uma morte terrível e ressuscitando dos mortos.

Jonathan Edwards

A DESTRUIÇÃO DE JERUSALÉM

*Ele, porém, lhes disse: Não vedes tudo isto?
Em verdade vos digo que não ficará aqui pedra sobre
pedra que não seja derribada.*

MATEUS 24:2

Essa destruição de Jerusalém foi, em todos os sentidos, concordante com o que Cristo havia predito (MATEUS 24), conforme o relato de Josefo [N.E.: Flávio Josefo (37-103 D.C.), historiador e apologista judaico-romano], que estava presente, participou da calamidade e escreveu a história de sua destruição. Muitas circunstâncias se assemelharam à destruição dos ímpios no Dia do Juízo. Segundo o relato de Josefo, ela foi acompanhada por muitas visões terríveis nos Céus e a separação entre justos e ímpios. A cidade e o Templo deles foram queimados e devastados; e a terra em que estava a cidade foi arada para que não restasse pedra sobre pedra (MATEUS 24:2).

Jonathan Edwards

FORTES RESOLUÇÕES

...e, tendo achado uma pérola de grande valor, vende tudo o que possui e a compra.
MATEUS 13:46

Duas coisas são necessárias em uma pessoa para que ela tome essas fortes resoluções: uma consciência da grande importância e necessidade da misericórdia procurada; e também uma consciência da oportunidade para obtê-la ou o encorajamento para buscá-la. A força da resolução depende da consciência dessas coisas, dada ao coração por Deus. As pessoas desprovidas de tal consciência podem pensar que tomam resoluções; podem, por assim dizer, forçar uma promessa a si mesmas e dizer dentro de si: "Enquanto viver, procurarei não desistir até conseguir", mas apenas enganam a si mesmas. Elas não se dedicam a isso, nem realmente tomam qualquer resolução como parecem tomar. A resolução é mais da boca do que do coração; o coração delas não está fortemente decidido a cumprir o que a boca diz. A firmeza da resolução reside na plenitude da disposição do coração a fazer o que foi decidido. Quem se empenha em entrar no reino de Deus tem o coração disposto a fazer tudo que é necessário, e está em seu poder fazer e continuar nisso. Essas pessoas não têm apenas sinceridade, mas também firme resolução: elas não buscam com um coração vacilante e hesitante, alternadamente ou por rompantes; em vez disso, é a constante inclinação de sua alma, se possível, obter o reino de Deus.

Jonathan Edwards

OS INIMIGOS DE DEUS

*E a vós outros também que,
outrora, éreis estranhos e inimigos no entendimento
pelas vossas obras malignas...*
COLOSSENSES 1:21

Embora Deus seja o Criador de todas as coisas, Ele tem alguns inimigos no mundo. Os homens em geral reconhecerão ser pecadores. Poucas pessoas, talvez nenhuma, têm a consciência tão cega a ponto de não terem noção de serem culpadas de pecado. E a maioria dos pecadores reconhecerá que seu coração é mau. Reconhecerão que não amam a Deus tanto quanto deveriam; que não são tão gratos pelas misericórdias quanto deveriam ser; e que falham em muitas coisas. Contudo, poucos deles têm consciência de serem inimigos de Deus. Eles não veem como podem ser assim chamados verdadeiramente, pois não têm consciência de que desejam a Deus algum mal ou que se esforçam para fazer qualquer mal a Ele. Porém, vemos que as Escrituras falam deles como inimigos de Deus.

Jonathan Edwards

TIPOS DO MESSIAS

*...e beberam da mesma fonte espiritual;
porque bebiam de uma pedra espiritual
que os seguia. E a pedra era Cristo.*
1 CORÍNTIOS 10:4

Supõe-se de forma muito mais razoável e credível que, ao longo das Eras do Antigo Testamento, Deus devesse estar tipificando coisas pertencentes ao Messias e Sua salvação, não somente em profecias, mas também em padrões, porque, de fato, descobrimos que, quando Deus começou a revelar o Messias à humanidade, essas profecias e esses padrões estavam incluídos na primeira profecia sobre o Messias. Na primeira palavra profética propriamente dita que existiu no mundo, Deus predisse e tipificou a redenção ao dizer à serpente: "Porei inimizade entre ti e a mulher, entre a tua descendência e o seu descendente. Este te ferirá a cabeça, e tu lhe ferirás o calcanhar" (GÊNESIS 3:15). Essa é, sem dúvida, uma predição da vitória do Messias sobre Satanás, de Seu sofrimento sob Satanás e da vitória e libertação do povo do Messias por intermédio dele. E ninguém pode questionar razoavelmente que aqui não haja também alguma referência à inimizade entre a humanidade e as serpentes, e ao hábito das serpentes de ferirem a humanidade e dos homens de as matarem; porque, aqui, Deus está falando de um animal selvagem que havia sido igualado aos animais domésticos, como aparece no versículo anterior. E esse estado de coisas no tocante às serpentes foi claramente ordenado e estabelecido nessas palavras. Porém, se supusermos a intenção de profecia e tipificação nas mesmas palavras, sem dúvida, fala-se e se estabelece uma como representação da outra.

Jonathan Edwards

GIDEÃO: UM TIPO DE CRISTO

*... eu [...] a levarei para o deserto,
e lhe falarei ao coração.*

OSEIAS 2:14

A grande concordância existente entre a história da vitória de Gideão sobre os midianitas e as coisas ditas nas profecias acerca do Messias é um argumento de que o primeiro é tipo do último. Gideão tirou Israel do deserto e das cavernas, pedras e montanhas onde eles haviam habitado. Isso concorda com Salmo 68:22: "Disse o Senhor: De Basã os farei voltar...", Salmo 89:12: "... o Tabor e o Hermom exultam em teu nome", Isaías 42:11: "Alcem a voz o deserto, as suas cidades [...] exultem os que habitam nas rochas e clamem do cimo dos montes" e Cântico dos Cânticos 2:14: "Pomba minha, que andas pelas fendas dos penhascos [...] mostra-me o rosto".

Jonathan Edwards

RENUNCIE O COMPORTAMENTO PECAMINOSO

O amor seja sem hipocrisia.
Detestai o mal, apegando-vos ao bem.
ROMANOS 12:9

Renuncie e abandone totalmente todos os caminhos de comportamento pecaminoso, pois você ouviu que nunca se deve ter expectativa de esperança e conforto enquanto o pecado não for morto ou abandonado. Quem não é meticuloso em sua reforma não pode, razoavelmente, esperar por consolo, por mais que possa ser abundante em alguns compromissos específicos. As pessoas que estão em processo de avivamento, desejosas de buscar uma verdadeira esperança de salvação, devem, primeiramente, cuidar de renunciar totalmente a toda prática iníqua. Elas devem sondar seus hábitos e considerar o que está errado em si: quais deveres precisariam ter sido cumpridos e foram omitidos, e quais práticas deveriam ser abandonadas e foram permitidas; e devem reformar-se imediatamente, não conservando qualquer hábito pecaminoso, negando toda impiedade, não omitindo o que quer que seja requerido; e devem perseverar para que isso não seja meramente uma restrição temporária de curta duração, mas uma renúncia eterna. Essa é a maneira de matar o perturbador.

As pessoas que estão em processo de avivamento
devem renunciar totalmente a toda prática iníqua.

Jonathan Edwards

UMA LÂMPADA ARDENTE E BRILHANTE

Mandastes mensageiros a João,
e ele deu testemunho da verdade.

JOÃO 5:33

O que Cristo percebe e declara a respeito de João é que este era uma lâmpada ardente e brilhante. Ele era uma luz para a igreja de Israel, para lhes revelar a mente e a vontade de Deus após um longo período de trevas e após eles terem ficado destituídos de profetas para instruí-los durante algumas Eras. João se levantou em Israel como a estrela da manhã, o precursor do Sol da justiça, para introduzir a aurora, ou o romper dos tempos do evangelho, para dar luz aos que, até então, estavam assentados nas trevas da noite perfeita, que era a sombra da morte; para dar-lhes o conhecimento da salvação, como Zacarias, seu pai, declarou em sua circuncisão: "Tu, menino, serás chamado profeta do Altíssimo, porque precederás o Senhor, preparando-lhe os caminhos, para dar ao seu povo conhecimento da salvação, no redimi-lo dos seus pecados, graças à entranhável misericórdia de nosso Deus, pela qual nos visitará o sol nascente das alturas, para alumiar os que jazem nas trevas e na sombra da morte, e dirigir os nossos pés pelo caminho da paz" (LUCAS 1:76-79).

Jonathan Edwards

PRAZER SOBERANO

*Agrada-se o S*ENHOR
*dos que o temem e dos que esperam
na sua misericórdia.*
SALMO 147:11

Deus exerce Sua soberania nos benefícios que concede a determinadas pessoas. Todos precisam igualmente de salvação e todos são, naturalmente, não merecedores dela da mesma forma, mas Ele dá vantagens muitíssimo maiores para a salvação a algumas do que a outras. A algumas, Ele designa um lugar em famílias piedosas e religiosas, onde elas poderão ser bem instruídas e educadas, ter pais religiosos para dedicá-las a Deus e orar copiosamente por elas. Deus coloca algumas sob um ministério mais poderoso do que outros e em lugares onde há mais derramamento do Espírito de Deus. A algumas Ele dá muito mais dos esforços e das influências avivadoras do Espírito do que para outras. Tudo ocorre segundo o Seu absoluto desejo soberano.

Deus exerce Sua soberania nos benefícios que concede.

Jonathan Edwards

ABSOLUTAMENTE DEPENDENTES

*Ou tem o Todo-Poderoso interesse
em que sejas justo ou algum lucro em que faças
perfeitos os teus caminhos?*

JÓ 22:3

A partir desse versículo, aprendemos o quanto somos absolutamente dependentes de Deus nessa grande questão da salvação eterna de nossas almas. Nós dependemos não somente da Sua sabedoria para encontrar uma maneira de cumpri-la e de Seu poder para realizá-la, mas somos dependentes da Sua mera vontade e prazer quanto a isso. Nós dependemos da vontade soberana de Deus para tudo que lhe diz respeito, do princípio ao fim. Foi do prazer soberano de Deus inventar uma maneira de salvar qualquer um dos homens e nos dar Jesus Cristo, Seu Filho unigênito, para ser nosso Redentor. Por que Ele olhou para nós e nos enviou um Salvador, e não aos anjos caídos? Foi pelo prazer soberano de Deus. Foi de Seu prazer soberano determinar qual meio escolher. Ele nos dar a Bíblia e as ordenanças da religião resulta de Sua graça soberana. Ele entregar esses meios a nós em vez de a outros, Ele dar as influências avivadoras de Seu Espírito e conceder Sua graça salvadora, tudo isso ocorre por Seu prazer soberano. Quando Ele diz "Haja luz na alma de tal pessoa", essa é uma palavra de poder infinito e graça soberana.

Jonathan Edwards

A LOUCURA DOS HOMENS

*...entraram para Noé, na arca,
de dois em dois, macho e fêmea,
como Deus lhe ordenara.*
GÊNESIS 7:9

Deus fez os animais selvagens e as aves do mundo antigo para repreender a loucura dos homens daquela época, porque eles, todos os tipos deles, fugiram para a arca enquanto a porta ainda estava aberta, o que os homens daquela época se recusaram a fazer. Deus, deste modo, fez saber que a loucura dos homens era maior do que a das criaturas mais selvagens. Você é culpado de tal tolice e loucura — você que se recusa a dar ouvido às advertências que lhe são dadas acerca da aproximação do dilúvio da ira de Deus. Você foi advertido mais uma vez hoje, enquanto a porta da arca ainda está aberta. Você, por assim dizer, ouviu novamente as batidas do martelo e do machado na construção da arca para se lembrar de que uma inundação está se aproximando. Cuide, portanto, de não fechar o seu ouvido, não tratar essas advertências com coração indiferente e, ainda, não negligenciar a grande obra que você tem de fazer para que o dilúvio de ira não venha sobre você, o arraste para longe e não haja remédio.

Jonathan Edwards

ALEGRIA SILENCIOSA

Ele me faz repousar
em pastos verdejantes. Leva-me para
junto das águas de descanso...
SALMO 23:2

Se uma pessoa tem boas evidências de que seus pecados são perdoados, de que está em paz com Deus, é alvo do Seu amor e tem dentro de si o testemunho de uma boa consciência, isso é suficiente para lhe dar tranquilidade e alegria, onde quer que esteja e o que pretenda fazer. É o suficiente para tornar fácil o trabalho árduo, e ela pode muito bem fazer o que quer que faça com alegria por estar fazendo para o Senhor, não para homens. A prática de religião até adoçaria as diversões juvenis, pois as moldaria segundo as regras da sabedoria e da virtude, direcioná-las-ia a fins adequados e dignos e as tornaria subservientes a propósitos excelentes. Como foi dito a respeito dos prazeres e da companhia terrena, também é verdade que as diversões são abundantemente mais doces quando a virtude os modera e direciona.

Os prazeres terrenos são abundantemente mais doces
quando a virtude os modera e direciona.

Jonathan Edwards

FAÇA USO DE ORAÇÃO

*...com toda oração e súplica,
orando em todo tempo no Espírito e para isto
vigiando com toda perseverança e súplica
por todos os santos.*

EFÉSIOS 6:18

Faça muito uso de oração, vendo que você tem um inimigo tão sutil e cruel que procura tão infatigavelmente a sua ruína e tão habilmente se disfarça para enganá-lo. Mantenha-se perto de Deus e não o abandone. Esteja continuamente com Ele, próximo a Ele no dever da oração, para que Deus seja seu guarda e seu conselheiro; para que Ele o defenda das artimanhas do diabo; para que o Senhor o instrua e seja seu conselheiro segundo a conduta do Seu próprio Espírito Santo; para que Ele o capacite a discernir as sutis conspirações de Satanás, para que você possa escapar das ciladas que ele arma. Se você for um dos que habitam sob a sombra do Todo-poderoso, Ele o "... livrará do laço do passarinheiro..." (SALMO 91:3).

Mantenha-se perto de Deus e não o abandone.

Jonathan Edwards

O TRONO DO CORAÇÃO

*O que confia no seu próprio
coração é insensato, mas o que anda
em sabedoria será salvo.*
PROVÉRBIOS 28:26

Quem anda em sabedoria se deleita em exaltar a Deus em seu próprio coração. Não se atreve a sentar-se no trono de seu próprio coração, mas prefere que Deus se sente ali e ele mesmo fique no escabelo. O pecador se senta no trono de seu próprio coração, toma o lugar de Deus e não se deixa ser governado por alguém além de si mesmo; o homem verdadeiramente piedoso, porém, convida Deus a sentar-se no lugar mais elevado de sua alma e se deleita em vê-lo ali; em vez de opor-se a isso, ele imagina que Deus será condescendente a ponto de fazer morada em seu coração, ainda que seja no trono. Ele se alegra ao ver Deus possuir o melhor cômodo de seu coração, a melhor sala de sua alma, e admira enormemente o fato de o grande Jeová se humilhar tanto a ponto de habitar ali. Anteriormente, antes de se converter, enquanto ainda era um rebelde contra Deus, não se dispunha a admitir Deus em seu coração; orgulhosamente se apossava ele mesmo do trono e segurava o cetro de sua própria alma; porém, desde que Deus o convenceu graciosamente, quão imediatamente ele abandonou seu assento, deu lugar a Deus e entregou-lhe o cetro, com prazer se lançou ao escabelo e, agora, encontra muito mais prazer no pó diante de Deus do que, anteriormente, no trono!

Jonathan Edwards

SEJA ABUNDANTE EM ORAÇÕES

*Perseverai na oração,
vigiando com ações de graças.*
COLOSSENSES 4:2

Seja abundante em fervorosa oração a Deus para que Ele abra os seus olhos a fim de que você possa contemplar a gloriosa e rica provisão concedida aos pecadores em Jesus Cristo. A alma do homem natural é tão cega que não vê beleza ou excelência em Cristo. Não vê a Sua suficiência. Não vê beleza na obra da Sua salvação; e, enquanto permanecer assim cega, lhe será impossível aproximar-se de Cristo. O coração nunca sentirá atração por um Salvador desconhecido. É impossível que um homem ame, escolha livremente e se regozije naquilo em que não vê excelência. Porém, se os seus olhos fossem abertos para ver a excelência de Cristo, a obra seria feita. Você acreditaria nele imediatamente e encontraria seu coração buscando Jesus. Seria impossível refreá-lo. Porém, cuide para não ter uma noção errada do que é ver Cristo espiritualmente. Se você a tiver, poderá buscar aquilo que Deus nunca concede. Não pense que ver Cristo espiritualmente é ter uma visão dele como os profetas tiveram, vê-lo em alguma forma corpórea, ver as características do Seu semblante. Não ore ou busque por algo assim. O que você deve buscar é poder ter, em seu coração, uma visão da gloriosa excelência de Cristo e do caminho da salvação por meio dele. Essa é uma visão espiritual de Cristo. É por isso que você deve clamar a Deus dia e noite. O Senhor é a fonte de luz espiritual. Ele abre os olhos dos cegos. Ele ordena que a luz brilhe nas trevas. Para Deus, é fácil iluminar a alma e preenchê-la com essas gloriosas descobertas, embora isso esteja além do poder dos homens e dos anjos.

Jonathan Edwards

SOMENTE PELA GRAÇA DE DEUS

*Porque pela graça sois salvos,
mediante a fé; e isto não vem de vós;
é dom de Deus...*
EFÉSIOS 2:8

Considere que enorme diferença Deus fez entre você e os outros homens, quão imensamente diferente é o seu estado em relação ao deles, quanto mais Deus fez por você do que por eles. Busque, portanto, as coisas do alto, onde Deus está. Não será uma vergonha alguém que tem direito a tal glória não se conduzir melhor do que um filho do diabo? Considere isso seriamente; e que, em relação a você, não seja perguntado: "O que você faz mais do que os outros?" (MATEUS 5:47). Os outros homens amam aqueles que os amam; fazem o bem aos que lhes fazem o bem. Seja digno da vocação à qual você é chamado e demonstre ter um espírito mais excelente do que o seu próximo; manifeste mais "humildade e mansidão, com longanimidade, suportando-vos uns aos outros em amor"; seja digno do Senhor agradando a todos, fortalecido com todo o poder segundo o Seu glorioso poder para toda a paciência e longanimidade. Revista-se como eleito de Deus, santo e amado, com profunda misericórdia, benignidade, brandura, mansidão, longanimidade, tolerando uns aos outros, perdoando uns aos outros; e que a sua luz brilhe tanto diante dos homens que eles, vendo as suas boas obras, glorifiquem o seu Pai que está no Céu. Vendo que Deus lhe deu tanto, o Senhor e os homens podem muito bem esperar que sua vida seja bastante distinta dos demais.

Jonathan Edwards

ORE PELO PRÓXIMO

*Confessai, pois, os vossos pecados
uns aos outros e orai uns pelos outros,
para serdes curados. Muito pode,
por sua eficácia, a súplica do justo.*

TIAGO 5:16

Os cristãos devem ser fervorosos em suas orações e esforçarem-se pela salvação dos outros. Eles são os seguidores de Cristo e devem segui-lo nisso. Nós vemos... quão grandes foram o esforço e a angústia da alma de Cristo pela salvação da humanidade, e que sinceros e fortes clamores a Deus acompanharam os Seus esforços. Aqui Ele nos deu um exemplo. Nisso, Ele deu um exemplo aos ministros, que, como colaboradores de Cristo, deveriam esforçar-se até Cristo ser encontrado neles: "...meus filhos, por quem, de novo, sofro as dores de parto, até ser Cristo formado em vós" (GÁLATAS 4:19). Os cristãos devem estar dispostos a gastar e desgastar-se pelo próximo. Eles devem não somente esforçar-se por eles e orar fervorosamente, mas, se necessário, estar prontos para sofrerem por eles e entregarem não somente sua força, mas também seu sangue: "Eu de boa vontade me gastarei e ainda me deixarei gastar em prol da vossa alma. Se mais vos amo, serei menos amado?" (2 CORÍNTIOS 12:15). Eis aqui um exemplo para os pais, mostrando como devem se esforçar e clamar a Deus pelo bem espiritual de seus filhos. Você vê como Cristo se esforçou, lutou e clamou a Deus pela salvação de Seus filhos espirituais e você não desejará ardentemente buscar e clamar a Deus por seus filhos naturais?

Jonathan Edwards

GRAÇA COMUM

…para que vos torneis filhos
do vosso Pai celeste, porque ele faz nascer
o seu sol sobre maus e bons
e vir chuvas sobre justos e injustos.
MATEUS 5:45

Neste mundo, muitas pessoas são totalmente desprovidas da graça salvadora, mas têm a graça comum. Elas não têm verdadeira santidade; não obstante, têm algo daquilo que se denomina virtude moral e são destinatárias de algum grau das influências comuns do Espírito de Deus. Assim ocorre com as pessoas em geral que vivem sob a luz do evangelho e não são abandonadas à cegueira judicatória e dureza. Sim, enquanto vivem neste mundo, as pessoas assim abandonadas ainda têm algum grau de graça restritiva, sem a qual a Terra não conseguiria suportá-las, e de modo algum seriam membros toleráveis da sociedade humana. Porém, quando alguém é condenado ou lançado no inferno, como são os demônios, Deus lhes retira totalmente Sua graça restritiva e todas as influências misericordiosas de Seu Espírito. Essas pessoas não têm a graça salvadora, nem a graça comum; nem a graça do Espírito, nem qualquer dos dons comuns do Espírito; não têm verdadeira santidade, nem qualquer espécie de virtude moral. Disso surge o grande aumento da prática da maldade no coração dos homens quando eles são condenados. E eis aqui a principal diferença entre os condenados no inferno e os homens não regenerados e destituídos da graça neste mundo. Não é que os homens ímpios deste mundo tenham mais santidade ou verdadeira virtude do que os condenados, ou que, ao deixar este mundo, lhes seja infundido qualquer princípio de iniquidade,

Jonathan Edwards

e, sim, que, quando os homens são lançados no inferno, Deus tira absolutamente deles o Seu Espírito, assim como todas as Suas influências comuns e misericordiosas, e retira inteiramente deles todas as restrições colocadas por Seu Espírito e pela boa providência.

FILHOS DA IGREJA

Grande é este mistério,
mas eu me refiro a Cristo e à igreja.
EFÉSIOS 5:32

Que os filhos da Igreja devam casar-se com ela como um jovem se casa com uma virgem é um mistério não muito diferente de outros contidos na Palavra de Deus no que se refere ao relacionamento entre Cristo e Seu povo, e do Seu povo com Ele e uns com os outros. Cristo é o Senhor de Davi e, ainda assim, seu Filho e também sua Raiz e Descendência. Cristo é o Filho nascido e o Filho dado e, ainda assim, o Pai eterno. A Igreja é a mãe de Cristo e, ainda assim, Sua irmã e Seu irmão. Os ministros são os filhos da Igreja e, contudo, são seus pais. O apóstolo fala de si mesmo como pai dos membros da igreja de Corinto e também como mãe dos gálatas, sofrendo dores de parto por eles (GÁLATAS 4:19).

Cristo é o Filho nascido e o Filho dado e,
ainda assim, o Pai eterno.

LIVRE GRAÇA

Mas, pela graça de Deus, sou o que sou;
e a sua graça, que me foi concedida,
não se tornou vã; antes, trabalhei muito mais
do que todos eles; todavia, não eu,
mas a graça de Deus comigo.

1 CORÍNTIOS 15:10

A graça de Deus em conceder esse presente é mais livre. Deus não tinha obrigação alguma de concedê-la. Ele poderia ter rejeitado o homem caído, como fez com os anjos caídos. Nunca fizemos qualquer coisa para merecê-la; foi dada enquanto ainda éramos inimigos e antes de havermos nos arrependido. Partiu do amor de Deus, que não via em nós excelência para atraí-la, e sem expectativa de jamais receber retribuição por ela. E é por mera graça que os benefícios de Cristo são aplicados a umas e outras pessoas específicas. Os que são chamados e santificados devem atribuir isso unicamente ao beneplácito da bondade de Deus, pela qual são distinguidos. Ele é soberano e tem misericórdia de quem Ele quiser ter misericórdia.

Deus é soberano e tem misericórdia de quem
Ele quiser ter misericórdia.

Jonathan Edwards

O COMPRADOR E O PREÇO

*Exorta aos ricos do presente século
que não sejam orgulhosos, nem depositem
a sua esperança na instabilidade
da riqueza, mas em Deus, que tudo
nos proporciona ricamente para
nosso aprazimento...*
1 TIMÓTEO 6:17

Nossas bênçãos são o que temos por meio da compra; e a compra é feita de Deus, as bênçãos são compradas dele, e Deus concede o comprador; e não só isso, mas Deus é o comprador. Sim, Deus é o comprador e também o preço, porque Cristo, que é Deus, comprou essas bênçãos para nós, oferecendo-se como preço da nossa salvação. Ele comprou a vida eterna pelo próprio sacrifício: "...a si mesmo se ofereceu" (HEBREUS 7:27) e "...se manifestou uma vez por todas, para aniquilar, pelo sacrifício de si mesmo, o pecado" (HEBREUS 9:26). De fato, a natureza humana foi oferecida, mas era a mesma pessoa com o divino e, portanto, foi um preço infinito.

Sim, Deus é o comprador e também o preço.

Jonathan Edwards

A ASCENSÃO DE CRISTO

*Aquele que desceu é também
o mesmo que subiu acima de todos os céus,
para encher todas as coisas.*

EFÉSIOS 4:10

Cristo aparece gloriosamente exaltado acima de todo o mal em Sua ressurreição e ascensão ao Céu. Ao ressuscitar dos mortos, Ele apareceu acima da morte, que, embora o tivesse levado cativo, não conseguiu prendê-lo. Então, Ele surgiu acima do diabo. Em seguida, aquele Leviatã que o havia engolido foi forçado a vomitá-lo novamente, assim como os filisteus que haviam capturado a arca foram obrigados a devolvê-la. Dagom estava caído diante dela, com a cabeça e as mãos quebradas, permanecendo somente os cotos. Assim, Cristo apareceu acima da nossa culpa, pois foi justificado em Sua ressurreição. Em Sua ressurreição, Ele apareceu acima de toda aflição, porque, embora tenha sido sujeitado a muita aflição e oprimido por ela, emergiu dela vitorioso, para nunca mais lutar contra qualquer outro sofrimento.

*Cristo aparece gloriosamente
exaltado acima de todo o mal em Sua ressurreição
e ascensão ao Céu.*

Jonathan Edwards

EXALTADOS EM CRISTO

Em todas estas coisas, porém,
somos mais que vencedores, por meio
daquele que nos amou.
ROMANOS 8:37

As pessoas que têm parte em Cristo têm bom motivo para gloriarem-se em seu Redentor! Elas são frequentemente assediadas por muitos males, e muitos inimigos poderosos as cercam por todos os lados, com a boca aberta pronta para devorá-las por meio de culpa e de morte. Porque, por seu Redentor ser poderoso e tão exaltado acima de todo o mal, também elas serão exaltadas nele. Elas são agora, em certo sentido, assim exaltadas porque nada pode feri-las. Cristo as carrega como em asas de águia, quase fora do alcance de todos os males, a fim de que estes não possam se aproximar delas para causar-lhes dano real. E, em pouco tempo, elas serão levadas para tão longe do seu alcance que tais males serão eternamente incapazes de molestá-las.

Cristo carrega Seus salvos como em asas de águia,
quase fora do alcance de todos os males.

Jonathan Edwards

O LIVRO DE INSTRUÇÕES

...e conhecereis a verdade, e a verdade vos libertará.

JOÃO 8:32

Deus nos deu a Bíblia, que é um livro de instruções. Porém, esse livro não nos poderá trazer qualquer tipo de proveito se não transmitir à mente algum conhecimento: ele não poderá nos beneficiar mais do que se estivesse escrito no idioma chinês ou tártaro, do qual não conhecemos uma única palavra. Assim, os sacramentos do evangelho só podem ter um efeito adequado se transmitirem algum conhecimento. Eles representam certas coisas por meio de sinais visíveis. E qual é a finalidade dos sinais senão transmitir algum conhecimento acerca das coisas significadas? Assim é a natureza do homem o qual coisa alguma consegue chegar ao coração se não for pela porta do entendimento; e não pode haver conhecimento espiritual daquilo em que não há, primeiramente, um conhecimento racional. É impossível alguém enxergar a verdade ou a excelência de qualquer doutrina do evangelho se não souber em que consiste essa doutrina. Um homem é incapaz de enxergar a maravilhosa excelência e o amor de Cristo no fazer isso e aquilo pelos pecadores, a menos que seu entendimento seja, primeiramente, informado de como essas coisas foram feitas. Ele não consegue saborear a doçura e a excelência da verdade divina se, primeiramente, não tiver uma noção da existência de tal coisa.

Jonathan Edwards

O CAMINHO DA OBEDIÊNCIA

*Não sabeis que daquele a quem vos ofereceis
como servos para obediência, desse mesmo
a quem obedeceis sois servos, seja do pecado
para a morte ou da obediência para a justiça?*
ROMANOS 6:16

Nós devemos prosseguir no caminho da obediência a todos os mandamentos de Deus, tanto os difíceis quanto os fáceis, negando todas as nossas inclinações e os interesses pecaminosos. O caminho para o Céu é ascendente; precisamos nos contentar com viajar morro acima, embora seja difícil, cansativo e contrário à tendência natural da nossa carne. Devemos seguir a Cristo; Ele percorreu o caminho certo para o Céu. Nós devemos tomar a nossa cruz e segui-lo, em mansidão e humildade de coração, obediência e caridade, diligência em fazer o bem e paciência em meios às aflições. O caminho para o Céu é de vida celestial; uma imitação daqueles que lá já estão, em seus santos deleites, amando, adorando, servindo e louvando a Deus e ao Cordeiro. Mesmo que *pudéssemos* ir para o Céu satisfazendo as nossas luxúrias, deveríamos preferir o caminho de santidade e conformidade às regras espirituais de abnegação contidas no evangelho.

*Devemos seguir a Cristo; Ele percorreu
o caminho certo para o Céu.*

Jonathan Edwards

ESPANTO E HORROR

*No inferno, estando em tormentos,
levantou os olhos e viu ao longe a Abraão
e Lázaro no seu seio.*
LUCAS 16:23

No dia do julgamento, os santos em glória à direita de Cristo verão, à esquerda, os ímpios espantados e horrorizados e ouvirão o juiz pronunciar a sentença sobre eles, dizendo: "Apartai-vos de mim, malditos, para o fogo eterno, preparado para o diabo e seus anjos" (MATEUS 25:41); e os verão ir para o castigo eterno. Porém, a Escritura parece nos anunciar que os santos não apenas verão o sofrimento dos iníquos no dia do juízo, mas... que o estado dos condenados no inferno será visível aos habitantes celestiais; que os dois mundos, o da felicidade e o do sofrimento, se verão mutuamente. Embora não saibamos por que meio, nem de que maneira, isso acontecerá. Certamente as Escrituras nos levam a pensar que, de uma forma ou de outra, um terá uma apreensão direta e imediata do estado do outro. Os santos em glória verão como os condenados são atormentados; eles verão as ameaças de Deus sendo cumpridas e Sua ira executada sobre os que foram condenados (MATEUS 25:41).

Jonathan Edwards

UM DILÚVIO DE IRA

*Beijai o Filho para que se não irrite,
e não pereçais no caminho; porque dentro
em pouco se lhe inflamará a ira.
Bem-aventurados todos os que nele se refugiam.*
SALMO 2:12

Se, às vezes, algumas gotas de ira perturbam tanto a mente dos homens deste mundo, de modo a ser mais terrível do que o fogo ou qualquer tormento corporal, quão terrível será um dilúvio de ira! Quão terrível será quando todas as poderosas ondas da ira de Deus passarem sobre eles! Toda capacidade da alma estará repleta de ira e todas as partes do corpo estarão repletas de fogo. Após a ressurreição, o corpo será lançado naquela grande fornalha, que será tão grande que queimará o mundo inteiro. Estes céus inferiores, este ar e esta Terra se tornarão uma grande fornalha, que queimará a Terra até o seu centro. Nessa fornalha, os corpos dos ímpios jazerão toda a eternidade, contudo vivos e sem qualquer diminuição de sua sensação de dor e tormento. Ó, quão repletos desse fogo de tão inconcebível ferocidade estarão o coração, os órgãos vitais, o cérebro, os olhos, a língua, as mãos e os pés! Quão repleto desse fogo estará todo membro, todo osso, toda veia e todo nervo! Certamente, é uma coisa terrível cair nas mãos do Deus vivo. Quem pode suportar tal ira? Uma pequena quantidade dela é suficiente para nos destruir.

Jonathan Edwards

PECADORES DESPERTOS

*Por isso, estás cercado de laços,
e repentino pavor te conturba*

JÓ 22:10

O pecado é a doença da alma e, se a alma não estiver anestesiada, uma doença como essa causará dor excessiva. O pecado traz culpa e esta traz condenação e ira. Todo esse problema surge da convicção do pecado. Os pecadores despertos estão convencidos de que são pecadores. Anteriormente, o pecador pensava bem de si mesmo ou não estava convencido de ser muito pecador. Agora, porém, ele é levado a, primeiramente, refletir sobre o que fez, quão iniquamente passou seu tempo, de quais atos perversos ou práticas foi culpado. Depois, no progresso de seu despertar, ele se torna consciente de uma parte do pecado e do flagelo de seu coração. Os pecadores são conscientizados da culpa e ira trazidas pelo pecado. As ameaças da Lei de Deus encontram morada, e eles se conscientizam de que Deus está irado e de que Sua ira é terrível. Eles são levados a considerar o horror da punição que Deus ameaçou. O sentimento ou princípio operante para causar esse problema é o medo. Eles temem a punição do pecado e da ira de Deus por si. Comumente, têm medo de muitas coisas deste mundo decorrentes de pecado. Eles temem que Deus não ouça suas orações, que esteja tão zangado com eles que nunca lhes dará a graça da conversão. Frequentemente, temem ter cometido o pecado imperdoável ou, no mínimo, terem sido culpados de um pecado que Deus jamais perdoará; que o dia deles se foi e que Deus os entregou à dureza judicatória do coração e à cegueira da mente. Ou, se ainda não foram entregues a essa dureza, temem que venham a ser.

Jonathan Edwards

INFINITAS RIQUEZAS

*...porque todo o que é nascido
de Deus vence o mundo; e esta é a vitória
que vence o mundo: a nossa fé.*

1 JOÃO 5:4

Os santos têm um alicerce de indizíveis conforto e alegria devido às suas riquezas. Eles têm riquezas verdadeiras e infinitas. Eles são os possuidores e herdeiros de algo real e substancial, e que é digno de ser chamado pelo nome de riquezas. As coisas que eles possuem são excelentes, mais preciosas do que ouro e do que rubis; todas as coisas desejáveis deste mundo não conseguem igualar-se a elas, e os santos têm o suficiente delas. As riquezas que eles têm, dadas por Deus, são inesgotáveis. São suficiente para eles, não têm fim. Os santos em Cristo têm uma fonte de infinito bem para seu conforto, contentamento e alegria, porque Deus se entregou a eles para ser sua porção, e Ele é um Deus de glória infinita. Há no Senhor glória suficiente para envolver a contemplação deles para todo o sempre, sem jamais ser saciada. E Deus é também uma fonte infinita de amor, porque Ele é amor; sim, um oceano de amor sem limites, nem fundo! O glorioso Filho de Deus lhes pertence; o Ser adorável que, desde toda a eternidade, foi o deleite de Deus, regozijando-se sempre diante dele. Toda a Sua beleza é a porção deles, e o amor que o levou à morte lhes pertence, o Seu próprio coração lhes pertence, e Sua glória e felicidade no Céu são deles, na medida em que a capacidade deles lhes permita participar disso; porque Ele lhes prometeu isso e tomou posse disso em nome deles. E os santos são também ricos no princípio que está neles. Eles têm riquezas interiores que levam em seu próprio coração. Eles são ricos em fé.

Jonathan Edwards

COMO TORRENTES DE ÁGUAS

*Cada um servirá de esconderijo
contra o vento, de refúgio contra a tempestade,
de torrentes de águas em lugares secos
e de sombra de grande rocha em terra sedenta.*

ISAÍAS 32:2

Os justos serão como "torrentes de águas em lugares secos". Essa é uma alusão aos desertos da Arábia, que é um país extremamente quente e seco. É possível viajar ali muitos dias e não ver qualquer sinal de rio, riacho ou nascente, nada além de um deserto seco e ressequido, de modo que os viajantes estão prontos para serem consumidos pela sede, como os filhos de Israel quando estavam naquele deserto, ao estarem fracos por não haver água. Ora, quando um homem encontra Jesus Cristo, ele é como alguém que tem viajado naqueles desertos até estar quase consumido pela sede e que, finalmente, encontra uma torrente de água fresca e límpida. E Cristo foi tipificado pela torrente de águas que saiu da rocha para os filhos de Israel naquele deserto; Ele é comparado a um rio por possuir em si tanta abundância e plenitude.

*Os justos serão como "torrentes de águas
em lugares secos".*

Jonathan Edwards

CRISTO CHORA

Jesus chorou.
JOÃO 11:35

Jesus chorava com os que choravam; e, de fato, foi mera piedade que o trouxe ao mundo e o induziu não apenas a derramar lágrimas, mas a derramar Seu sangue. Ele o derramou como água sobre a Terra, por compaixão pelos pobres e sofredores filhos dos homens. Quando foi que lemos acerca de alguém que, enquanto Jesus esteve na Terra, foi até Ele em busca de piedade ou ajuda, com o coração pesado ou qualquer tipo de tristeza ou angústia, e não foi recebido com gentileza e compaixão? E Cristo tem a mesma compaixão agora de quando ascendeu à glória; ainda há o mesmo encorajamento para que os aflitos derramem suas tristezas diante dele.

Cristo tem a mesma compaixão agora do que quando ascendeu à glória.

Jonathan Edwards

ANDE EM DIGNIDADE

*...a fim de viverdes de modo digno do Senhor,
para o seu inteiro agrado, frutificando em toda boa obra
e crescendo no pleno conhecimento de Deus...*
COLOSSENSES 1:10

Os cristãos devem cuidar para andarem de uma maneira que não desonre sua linhagem. Você pertence a uma linhagem muito honrada, muito mais honrada do que se fosse descendente de reis e tivesse sangue real em suas veias; você é parte de uma descendência celestial, a semente de Jesus Cristo, os filhos de Deus. As pessoas de origem nobre tendem a valorizar-se muito com base na honra de suas famílias, a apoiar-se em seus títulos, seus brasões e suas insígnias de honra e a recontar as façanhas de seus ilustres antepassados. Quão mais cuidadoso você deve ser quanto à honra da sua descendência, de modo a em nada se comportar de maneira indigna do grande Deus, o eterno e onipotente Rei do Céu e da Terra, de cuja descendência você faz parte!

Você pertence a uma linhagem muito honrada, muito mais honrada do que se fosse descendente de reis.

INEXPRIMÍVEL GRAÇA

...no qual temos a redenção,
pelo seu sangue, a remissão dos pecados,
segundo a riqueza da sua graça...
EFÉSIOS 1:7

Deus é o soberano determinador de Seu próprio favor e bênção: Ele pode concedê-los a quem quiser e do modo que lhe agradar. Nenhum de nós pode desafiar qualquer direito à graça de Deus. Temos, em grande parte, merecido dele o contrário. Em nosso primeiro estado de inocência, Ele poderia conceder Seus favores e generosidades simplesmente da maneira que lhe agradasse; poderia estabelecer as condições que quisesse, por ser Senhor absoluto sobre nós. Muito mais agora, por termos pecado e Sua justiça nos fazer infinitas exigências, Ele estar disposto a ser gracioso conosco de qualquer modo é graça maravilhosa e inexprimível.

Deus é o soberano determinador
de Seu próprio favor e bênção.

Jonathan Edwards

VIVENDO POR FÉ

*...visto que a justiça de Deus se revela
no evangelho, de fé em fé, como está escrito:
O justo viverá por fé.*

ROMANOS 1:17

É desígnio de Deus que o Seu povo viva por fé e não por vista, porquanto, se Deus concedesse graça aos homens de uma maneira miraculosa sem eles terem usado meio algum, não haveria o exercício de fé que existe agora em crer que o Senhor é o autor de toda a graça. Agora, Deus age secretamente no coração dos homens; Seu poder é interior e não é visto pelo mundo, e frequentemente não é visto por seu destinatário senão por fé. Porém, se os homens fossem tomados em um momento em sua plena carreira de pecado, em grosseira ignorância, trevas e paganismo, sem a pregação ou o ouvir do evangelho ou a leitura da Palavra ou qualquer instrução externa, ou usando quaisquer meios próprios ou outra pessoa usando com eles qualquer meio; se a todos a quem tivesse sido concedida a graça de Deus ocorresse isso e eles devessem ser imediatamente tomados, instruídos e feitos crer, e estar sob o governo das doutrinas do evangelho, deste modo deixaria de ser uma questão de fé que essas coisas não fossem de nós mesmos.

Jonathan Edwards

VENDO DEUS EXALTADO

*Vive o S*ENHOR*, e bendita seja
a minha rocha! Exaltado seja o Deus
da minha salvação...*
SALMO 18:46

Os piedosos se deleitam em ver Deus exaltado. Eles amam ver Deus reinando no trono de Sua glória, exaltado nas alturas. Eles amam que o Senhor cumpra Sua vontade e prazer nos exércitos do Céu e entre os habitantes da Terra. Eles amam que o Senhor faça simplesmente o que lhe agrada. Alegram-se por Deus ser o governante do mundo; para eles, Deus reinar é uma consideração feliz e alegre. Isso foi descrito como uma alegre notícia para os piedosos. "Que formosos são sobre os montes os pés do que anuncia as boas-novas, que faz ouvir a paz, que anuncia coisas boas, que faz ouvir a salvação, que diz a Sião: O teu Deus reina!" (ISAÍAS 52:7).

Os piedosos se deleitam em ver Deus exaltado.

Jonathan Edwards

OS CAMINHOS JUSTOS DE DEUS

...Não fará justiça o Juiz de toda a terra?
GÊNESIS 18:25

As obras de Deus revelam plenamente que Seu conhecimento e poder são infinitos, pois Aquele que fez todas as coisas a partir do nada e sustenta, governa e administra tudo a todo momento, em todas as Eras, sem se cansar, precisa ter poder infinito. Ele precisa também ter conhecimento infinito, porque, se fez todas as coisas e as sustenta e governa continuamente, segue-se que conhece e vê perfeitamente todas as coisas, grandes e pequenas, no Céu e na Terra, continuamente em um único relance, o que não pode ocorrer sem um conhecimento infinito. Sendo assim infinito em conhecimento e poder, Ele deve também ser perfeitamente santo, porque a impiedade sempre acarreta algum defeito, alguma cegueira. Onde não há trevas ou ilusão não pode haver impiedade. É impossível a iniquidade ser consistente com a luz infinita. Sendo infinito em poder e conhecimento, Deus só pode ser autossuficiente e totalmente suficiente. Portanto, é impossível Ele estar sujeito a qualquer tentação de fazer algo impróprio, pois não pode haver propósito em fazê-lo. Quando alguém é tentado a errar, é para fins egoístas. Porém, como pode um Ser totalmente suficiente, a quem nada falta, ser tentado a fazer o mal por objetivos egoístas? Assim, esse Deus é essencialmente santo e nada é mais impossível do que Ele fazer algo impróprio.

Deus é perfeitamente santo.

Jonathan Edwards

MILAGRES

*Quando, porém, vier o que é perfeito,
então, o que é em parte será aniquilado.*
1 CORÍNTIOS 13:10

Deus não planejou que os milagres continuassem sempre ocorrendo no mundo. Os milagres servem somente para introduzir a verdadeira religião no mundo, para acompanhar a revelação e promulgar inicialmente a Palavra de Deus por aqueles a quem ela foi revelada por inspiração, a fim de confirmar ao mundo que foi uma revelação divina. Agora, entretanto, quando a verdadeira religião já foi introduzida há muito tempo e o cânone das Escrituras foi completado, o uso de milagres na Igreja cessa.

*Os milagres servem somente para introduzir
a verdadeira religião no mundo.*

Jonathan Edwards

CALOR E LUZ

*...eles têm zelo por Deus,
porém não com entendimento.*
ROMANOS 10:2

As afeições santas não são calor sem luz; pelo contrário, sempre surgem de alguma informação do entendimento, alguma instrução espiritual recebida pela mente, alguma luz ou real conhecimento. O filho de Deus é graciosamente afetado porque vê e entende algo mais das coisas divinas do que antes, mais de Deus ou de Cristo e das coisas gloriosas exibidas no evangelho. Ele tem uma visão mais clara e melhor do que tinha anteriormente, quando não havia sido afetado; ele recebe algum novo entendimento das coisas divinas ou seu conhecimento anterior é renovado após a visão haver enfraquecido: "Todo aquele que ama [...] conhece a Deus" (1 JOÃO 4:7); "E também faço esta oração: que o vosso amor aumente mais e mais em pleno conhecimento e toda a percepção" (FILIPENSES 1:9). ...O conhecimento é a chave que, primeiramente, abre o coração endurecido, amplia as afeições e abre o caminho para os homens entrarem no reino do Céu.

Jonathan Edwards

MARAVILHOSA SABEDORIA

*...mas falamos a sabedoria
de Deus em mistério, outrora oculta,
a qual Deus preordenou desde
a eternidade para a nossa glória...*
1 CORÍNTIOS 2:7

Deus demonstrou uma maravilhosa sabedoria em Sua revelação gradual do evangelho no mundo. Primeiramente, de maneira misteriosa em modelos. E revelando primeiramente aos judeus e, depois, rejeitando-os e revelando aos gentios; depois disso, chamando novamente os judeus e, com eles, trazendo a plenitude dos gentios. Essa sabedoria foi tão maravilhosa que fez o apóstolo Paulo declarar: "Ó profundidade da riqueza, tanto da sabedoria como do conhecimento de Deus! Quão insondáveis são os seus juízos, e quão inescrutáveis, os seus caminhos! Quem, pois, conheceu a mente do Senhor? Ou quem foi o seu conselheiro? Ou quem primeiro deu a ele para que lhe venha a ser restituído? Porque dele, e por meio dele, e para ele são todas as coisas. A ele, pois, a glória eternamente. Amém!" (ROMANOS 11:33-36).

Quem, pois, conheceu a mente do Senhor?

Jonathan Edwards

ATRIBUINDO GLÓRIA A DEUS

*...não duvidou, por incredulidade,
da promessa de Deus; mas, pela fé,
se fortaleceu, dando glória a Deus...*
ROMANOS 4:20

O piedoso gosta de atribuir a Deus a glória por quem ele é, tem e faz. O cristão se deleita em dar a Deus o louvor por tudo que tem, é e desfruta, em reconhecer que tudo vem de Deus e tudo é fruto de Sua benignidade, e que não é devido a si mesmo, ou à sua própria força que o conquista, ou o seu próprio mérito que o leva a merecê-la, mas unicamente à misericórdia de Deus por estar disposto a lhe dar e ao Seu poder por alcançá-la. Assim, o piedoso ama dar a Deus a glória por todas as suas coisas temporais, até mesmo seus prazeres comuns. Ele não é como alguns, que vivem continuamente da generosidade de Deus e não consideram a quem eles devem isso, nem o louvando sinceramente uma única vez. Pelo contrário, a especial alegria de seu coração é dar a Deus toda a glória por seus prazeres espirituais: ama dar-lhe todo o louvor por sua redenção e salvação; admira a bondade de Deus em elegê-lo desde toda a eternidade; admira que, por Sua distintiva bondade, ele tenha sido escolhido dentre tantos para ser feito vaso de honra e recebedor de glória. Surpreende-se pela bondade de Deus em enviar Seu Filho para redimi-lo. Também se admira por Sua graça em chamá-lo a Cristo por intermédio do Seu Espírito Santo. Ele se deleita em reconhecer que sua conversão não se deve, de modo algum, a si mesmo, mas unicamente à graça de Deus.

O piedoso gosta de atribuir a Deus a glória por quem ele é.

Jonathan Edwards

O TESTAMENTO DE CRISTO

*...por isso mesmo, Jesus se tem tornado
fiador de superior aliança.*

HEBREUS 7:22

A aliança entre Cristo e Seus filhos é semelhante a um testamento, também nesse sentido, de que ela se torne efetiva, e um caminho é traçado para colocá-la em execução, unicamente por Sua morte, como o apóstolo observa ocorrer com um testamento entre os homens — "pois um testamento só é confirmado no caso de mortos; visto que de maneira nenhuma tem força de lei enquanto vive o testador" (HEBREUS 9:17). Porque, embora a aliança da graça realmente vigorasse antes da morte de Cristo, só vigoraria por Sua morte, de modo que Sua morte interveio de maneira prática já havendo sido intentada e empenhada. Assim como os herdeiros de um homem só têm acesso aos bens que lhes são legados pela morte do testador, os homens só têm acesso à herança espiritual e eterna pela morte de Cristo. Se não fosse por Sua morte, eles nunca poderiam tê-la obtido.

Jonathan Edwards

VENDO A GLÓRIA DE CRISTO

*Amados, agora, somos filhos de Deus,
e ainda não se manifestou o que haveremos de ser.
Sabemos que, quando ele se manifestar,
seremos semelhantes a ele, porque haveremos
de vê-lo como ele é.*

1 JOÃO 3:2

Quando os santos virem a glória e exaltação de Cristo no Céu, o coração deles será, de fato, tomado pela maior admiração e respeito de adoração; isso não os intimidará afastando-os, servirá somente para aumentar sua surpresa e alegria quando descobrirem Cristo complacente em admiti-los a um acesso tão íntimo e comunicando-se com eles de maneira tão livre e plena. De modo que, se escolhermos a Cristo como nosso amigo e porção, no porvir seremos recebidos por Ele para que nada impeça o mais pleno usufruir dele para satisfazer aos maiores anseios de nossa alma. Poderemos saciar plenamente o nosso apetite espiritual por esses prazeres sagrados. Então, Cristo dirá, como em Cântico dos Cânticos 5:1: "...Comei e bebei, amigos; bebei fartamente, ó amados". E esse será o nosso entretenimento durante toda a eternidade! Tal felicidade jamais terá fim nem haverá algo que interrompa o nosso regozijo, ou, no mínimo, nos aborreça!

Jonathan Edwards

LUZ ESPIRITUAL

*Ora, o homem natural não aceita
as coisas do Espírito de Deus, porque lhe são
loucura; e não pode entendê-las, porque
elas se discernem espiritualmente.*

1 CORÍNTIOS 2:14

A luz espiritual e divina não consiste em qualquer impressão exercida sobre a imaginação. Ela não é uma impressão na mente, como se alguém visse algo com os olhos do corpo; não é uma imaginação ou ideia de uma luz ou glória exterior, ou qualquer beleza de forma ou semblante, ou um brilho ou luminosidade visível de algum objeto. A imaginação pode ser fortemente impressionada por tais coisas, mas isso não é luz espiritual. De fato, quando a mente tem uma descoberta vívida de coisas espirituais e é imensamente afetada pelo poder da luz divina, isso pode afetar muito a imaginação e, provavelmente, muito comumente o faz, para que impressões de uma beleza ou luminosidade exterior possam acompanhar tais descobertas espirituais. Porém, a luz espiritual não é essa impressão sobre a imaginação, e, sim, algo extremamente diferente dela. Os homens naturais podem ter impressões vívidas em sua imaginação, e não podemos determinar isso. Porém, o diabo, que se transforma em anjo de luz, pode causar imaginações de uma beleza exterior, ou glória visível, e de sons, falas e outras coisas semelhantes, mas essas são coisas de uma natureza profundamente inferior à luz espiritual.

Jonathan Edwards

A IMPOTÊNCIA DA MORTE

...Onde está, ó morte, o teu aguilhão?
1 CORÍNTIOS 15:55

A morte não somente é incapaz de destruir um cristão, mas também de feri-lo; Cristo o leva em asas de águia para o alto, fora do alcance da morte. No tocante a ele, a morte é desarmada de seu poder e todo cristão pode dizer: "Onde está, ó morte, o teu aguilhão?". Anteriormente, a morte era, de fato, um inimigo terrível, mas, agora, tornou-se fraca. Ela esgotou todas as suas forças em Cristo; matando-o, ela se matou; então, foi vencida e, agora, não tem poder para ferir os Seus seguidores. Agora, a morte é apenas a sombra do que teria sido se Cristo não a houvesse vencido; ela já foi um leão, mas agora é apenas um carneirinho. Um bom homem pode, de fato, ser assediado pelo medo da morte e ficar muito aterrorizado ao passar pelo vale da sombra da morte, mas isso não é um fundamento justo para terror e, se os santos ficam atemorizados, é somente por sua fraqueza e trevas. Assim como uma criança tem medo do escuro onde não há perigo, pelo fato de ser criança, também um bom homem pode ficar atemorizado pela terrível aparência da morte. Porém, descobrirá que essa aparência horrível é apenas uma sombra, que pode assim parecer, mas nada pode fazer de terrível. Por fraqueza dos santos, a morte pode incomodá-los e preocupá-los, mas não é capaz de destruir o fundamento que eles têm para conforto e apoio. Quando a morte chega a um homem iníquo, todas as coisas sobre as quais ele construiu seu conforto falham, seu alicerce é inundado por um dilúvio (JÓ 22:16). Porém, o alicerce da paz e do conforto do homem piedoso não é abalado em tempos como esse.

Jonathan Edwards

PRECIOSO PARA O PAI

*Para vós outros, portanto,
os que credes, é a preciosidade...*
1 PEDRO 2:7

Cristo é uma pessoa tão preciosa para o Pai que quem está em Cristo não precisa ficar enciumado por ser aceito por causa dele. Se Jesus é aceito, os que nele creem devem obrigatoriamente ser aceitos, porque estão em Cristo como membros, como partes, como o mesmo. Eles são o corpo de Cristo, Sua carne e Seus ossos. As pessoas que estão em Jesus são um só espírito; portanto, se Deus ama Jesus, deve necessariamente aceitar os que estão nele e que são dele. Porém, Cristo é uma pessoa extremamente preciosa para o Pai; o amor do Pai pelo Filho é realmente infinito. Deus ama necessariamente o Filho; Deus deixará de amar o Filho tanto quanto deixará de existir. Jesus é o eleito de Deus, em quem Sua alma se deleita; Cristo é o Seu Filho amado, de quem Ele se agrada; Ele o amou antes da fundação do mundo e teve infinito prazer nele desde toda a eternidade. Uma consciência aterrorizada pode, portanto, ter aqui descanso e abundante satisfação por estar segura em Cristo e não haver o menor risco de não ser aceita, e por Deus estar em paz com ela em Cristo.

Jonathan Edwards

O CAMINHO PARA A GLÓRIA

*Humilhai-vos, portanto,
sob a poderosa mão de Deus,
para que ele, em tempo
oportuno, vos exalte...*
1 PEDRO 5:6

Esse é o caminho para ser levado à glória no porvir. Sim, quanto mais baixo você se colocar, pela humildade, neste mundo, mais será exaltado em glória no outro. Isso é tão agradável a Deus que não só atrai os olhos dele, mas mantém os Seus olhos fixos como se estivessem admirados e mantém a presença do Rei; sim, essa graça de humildade, esse elo da corrente das graças do noivo, não somente arrebata o Seu coração e traz luz, comunhão e todas as bênçãos espirituais ao cristão deste mundo, mas também faz que as portas do Céu e os braços de Deus se abram, atrai os rios de prazer e faz que a árvore da vida se curve para produzir seus frutos e que todas as bênçãos de Jerusalém fluam do alto sobre ele.

*Quanto mais baixo você se colocar,
pela humildade, neste mundo, mais será exaltado
em glória no outro.*

Jonathan Edwards

GUIADO PELO ESPÍRITO

*Pois todos os que são guiados
pelo Espírito de Deus são filhos de Deus.*
ROMANOS 8:14

A partir disso podemos aprender que um temperamento piedoso é indubitavelmente guiado pelo Espírito de Deus. É totalmente contrário à natureza humana amar humilhar-se. Ela se opõe a isso. Portanto, está muito além dos poderes da natureza levar o homem a essa disposição e fixá-la nele. Isso precisa ser, sem dúvida, obra sobrenatural do Espírito de Deus, por que o que mais pode levar um homem a amar se humilhar para que Deus seja exaltado? Certamente, ninguém, senão Aquele que formou a alma humana, pode alterar, transformar e colocar na alma do homem uma nova natureza tão contrária à disposição natural de todos os homens universalmente. Sim, dificilmente há no homem, por natureza, qualquer disposição mais forte do que aquela que é contrária a isso: a disposição para exaltar-se. Porém, os piedosos têm um temperamento que os faz não somente humilharem-se, mas também amarem, regozijarem-se e sentirem grande prazer nisso. Portanto, aí estão as indubitáveis marcas do dedo de Deus e as claras evidências dos efeitos de Seu Espírito Santo agindo poderosamente no coração do homem.

Jonathan Edwards

GRANDES AFEIÇÕES

Por isso, te digo: perdoados
lhe são os seus muitos pecados,
porque ela muito amou;
mas aquele a quem pouco
se perdoa, pouco ama.
LUCAS 7:47

Os que condenam grandes afeições nos outros certamente não são propensos a terem grandes afeições. E consideremos que certamente os que têm um mínimo de afeição religiosa têm um mínimo de religião. E os que condenam os outros por suas afeições religiosas e não as têm, não têm religião. Há afeições falsas e afeições verdadeiras. Um homem ter muita afeição não prova que ele tenha a verdadeira religião, mas, se ele não tem afeição, isso prova que não tem a verdadeira religião. O caminho certo não é rejeitar todas as afeições, nem aprovar todas, e, sim, distinguir entre elas, aprovando algumas e rejeitando outras; separando o trigo e o joio, o ouro e a escória, o precioso e o vil.

Jonathan Edwards

5 DE NOVEMBRO

VÁ A CRISTO

*Vinde a mim, todos os que estais
cansados e sobrecarregados,
e eu vos aliviarei.*

MATEUS 11:28

Vá a Cristo e aceite a salvação nesses termos. Você é convidado a ir a Cristo, aproximar-se dele sinceramente e confiar nele para a salvação; e, se você o fizer, terá o benefício desse glorioso plano. Você se beneficiará de tudo, como se tudo tivesse sido idealizado unicamente para você. Deus já planejou tudo que é necessário para a sua salvação e só falta o seu consentimento. Desde que tomou esse assunto da redenção dos pecadores em Suas próprias mãos, o Senhor fez uma obra completa; não a deixou para ser terminada por você. A reparação já foi feita, a justiça já está pronta; a morte e o inferno já foram vencidos. O Redentor já tomou posse da glória e a mantém em Suas mãos para concedê-la aos que forem a Ele. Houve muitas dificuldades no caminho, mas todas foram removidas. O Salvador já triunfou sobre todas e está à direita de Deus para dar vida eterna ao Seu povo. A salvação está disponível à sua porta e o Salvador se põe ali, bate e chama para que você lhe abra a porta a fim de que possa levá-la a você. Só falta o seu consentimento. Toda a dificuldade que agora resta está em seu próprio coração. Se você perecer agora, será inteiramente culpa sua. Só pode ser porque você não quis ir a Cristo para ter vida e porque virtualmente optou pela morte em vez da vida.

Você é convidado a ir a Cristo.

Jonathan Edwards

BUSCANDO AO SENHOR

*De lá, buscarás ao Senhor,
teu Deus, e o acharás, quando o buscares de todo
o teu coração e de toda a tua alma.*
DEUTERONÔMIO 4:29

Certamente, essa expressão de buscar ao Senhor é comumente usada para significar... que o próprio Deus é o grande bem desejado e buscado; que as bênçãos perseguidas são a graciosa presença de Deus, Suas benditas manifestações, a união e a intimidade com Ele; ou, em suma, as manifestações e mensagens de Deus por meio do Seu Espírito Santo. Era assim que o salmista desejava Deus, tinha sede dele e o buscava. "Ó Deus, tu és o meu Deus forte; eu te busco ansiosamente [...] meu corpo te almeja, como terra árida, exausta, sem água. Assim, eu te contemplo no santuário, para ver a tua força e a tua glória [...] A minha alma apega-se a ti..." (SALMO 63:1,2,8). "Quem mais tenho eu no céu? Não há outro em quem eu me compraza na terra" (SALMO 73:25). O salmista buscava ardentemente a DEUS, sua alma tinha sede dele; estendia as mãos para Deus (SALMO 143:6). E, portanto, nas Escrituras, o caráter peculiar dos santos é eles serem aqueles que buscam a Deus. "Tal é a geração dos que o buscam..." (SALMO 24:6). "...quanto a vós outros que buscais a Deus, que o vosso coração reviva" (SALMO 69:32). Se a expressão contida no texto for compreendida segundo esse sentido, devemos entender por buscar o Senhor dos exércitos como uma busca para que Deus, que havia se afastado ou, por assim dizer, se escondido durante um longo tempo, retornasse à Sua Igreja e concedesse os sinais e frutos de Sua graciosa presença e as benditas comunhões de Seu Espírito com o Seu povo e a humanidade na Terra, que Ele havia frequentemente prometido e a Sua Igreja havia esperado por muito tempo.

Jonathan Edwards

DEUS VINDICARÁ

Consome-os com indignação,
consome-os, de sorte que jamais existam e se saiba que reina
Deus em Jacó, até aos confins da terra.
SALMO 59:13

De um jeito ou de outro, Deus fará com que todos os homens conheçam a verdade das grandes coisas das quais Ele fala em Sua palavra, porque vindicará a Sua própria verdade. Ele se incumbiu de convencer todos os homens. Os que não se convencerem neste mundo pelos métodos gentis e graciosos que o Senhor usa agora com eles serão convencidos no porvir por meios severos. Se não forem convencidos pela salvação, serão convencidos pela condenação. Deus os fará saber que Ele é o Senhor e que Ele governa.

Deus os fará saber que Ele é o Senhor
e que Ele governa.

Jonathan Edwards

CULTIVANDO O TEMPO

*Tu os arrastas na torrente,
são como um sono, como a relva
que floresce de madrugada...*
SALMO 90:5

Aproveite bem o seu tempo do descanso proveniente de assuntos mundanos. Muitas pessoas têm grande quantidade desse tempo e todas possuem algum tempo. Se os homens estiverem dispostos a isso, esse tempo pode ser aproveitado para grande benefício. Quando estamos mais livres de cuidados com o corpo e assuntos de natureza externa, temos uma feliz oportunidade para a alma. Portanto, não gaste essas oportunidades de maneira improfícua, nem de modo a não ser capaz de prestar boas contas delas a Deus. Não as desperdice totalmente em conversas não proveitosas, ou distrações ou diversões inúteis. A distração deve ser usada somente como préstimo aos interesses. Somente esse tanto, e não mais, deve ser usado como o mais adequado à mente e ao corpo para a realização dos nossos chamados gerais e particulares. Você necessita aprimorar ao máximo todos os talentos, vantagens e oportunidades enquanto há tempo, porque logo será dito a seu respeito segundo o juramento do anjo em Apocalipse 10:5,6 — "Então, o anjo que vi em pé sobre o mar e sobre a terra levantou a mão direita para o céu e jurou por aquele que vive pelos séculos dos séculos, o mesmo que criou o céu, a terra, o mar e tudo quanto neles existe: Já não haverá demora...".

Jonathan Edwards

9 DE NOVEMBRO

CONVENCIDOS DA VERDADE

*...a quem, não havendo visto, amais;
no qual, não vendo agora, mas crendo, exultais
com alegria indizível e cheia de glória...*
1 PEDRO 1:8

Todas as pessoas agraciadas têm uma sólida, plena, perfeita e efetiva convicção da verdade das grandes coisas do evangelho. Elas não mais ficam divididas entre duas opiniões; as grandes doutrinas do evangelho deixam de ser coisas duvidosas, ou questões de opinião, que, embora prováveis, ainda são discutíveis; para tais pessoas, elas são pontos estabelecidos e determinados como indubitáveis e indiscutíveis, de modo que não tenham medo de arriscar tudo a respeito da sua verdade. Sua convicção é efetiva, de modo que as coisas grandiosas, espirituais, misteriosas e invisíveis do evangelho são influenciadas por coisas reais e certas; elas têm o peso e o poder das coisas reais no coração e, consequentemente, governam suas afeições ao longo de sua vida. No tocante a Cristo ser o Filho de Deus e Salvador do mundo, e das grandes coisas que Ele revelou acerca de si mesmo, de seu Pai e do mundo porvir, essas pessoas não apenas têm uma opinião predominante de que tais revelações são verdadeiras e, assim, concordam, como fazem em muitas outras questões de especulação duvidosa, mas veem tratar-se de verdades: seus olhos estão abertos, de modo que elas veem que realmente Jesus é o Cristo, o Filho do Deus vivo. E, quanto às coisas que Cristo revelou a respeito dos eternos propósitos e desígnios de Deus sobre o homem caído e às coisas gloriosas e eternas preparadas para os santos no mundo porvir, elas veem que tudo isso é fato e, portanto, têm grande peso e poder sobre seu coração, e influência sobre seus atos, até certo ponto devido à sua infinita importância.

Jonathan Edwards

BUSQUE OUTRA INCLINAÇÃO

*Porque o fim da lei é Cristo,
para justiça de todo aquele que crê.*
ROMANOS 10:4

Todos os que dependem de sua própria justiça sejam exortados a abrir mão do seu controle. Vocês veem quão distante estão do espírito daqueles que estão em estado de salvação. Estes não se deleitam e se orgulham de sua própria bondade e da bondade de suas obras, e, sim, deleitam-se no oposto. Eles não se esforçam para vestir os trajes de sua própria bondade, mas se apresentam a Deus em andrajos de mendigo, porque vão lhe implorar uma vestimenta: a justiça de Cristo. Eles prefeririam ser salvos gratuitamente, por meio da mera bondade e piedade, do que pelas obras que fazem; deleitam-se em tal caminho de salvação. Eles amam ter o coração quebrado por seus pecados; amam prostrar-se no pó e não se comprazem com pensamentos de autoexaltação. Com isso, os que dependem de sua própria justiça podem ver quanto estão longe de ter uma inclinação piedosa. Sejam, portanto, exortados a não esperarem salvação no estado em que se encontram agora, e, sim, procurarem outra inclinação e mudem de vida.

Jonathan Edwards

ARREPENDIMENTO EVANGÉLICO

*Produzi, pois, frutos
dignos de arrependimento...*
MATEUS 3:8

Por ser uma conversão ativa, o arrependimento evangélico não deve ser tratado como uma graça específica, própria e inteiramente distinta da fé, como parece ter sido tratada por alguns. O que é conversão senão a aproximação da alma pecadora e alienada a Cristo, ou o pecador ser levado a crer em Cristo? Esse exercício de alma em conversão referente ao pecado não pode ser excluído da natureza da fé em Cristo: na fé, ou aproximação de Cristo, há algo relacionado ao pecado, e esse algo é o arrependimento evangélico. Esse arrependimento, que nas Escrituras é denominado arrependimento para remissão de pecados, é o próprio princípio ou ação da mente denominado fé, por estar relacionado ao pecado. Justificar a fé em um Mediador relaciona-se a duas coisas: o pecado ou mal a ser rejeitado e do qual ser liberto; e o bem positivo a ser aceito e obtido pelo Mediador; por estar relacionado à primeira, é arrependimento evangélico ou arrependimento para remissão de pecados. Certamente, deve ser muito ignorante, ou pelo menos muito imprudente, quanto a todo o significado do evangelho quem pensa que o arrependimento pelo qual a remissão dos pecados é obtida possa ser concluído, quanto a tudo que lhe é essencial, sem qualquer referência a Cristo, ou aplicação da mente ao Mediador, o único que fez expiação pelo pecado. Certamente, uma parte tão grande da salvação quanto a remissão de pecados não será obtida sem buscar ou ir ao grande e único Salvador. É verdade que o arrependimento, em sua natureza abstrata mais geral, é apenas uma *tristeza* pelo pecado e seu abandono,

Jonathan Edwards

que é um dever da religião natural; porém, para o arrependimento evangélico, ou arrependimento para remissão de pecados, é mais do que imprescindível; a dependência da alma no Mediador para a libertação do pecado é a sua essência.

HABITANDO COM DEUS

*Andou Enoque com Deus e já não era,
porque Deus o tomou para si.*
GÊNESIS 5:24

Nosso desejo natural é não apenas ver as pessoas que amamos, mas nos relacionarmos com elas. Há provisão também para que nos relacionemos espiritualmente com Deus enquanto estivermos neste mundo e para que, no porvir, nos seja permitido nos relacionar com Cristo da maneira mais íntima possível. Nesse caminho de salvação, é feita a provisão para nos relacionarmos com Deus muito mais intimamente do que de outro modo seria possível, pois, agora Cristo está encarnado, compartilha nossa natureza. Ele se tornou um de nós, pelo que estamos em vantagem para um relacionamento imensamente mais livre e íntimo com Ele do que seria se Ele tivesse permanecido somente em Sua natureza divina e, assim, em uma natureza infinitamente distante de nós. Naturalmente, desejamos não apenas nos relacionar com as pessoas a quem amamos muito, mas também viver com elas. A provisão para isso é feita por meio de Cristo. Foi adquirido e proporcionado que habitemos com Deus em Sua própria morada no Céu, a casa do nosso Pai; vivendo para sempre na presença de Deus e à Sua destra.

Jonathan Edwards

CONFORMANDO-SE AO AMADO

Nós amamos porque ele nos amou primeiro.
1 JOÃO 4:19

O amor se inclina naturalmente para uma conformidade ao Amado: ter reproduzidas em si mesmo as excelências pelas quais Ele é amado. Nesse caminho da salvação, é feita provisão para que nós possamos ser conformados a Deus; para que sejamos transformados à mesma imagem. "E todos nós, com o rosto desvendado, contemplando, como por espelho, a glória do Senhor, somos transformados, de glória em glória, na sua própria imagem…" (2 CORÍNTIOS 3:18). E para que, no porvir, o vejamos como Ele é e sejamos semelhantes a Ele. O desejo natural do amor é fazer algo pelo amado, para seu prazer ou honra. Nesse caminho da salvação, é feita provisão também para que sejamos transformados em instrumentos para glorificar a Deus, promover o Seu reino aqui e glorificá-lo durante toda a eternidade.

Seremos transformados à imagem de Deus.

Jonathan Edwards

A SATISFAÇÃO DE CRISTO

*...o sangue de Jesus, seu Filho,
nos purifica de todo pecado.*
1 JOÃO 1:7

A satisfação de Cristo é igualmente suficiente para remover a maior e a menor culpa. Todos os pecados das pessoas que vão verdadeiramente a Deus em busca de misericórdia, sejam quais forem, são cancelados, se é verdadeiro o Deus que nos diz isso; e, se eles são anulados, certamente não é incrível que Deus esteja pronto para perdoá-los. De modo que, tendo Cristo feito plena reparação por todo pecado, ou tendo produzido uma reparação suficiente para todos, agora não é, de modo algum, inconsistente com a glória dos atributos divinos perdoar os maiores pecados daqueles que, da maneira correta, recorrem a Ele por isso. Agora, Deus pode perdoar os maiores pecadores sem prejuízo da honra de Sua santidade. A santidade de Deus não o obriga dar a mínima aprovação ao pecado, e, sim, o inclina a dar testemunhos adequados de Seu ódio por ele. Porém, tendo Cristo feito propiciação pelo pecado, agora Deus pode amar o pecador e não aprovar o pecado, por maior pecador que ele tenha sido. Deus haver derramado Sua ira sobre o próprio Filho querido quando este tomou sobre si mesmo a culpa foi um testemunho suficiente da Sua aversão ao pecado. Nada pode demonstrar melhor do que isso a aversão de Deus ao pecado. Não haveria testemunho tão grande disso se toda a humanidade tivesse sido eternamente condenada. Por intermédio de Cristo, Deus pode perdoar o maior pecador sem prejuízo à honra da Sua majestade. A honra da divina majestade requer reparação, mas os sofrimentos de Cristo cancelam totalmente a ofensa.

Jonathan Edwards

USANDO OS MEIOS

E, assim, a fé vem pela pregação,
e a pregação, pela palavra de Cristo.
ROMANOS 10:17

Todo encorajamento que uma pessoa pode extrair de sua própria diligência e constância no uso dos meios [da graça] não é farisaísmo, porque Deus revelou que essa é a forma costumeira pela qual Ele encontra os homens e os abençoa. As pessoas podem pensar e ter a Palavra de Deus como seu fundamento, que estão no caminho com muito maior probabilidade de obter a salvação usando desses meios do que se não usassem meio algum, e usando-os com diligência em vez de serem preguiçosas e parciais, e assim poderem obter encorajamento a partir de seus próprios esforços.

De fato, é farisaísmo quando os pecadores se encorajam como se Deus tivesse alguma obrigação para com eles porque eles usam os meios da graça, quer naturalmente ou por promessa. Porém, os piedosos que, com fidelidade e coração sincero, usam esses meios podem seguramente esperar o sucesso como resultado da promessa de Deus de que, daquele modo, crescerão em graça.

Os piedosos crescerão em graça.

Jonathan Edwards

TREVAS ESPIRITUAIS

Aguardava eu o bem,
e eis que me veio o mal; esperava a luz,
veio-me a escuridão.
JÓ 30:26

Se você há muito vive em trevas espirituais e sem a confortável presença de Deus, talvez esta seja a causa: você se queixa de ter pouca comunhão agradável com Deus; de parecer ter sido deixado e abandonado por Ele; de Deus parecer esconder-lhe a Sua face e raramente lhe dar as doces visões de Sua glória e graça; de parecer ter sido deixado tateando em trevas e vagando num deserto. Talvez você tenha se perguntado qual é o problema; você tem frequentemente clamado a Deus para poder receber a luz do Seu semblante, mas Ele não o escuta; e, por esse motivo, seus dias e noites são dolorosos. Porém, se, pelo que foi dito, você descobriu que vive em algum caminho de pecado, é muito provável que essa seja a causa, a raiz do seu mal. Acã, o perturbador que ofende a Deus, faz com que Ele se afaste e traga muitas nuvens de escuridão sobre a sua alma. Você ofende o Espírito Santo pelo modo como vive; e esse é o motivo pelo qual não recebe dele mais conforto.

Jonathan Edwards

FUJA DA IRA VINDOURA

*Dizia ele, pois, às multidões
que saíam para serem batizadas:
Raça de víboras, quem vos
induziu a fugir da ira vindoura?*

LUCAS 3:7

Você tem sido frequentemente exortado a fugir da "ira vindoura". Esse fogo devorador, essas chamas eternas, dos quais temos falado, são a ira vindoura. Você ouve falar desse fogo, dessas queimaduras e daquele medo que tomará e surpreenderá os pecadores em Sião no porvir; e como tem motivo para ser grato por só ouvir falar de tais coisas, por ainda não as sentir e por elas ainda não terem se apossado de você! Elas estão, por assim dizer, seguindo-o e se aproximando a cada dia mais. Essas chamas ardentes já estão acesas na ira de Deus; sim, a fúria e a ira do Deus Todo-Poderoso ardem contra você. Tudo lhe está pronto: aquela cova, com fogo e muita madeira; e a ira do Senhor, como uma torrente de enxofre, a acende.

Ló foi instado a sair de Sodoma com grande urgência e ordenado que se apressasse, corresse por sua vida e fugisse para as montanhas, para não ser consumido nas chamas que queimavam Sodoma e Gomorra. Porém, aquele incêndio era uma mera centelha perto do fogo devorador e das chamas eternas que representam perigo a você. Portanto, aproveite a oportunidade presente.

Jonathan Edwards

ODIANDO O PECADO

*O temor do Senhor consiste
em aborrecer o mal; a soberba,
a arrogância, o mau caminho
e a boca perversa, eu os aborreço.*

PROVÉRBIOS 8:13

Assim como o pecado é infinitamente odioso em sua natureza, ele também é imensamente terrível em sua tendência natural. A tendência de todo pecado é destruir a alma eternamente. Todo pecado carrega naturalmente em si o inferno! Portanto, todo pecado deve ser tratado por nós da mesma maneira como trataríamos algo infinitamente terrível. Se alguém comete o menor pecado, não necessariamente traz com este a ruína eterna, e isso se deve unicamente à livre graça e misericórdia de Deus para conosco, não à natureza e tendência do próprio pecado. Porém, certamente, não devemos ser descuidados em evitar o pecado, ou tudo que tende a ele, devido à gratuidade e grandeza da misericórdia de Deus para conosco, por meio da qual há esperança de perdão, porque isso seria, de fato, um abuso absolutamente ingrato e vil da misericórdia. Se ficássemos sabendo que, ao cometer voluntariamente algum pecado específico, seríamos condenados sem remédio ou saída, não temeríamos excessivamente cometê-lo? Não deveríamos ser muito atentos e cuidadosos em manter a maior distância daquele pecado e de tudo que pudesse nos expor a ele e tivesse alguma tendência de despertar nossas luxúrias ou de nos levar a cometer tal pecado? Consideremos, então, que, embora o próximo ato voluntário de pecado conhecido não resulte necessária e inevitavelmente em condenação certa, ainda assim, certamente, ele a merecerá. Dessa forma, realmente mereceremos

Jonathan Edwards

ser rejeitados, sem qualquer solução ou esperança; e somente devido à livre graça, ele não será, certa e irremediavelmente, seguido por tal punição. E seremos culpados de um abuso tão vil da misericórdia de Deus para conosco a ponto de sermos incentivados por ela a, com toda a coragem, nos expormos ao pecado?

VERDADEIRA PIEDADE

*Visto como, pelo seu divino poder, nos têm sido
doadas todas as coisas que conduzem à vida e à piedade,
pelo conhecimento completo daquele que
nos chamou para a sua própria glória e virtude...*
2 PEDRO 1:3

O princípio interior é uma comunicação de Deus, uma participação da natureza divina, Cristo vivendo no coração, o Espírito Santo habitando ali em união com as faculdades da alma como um princípio vital interior exercendo Sua própria natureza adequada no exercício dessas faculdades. Isso é suficiente para nos mostrar por que a verdadeira graça deve ter tal atividade, poder e eficácia. Não admira que o que é divino seja poderoso e eficaz, porque tem a onipotência ao seu lado. Se Deus habita no coração e está vitalmente unido a este, Ele demonstra que é Deus pela eficácia de Sua ação. Cristo não está no coração de um santo como em um sepulcro ou como um Salvador morto que nada faz, mas como em Seu templo e como alguém que ressuscitou dos mortos. Pois, no coração em que Cristo habita de maneira redentora, Ele revela-se pelo poder dessa vida eterna recebida por Sua ressurreição. Assim, todo santo é alvo do benefício dos sofrimentos de Cristo, e é dado a todo santo conhecer e experimentar o poder de Sua ressurreição. O Espírito de Cristo, que é a fonte imediata da graça no coração, é totalmente vida, totalmente poder, totalmente ação. Daí as afeições salvadoras, embora frequentemente não façam tanto barulho e exibição quanto as outras, têm em si solidez, vida e força secretas, pelas quais se apoderam e arrebatam o coração, levando-o a uma espécie de cativeiro, obtendo uma determinação plena e firme da vontade de Deus e da santidade.

Jonathan Edwards

UMA OCASIÃO DE GLÓRIA

Quem é o Rei da Glória?
O Senhor, forte e poderoso...
SALMO 24:8

Por esse artifício para a nossa redenção, a maior desonra a Deus é convertida numa ocasião para Sua maior glória. O pecado é algo pelo qual Deus é grandemente desonrado; a natureza de seu princípio é a inimizade contra Deus e o desprezo por Ele. E o homem, por sua rebelião, desonrou grandemente a Deus. Porém, pelo estratagema da nossa redenção, essa desonra se torna uma ocasião para a maior manifestação da glória de Deus. O pecado, o maior mal, é transformado numa ocasião para o maior bem. É da natureza de um princípio de pecado que ele busque destronar Deus, mas, por esse meio é criada uma ocasião para a maior manifestação da majestade real e da glória de Deus que jamais existiu. Pelo pecado, o homem insultou e desprezou a Deus, mas isso é transformado numa ocasião em que Ele aparece mais imensamente honrado. O pecado lança desprezo sobre a autoridade e a Lei de Deus, mas, pelo estratagema da nossa redenção, isso se torna a ocasião da maior honra feita àquela mesma autoridade e àquela mesma Lei. Foi uma honra maior para a Lei de Deus, Cristo sujeitar-se a ela e obedecê-la do que se toda a humanidade a houvesse obedecido. Para a autoridade de Deus, Cristo demonstrar tanto respeito e total sujeição a ela foi uma honra maior do que a perfeita obediência de todos os anjos do Céu. Por seu pecado, o homem demonstrou sua inimizade à santidade de Deus, mas isso se torna ocasião da maior manifestação da santidade de Deus. A santidade de Deus jamais apareceu em grau tão elevado quanto quando Ele executou vingança sobre Seu próprio Filho querido.

Jonathan Edwards

QUALIDADES DO CORAÇÃO

*No tocante a mim, confio
na tua graça; regozije-se o meu
coração na tua salvação.*
SALMO 13:5

Qualquer que seja a controvérsia e a variedade de opiniões que exista acerca da natureza da virtude, todas significam algo belo, ou melhor, algum tipo de beleza ou excelência. Nem toda beleza é chamada de virtude; por exemplo, não a beleza de um edifício, mas alguma beleza pertencente a seres que têm percepção e vontade. Nem toda beleza da humanidade é chamada de virtude; por exemplo, não a beleza exterior do semblante, mas a que tem sua sede original na alma. Contudo, talvez nem tudo que possa ser chamado de beleza da alma seja adequadamente chamado de virtude. Há uma beleza de compreensão e especulação, mas a virtude é a beleza das qualidades e atos da mente de natureza moral, isto é, aqueles acompanhados por mérito, dignidade de louvor, ou responsabilidade. Coisas desse tipo pertencem à disposição e à vontade, ou ao coração. Portanto, eu não me afastarei da opinião comum ao dizer que a virtude é a beleza das qualidades e ocupações do coração, ou dos atos que delas procedem. Por isso, quando se pergunta o que torna qualquer hábito, disposição ou ocupação do coração verdadeiramente belo, o que quero dizer como verdadeira virtude é aquilo que pertence ao coração de um ser inteligente. Fica claro, pelas Sagradas Escrituras, que a virtude consiste mais essencialmente em amor.

Jonathan Edwards

CONSOLAÇÃO NO LOUVOR

Aleluia! Louvai ao SENHOR
do alto dos céus, louvai-o nas alturas.
SALMO 148:1

Talvez você sinta um grande conforto por saber que passará a eternidade com os santos no Céu, onde eles se ocupam totalmente em louvar a Deus. Os santos têm consciência do motivo de louvarem a Deus e, frequentemente, estão prontos para dizer que anseiam por louvá-lo mais e que nunca serão capazes de louvá-lo o suficiente. Pode lhe ser um consolo saber que terá toda uma eternidade para louvá-lo. Eles desejam fervorosamente louvar melhor a Deus. Pode, portanto, ser o seu consolo que no Céu o seu coração será expandido, você será capacitado para louvá-lo de uma maneira imensamente mais perfeita e exaltada do que consegue fazer neste mundo. Você não será perturbado por um coração assim morto e sem graça, com tanta frieza, tantos embaraços e fardos decorrentes da corrupção e de uma mente terrena; por um coração errante e instável; por tanta escuridão e tanta hipocrisia. Você fará parte daquela imensa assembleia que louva a Deus com tanto fervor e cuja voz é "como voz de muitas águas, como voz de grande trovão". Você anseia fazer os outros louvarem a Deus, fazer com que todos o louvem. Haverá seres suficientes para ajudá-lo que se unirão a você para louvá-lo; eles serão capazes de fazê-lo dez mil vezes melhor do que os santos da Terra. Milhares e milhares de anjos e santos glorificados estarão ao seu redor, todos unidos a você no maior amor, todos dispostos a louvar a Deus, não apenas por si mesmos, mas por Sua misericórdia para com você.

Jonathan Edwards

O JULGAMENTO

*...como também já em parte
nos compreendestes, que somos a vossa glória,
como igualmente sois a nossa no
Dia de Jesus, nosso Senhor.*
2 CORÍNTIOS 1:14

Neste mundo, os pastores e seu povo se reúnem frequentemente para ouvir falar de um Senhor invisível, e esperar por Ele. No julgamento, porém, eles se reunirão na Sua mais imediata e visível presença. Os ministros, que agora se reúnem frequentemente com seu povo para pregar-lhe o Rei eterno, imortal e invisível; para convencê-lo de que existe um Deus e declarar-lhe que tipo de ser Ele é; para convencê-lo de que Ele governa e julgará o mundo, e que há um futuro estado de recompensas e punições; e para pregar-lhes um Cristo no Céu, à destra de Deus, num mundo invisível, encontrarão então seu povo na presença sensível mais imediata desse grande Deus, Salvador e Juiz, aparecendo da maneira mais clara, visível e aberta, com grande glória, com todos os Seus santos anjos, diante deles e do mundo todo. Eles não encontrarão seu povo para ouvir falar de um Cristo ausente, um Senhor invisível e um Juiz futuro; em vez disso, comparecerão diante desse Juiz, reunindo-se na presença desse supremo Senhor, em sua imensa glória e terrível majestade, de quem ouviram falar tantas vezes em suas reuniões na Terra.

Jonathan Edwards

TÔNICOS DIVINOS

*Acaso, não há bálsamo em Gileade?
Ou não há lá médico? Por que, pois, não se realizou
a cura da filha do meu povo?*
JEREMIAS 8:22

Cristo conquistou tudo o que as pessoas necessitam quando passam por privações. Ele conquistou tudo o que os homens miseráveis necessitam em todas as suas calamidades, e conforto sob todo tipo de aflição. E, portanto, para o seu convite aos "cansados e sobrecarregados" de mal natural ou moral, Ele adquiriu tônicos e apoio divinos para os corações que estão prestes a afundar; adquiriu todo consolo e ajuda necessários para a viúva e o órfão; adquiriu um santificado benefício e fruto de aflição para todos os que o buscam e derramam suas tristezas diante dele. Cristo comprou o suficiente para compensar aqueles que são carentes de uma grande bênção em um eminente ministro do evangelho. Foi Ele quem comprou essas bênçãos divinas, essas influências e frutos do Espírito de Deus, dos quais a obra do ministério foi designada para ser meio. Os próprios ministros fiéis são frutos de Sua compra; e Jesus comprou todos aqueles presentes e graças pelos quais os ministros se tornam fiéis, eminentes e bem-sucedidos. E, portanto, quando "...subiu às alturas, [...] concedeu dons aos homens" (EFÉSIOS 4:8), de modo que comprou tudo que é necessário para compensar a perda sofrida pela morte de um ministro eminente.

Jonathan Edwards

A ORAÇÃO DA FÉ

*E a oração da fé salvará o enfermo,
e o Senhor o levantará; e, se houver cometido
pecados, ser-lhe-ão perdoados.*

TIAGO 5:15

Quanto às bênçãos temporais específicas pelas quais oramos, não podemos argumentar que Deus não escuta essas orações porque não as concede a nós, pois pode ser que Deus veja que as coisas pelas quais oramos não sejam as melhores para nós. Se assim fosse, não haveria nele misericórdia, e, sim, julgamento, ao nos concedê-las. Tais coisas, portanto, devem sempre ser pedidas com submissão à vontade divina. Deus pode responder à oração, mesmo não concedendo exatamente aquilo pelo que oramos. Às vezes, Ele pode responder melhor de outra maneira aos nossos desejos legítimos e bons propósitos expressados em oração. Se o nosso propósito for o nosso próprio bem e felicidade, talvez Deus possa responder melhor a esse propósito concedendo algo mais do que aquilo que pedimos. E, se o principal propósito de nossa oração foi alcançado, ela foi respondida, embora não por concessão da coisa específica que buscávamos. E isso ocorre para que ainda isto possa ser verdade: que Deus sempre escuta a oração da fé. Deus nunca deixou de escutar uma oração sincera e repleta de fé; e estas promessas são válidas eternamente: "Pedi, e dar-se-vos-á; buscai e achareis; batei, e abrir-se-vos-á. Pois todo o que pede recebe; o que busca encontra; e, a quem bate, abrir-se-lhe-á" (MATEUS 7:7,8).

Jonathan Edwards

ANSIANDO POR DEUS

*Quem mais tenho
eu no céu? Não há outro em quem
eu me compraza na terra.*
SALMO 73:25

Um homem piedoso prefere Deus acima de qualquer outra coisa que possa haver no Céu. Não apenas há coisa alguma no Céu que ele estime tanto quanto a Deus, mas também ninguém, que ele possa conceber ser possível estar ali, é por ele tão estimado e desejado quanto Deus. Alguns supõem haver no Céu deleites bem diferentes daqueles que as Escrituras nos ensinam. Os maometanos, por exemplo, supõem que no Céu serão desfrutados todos os tipos de delícias e prazeres sensuais. Muitas coisas inventadas por Maomé são as mais agradáveis que ele conseguiu conceber para as luxúrias e os apetites carnais dos homens e, com elas, lisonjeou seus seguidores. Porém, o verdadeiro santo não seria capaz de inventar algo mais agradável à sua tendência e aos seus desejos do que aquilo que é revelado na Palavra de Deus: um paraíso para usufruir do Deus glorioso e do Senhor Jesus Cristo. Ali, todo o seu pecado será removido, ele estará perfeitamente conforme Deus e estará na eternidade em exaltados atos de amor para com Ele e desfrutando do Seu amor. Se Deus não devesse ser desfrutado no Céu, mas apenas grande riqueza, imensos tesouros de prata e ouro, grande honra do tipo que os homens obtêm neste mundo e uma plenitude das maiores delícias e prazeres sensuais, tudo isso não compensaria a falta de Deus e de Cristo e de usufruir deles ali. Se o Céu fosse desprovido de Deus, seria de fato um lugar vazio e melancólico. Os piedosos foram conscientizados de que todos os prazeres da criatura são incapazes

Jonathan Edwards

de satisfazer a alma e, portanto, nada os contentará senão Deus. Ofereça a um santo o que você quiser, contudo, se você lhe negar a Deus, ele se considerará extremamente infeliz. Deus é o centro dos seus desejos e, enquanto você mantiver a alma dele fora do seu centro adequado, ela não descansará.

AMOR PRÓPRIO PIEDOSO

*Assim também os maridos devem amar
a sua mulher como ao próprio corpo.
Quem ama a esposa a si mesmo se ama.*
EFÉSIOS 5:28

Não é contrário ao cristianismo um homem amar a si mesmo ou, o que é a mesma coisa, amar a sua própria felicidade. Se o cristianismo realmente tendesse a destruir o amor de um homem por si mesmo e pela sua própria felicidade, isso tenderia a destruir o próprio espírito da humanidade; porém, a proclamação do evangelho, como um sistema de paz na Terra e boa vontade para com os homens (LUCAS 2:14 ARC), demonstra não apenas que não é destrutivo para a humanidade, mas que promove o seu espírito no grau mais elevado. Um homem amar a sua própria felicidade é tão necessário para a sua natureza quanto a faculdade da vontade, e é impossível que tal amor seja destruído de qualquer outra maneira que não leve a destruir o seu ser. Os santos amam a sua própria felicidade. Sim, aqueles que são perfeitos em felicidade, os santos e anjos do Céu, amam a sua própria felicidade; caso contrário, a felicidade que Deus lhes deu não lhes seria felicidade, pois ninguém ama aquilo em que não encontra a felicidade.

Jonathan Edwards

INTEGRIDADE

*Que a integridade e a retidão
me guardem, pois em ti ponho minha esperança.*
SALMO 25:21 NVT

Integridade... significa "totalidade", insinuando que, onde essa sinceridade existe, Deus é procurado e a religião é escolhida e abraçada com todo o coração e aceita com toda a alma. A santidade é escolhida de todo o coração. A totalidade do dever é abraçada e aceita mais cordialmente, seja no tocante a Deus ou ao homem, quer seja fácil ou difícil, refira-se ou não a pequenas ou grandes coisas. Há proporção e plenitude no caráter. O homem todo é renovado. Todo o corpo, toda a alma e todo o espírito são santificados. Todo membro é rendido à obediência a Cristo. Todas as partes da nova criatura são submetidas à Sua vontade. As sementes de todas as inclinações santas são implantadas na alma e produzirão cada vez mais frutos no desempenho do dever e para a glória de Deus.

*Todo o corpo, toda a alma e todo
o espírito são santificados.*

Jonathan Edwards

POSTES DE ILUMINAÇÃO

*Assim brilhe também a vossa luz
diante dos homens, para que vejam as vossas boas obras
e glorifiquem a vosso Pai que está nos céus.*
MATEUS 5:16

Deleitar-se em exaltar a Deus entre os homens é o espírito e temperamento dos piedosos. Eles ficam contentes quando Deus é altamente estimado no mundo; regozijam-se quando ouvem alguém exaltar a Deus e farão tudo que puderem para gerar tão alta estima pelo Senhor no coração dos homens. Eles não deixarão pedra sobre pedra para que, se possível, venham a comentar que o Senhor deve ser altamente considerado pelos outros, assim como por eles mesmos. E o cristão se alegra muito quando os seus esforços são bem-sucedidos, seu coração se alegra muito quando pode impulsionar o crescimento do reino de Deus entre os homens. Ele exaltará a Deus entre os homens, esforçando-se por tudo que puder fazer, em seu lugar e posição, para que o pecado e a iniquidade virem ruínas, e a santidade e a religião floresçam e prosperem, empenhando-se com o máximo de sua força e sabedoria para resgatar pessoas dos caminhos iníquos, para que homens sejam levados a Jesus Cristo e tenham uma vida santa. Com deleite, ele exaltará o Senhor entre os homens, demonstrando sua consideração pelo culto e pelas ordenanças de Deus ao respeitar Seu culto público, Seu santo *Shabbat* e Seus ministros.

Jonathan Edwards

UM CÉU DE SANTIDADE

Ó Deus, tu és tremendo nos teus
santuários; o Deus de Israel, ele dá força e poder
ao povo. Bendito seja Deus!
SALMO 68:35

Minha sensibilidade das coisas divinas parecia crescer gradualmente, até que fui pregar em Nova Iorque, o que ocorreu um ano e meio após a fundação da igreja lá... Então, o Céu que eu desejava era o Céu de santidade; estar com Deus e usufruir a minha eternidade em divino amor e santa comunhão com Cristo. Minha mente estava muito ocupada com contemplações sobre o Céu e seus prazeres, e em viver ali em perfeita santidade, humildade e amor. E parecia ser uma grande parte da felicidade do Céu os santos poderem expressar ali seu amor a Cristo. Parecia-me um grande obstáculo e fardo não poder expressar como desejava o que eu sentia por dentro. Naquela época, o ardor interior de minha alma parecia ser impedido e reprimido e não conseguia fluir livremente como desejava. Frequentemente, eu costumava pensar em como, no Céu, esse princípio se expressaria livre e plenamente. O Céu parecia extremamente exultante, como um mundo de amor; e que toda a felicidade consistia em viver em puro, humilde e celestial amor divino.

Toda a felicidade consistia em viver em puro,
humilde e celestial amor divino.

Jonathan Edwards

EXCELENTE NA TERRA

*Naquele dia, o Renovo do Senhor
será de beleza e de glória; e o fruto da terra, orgulho
e adorno para os de Israel que forem salvos.*

ISAÍAS 4:2

Uma disposição humilde é agradável a Deus. Uma pessoa com tal excelente disposição atrai os olhos do Pai sobre si; e não apenas isso, mas leva o Senhor do Céu ao coração dela. Isso conduz as influências do Seu Espírito Santo para dentro da alma. Deus se deleitará em fazer morada nessa alma e em enchê-la de conforto. Ele disse: "O Senhor é excelso, contudo, atenta para os humildes…" (SALMO 138:6); "…habito também com o contrito e abatido de espírito, para vivificar o espírito dos abatidos e vivificar o coração dos contritos" (ISAÍAS 57:15). …Essa é a maneira de ter a orientação do Seu Santo Espírito em todo o caminho. Deus disse que guiará os mansos em Seu caminho. "Guia os humildes na justiça e ensina aos mansos o seu caminho" (SALMO 25:9).

Jonathan Edwards

AFEIÇÕES RELIGIOSAS

*Louvar-te-ei, Senhor,
de todo o meu coração; contarei
todas as tuas maravilhas.*
SALMO 9:1

Se a verdadeira religião está mais nas afeições, podemos aprender disso que temos grande motivo para nos sentirmos envergonhados e confundidos diante de Deus por não sermos mais influenciados pelas grandes coisas da religião. Pelo que foi dito, parece que isso provém de termos tão pouco da verdadeira religião. Deus deu à humanidade afeições com o mesmo propósito pelo qual deu todas as faculdades e princípios da alma humana, a saber, para que elas possam ser subservientes ao objetivo principal do homem e ao grande propósito para o qual Deus o criou, isto é, o propósito da religião. No entanto, quão comum é o fato das afeições humanas serem muito mais exercitadas e aplicadas a outros assuntos do que na religião! Em assuntos relacionados ao interesse mundano dos homens, seus deleites aparentes, sua honra e reputação e suas relações naturais, o coração deles é sensível e sensato, facilmente tocado, profundamente impressionado, bastante preocupado, muito sensivelmente afetado, e fortemente dedicado. Porém, quão insensível e indiferente a maioria dos homens é acerca das grandiosas coisas do outro mundo! Quão tediosas são as suas afeições! Quão pesado e duro é seu coração em tais assuntos! Nisso, seu amor é frio, seus desejos são lânguidos, seu zelo é pouco e sua gratidão é pequena. Como podem eles sentarem e ouvirem falar da infinita altura, profundidade, comprimento e largura do amor de Deus em Cristo Jesus; de Ele haver dado Seu Filho infinitamente amado para ser oferecido como sacrifício pelos pecados

Jonathan Edwards

dos homens; e tudo isso pelos inimigos, para redimi-los dos merecidos tormentos eternos e para trazer-lhes alegria e glória indizíveis e eternas; e, ainda assim, serem frios, pesados, insensíveis e descuidados? Onde está a prática das nossas afeições propriamente ditas, se não aqui? Pode ser colocado à nossa vista algo maior e mais importante, mais maravilhoso e surpreendente ou que mais aproximadamente seja de nosso interesse? Podemos supor que o sábio Criador implantou em nossa natureza princípios como as afeições para que estes fiquem estáticas numa ocasião como essa?

GLORIOSO EM SALVAÇÃO

*Ó Senhor, Senhor nosso,
quão magnífico em toda a terra
é o teu nome!*
SALMO 8:9

Os mesmos atributos que pareciam exigir a destruição do homem são mais gloriosos em sua salvação do que teriam sido em sua destruição. A justiça vingativa de Deus manifesta-se muito mais na morte de Cristo do que teria sido se toda a humanidade fosse sofredora durante a eternidade. Se o homem tivesse permanecido sob a culpa e acusação do pecado, a justiça de Deus não teria sido submetida a tal provação como quando Seu próprio Filho esteve sob a imputação do pecado. Se toda a humanidade permanecesse culpada e a justiça exigisse vingança contra ela, isso não teria sido tal prova da inflexibilidade e imutabilidade da justiça de Deus quanto quando Seu próprio Filho, alvo do Seu infinito amor e terno deleite, levou sobre si a imputação da culpa. Essa era a maior provação que poderia haver: se a justiça de Deus era perfeita e imutável ou não; se Deus era tão justo a ponto de, em circunstância alguma, diminuir o que a justiça requeria; e se Deus teria alguma consideração pelas pessoas sob julgamento. Assim, a majestade divina transparece muito mais nos sofrimentos de Cristo do que teria transparecido nos sofrimentos eternos de toda a humanidade. A majestade de um príncipe parece maior na justa punição de grandes personagens culpados de traição do que na de pessoas de menor importância. Os sofrimentos de Cristo têm, sobre os sofrimentos eternos dos ímpios, a vantagem de imprimir na mente dos espectadores uma percepção da terrível majestade de Deus e de Seu infinito ódio pelo pecado. Em outras palavras, os

Jonathan Edwards

sofrimentos eternos dos ímpios nunca serão vistos como realmente cumpridos e concluídos, embora tenham visto o equivalente àqueles sofrimentos eternos ser realmente cumprido e concluído nos sofrimentos de Cristo.

A NEGLIGÊNCIA DA ORAÇÃO

*Há no coração do ímpio
a voz da transgressão; não há temor
de Deus diante de seus olhos.*

SALMO 36:1

A negligência do dever da oração parece ser inconsistente com o supremo amor a Deus também por outro motivo: ser contrária à vontade divina tão claramente revelada. O verdadeiro amor a Deus procura agradá-lo em tudo e ajustar-se universalmente à Sua vontade... Assim, reter a oração diante dele é inconsistente não somente com o amor a Ele, mas também com o temor de Deus. Considere como viver em tal negligência é inconsistente com ter uma vida santa. As Escrituras nos ensinam abundantemente que os verdadeiros cristãos têm uma vida santa; que sem santidade ninguém verá o Senhor (HEBREUS 12:14); e que todo aquele que tem essa esperança nele se purifica, assim como Cristo é puro (1 JOÃO 3:3). Provérbios 16:17 diz: "O caminho dos retos é desviar-se do mal...", ou seja, ele é, por assim dizer, o conhecido caminho batido percorrido por todos os piedosos... Romanos 8:1 menciona que o caráter de todo cristão é não andar segundo a carne, e, sim, segundo o Espírito. Porém, de que maneira uma vida com falta de oração é consistente com uma vida santa? Ter uma vida santa é ter uma vida devotada a Deus, uma vida de adoração e serviço a Ele, uma vida consagrada a servir ao Todo-poderoso. Porém, como alguém que não mantém o dever de oração leva a vida assim? Como é possível dizer que tal homem anda pelo Espírito e é servo do Deus Altíssimo? Uma vida santa é uma vida de fé. A vida que os verdadeiros cristãos têm no mundo é vivida pela fé no Filho de Deus. Porém, quem consegue

Jonathan Edwards

acreditar que vive pela fé o homem que vive sem oração, já que esta é a expressão natural da fé? A oração é uma expressão tão natural da fé quanto a respiração o é da vida; dizer que um homem tem uma vida de fé, porém uma vida sem oração, é tão incoerente e inacreditável quanto dizer que um homem vive sem respirar. Uma vida sem oração está tão longe de ser santa, pois é uma vida profana. Quem vive assim vive como o pagão, que não clama pelo nome de Deus. Quem leva a vida sem oração vive sem Deus no mundo.

O CORDEIRO DE DEUS

*Nunca mais haverá qualquer maldição.
Nela, estará o trono de Deus e do Cordeiro.
Os seus servos o servirão...*
APOCALIPSE 22:3

Uma admirável conjunção de excelências será manifesta nos atos de Cristo no juízo final. Naquele momento, acima de todos os outros tempos, Ele aparecerá como o Leão da tribo de Judá, em infinita grandeza e majestade, quando vier na glória de Seu Pai, com todos os santos anjos, e a Terra tremerá diante dele, e os montes se dissiparão. Ele se assentará sobre um grande trono branco, diante de cuja presença a Terra e o Céu fugirão (APOCALIPSE 20:11). Então, Ele aparecerá aos ímpios da maneira mais terrível e surpreendente. Os demônios tremem ao pensar nessa aparência; e, quando isso acontecer, os reis, os grandes homens, os ricos, os chefes militares e os poderosos e todo servo e todo homem livre se esconderão nos covis e nas rochas das montanhas e clamarão aos montes e às rochas para que caiam sobre eles, para escondê-los da presença e da ira do Cordeiro. E ninguém pode declarar ou conceber as espantosas manifestações de ira com que Ele aparecerá diante deles; ou o tremor e o assombro, o choro e o ranger de dentes com que eles se apresentarão diante do Seu tribunal quando receberão a terrível sentença de Sua ira. Entretanto, ao mesmo tempo Ele aparecerá aos Seus santos como um Cordeiro; Jesus os receberá como amigos e irmãos, tratando-os com infinita brandura e amor. Para eles, nada de terrível haverá em Cristo; para eles, Jesus se vestirá totalmente de doçura e carinho. Então, a Igreja será admitida a Ele como Sua noiva; esse será o dia do casamento dela. Os santos serão todos docemente convidados a ir com Ele para herdar o Reino e ali reinarem com Cristo por toda a eternidade.

Jonathan Edwards

OS HOMENS NATURAIS ODEIAM A DEUS

*Levanta-se Deus; dispersam-se
os seus inimigos; de sua presença fogem
os que o aborrecem.*

SALMO 68:1

Os homens naturais [...] são inimigos pelo prazer natural de sua alma. Eles têm aversão e antipatia inatas pelas perfeições divinas. Deus não é um ser como eles gostariam. Embora sejam ignorantes de Deus, não gostam dele pelo que ouvem a Seu respeito e pelo que é manifesto pela luz da natureza. Eles têm aversão pelo Senhor ser dotado de tantos atributos. Ouvem dizer que Deus é infinitamente santo, puro e justo; por isso, não gostam dele; eles não têm prazer em tais qualificações, não se deleitam em contemplá-las. Para um homem natural, seria uma mera tarefa, uma escravidão ser obrigado a contemplar tais atributos de Deus. Eles não veem tipo algum de beleza ou amabilidade nesses atributos, nem sentem neles qualquer doçura. E, devido à sua aversão a essas perfeições, não gostam de todos os Seus outros atributos. Eles têm maior aversão a Deus por ser onisciente e conhecer todas as coisas, e por Sua onisciência ser santa. Não se agradam por Ele ser onipotente e poder fazer o que quer que lhe agrade, por ser uma onipotência santa. São inimigos até mesmo da Sua misericórdia, por ser uma misericórdia santa. Não gostam de Sua imutabilidade pois, devido a ela, Ele jamais será diferente do que é: o Deus infinitamente santo.

Jonathan Edwards

CRESÇA EM SANTIDADE

Fidelíssimos são os teus testemunhos;
à tua casa convém a santidade, Senhor,
para todo o sempre.
SALMO 93:5

Nós devemos crescer em santidade continuamente e aproximarmo-nos cada vez mais do Céu. Devemos nos empenhar em chegarmos mais perto do Céu, em sermos mais celestiais, tornando-nos cada vez mais semelhantes aos habitantes da Pátria Celestial no tocante à santidade e conformidade com Deus, ao conhecimento de Deus e de Cristo, em visões claras da glória divina, da beleza de Cristo e da excelência das coisas divinas, à medida que nos aproximamos da visão beatífica. Devemos nos esforçar para crescer continuamente no amor divino, para que isso possa ser uma chama crescente em nosso coração, até que eles ascendam totalmente nessa chama, em obediência e comunhão celestial; para que façamos a vontade de Deus na Terra, assim como os anjos a fazem no Céu, em conforto e alegria espiritual; em comunhão consciente com Deus e Jesus Cristo. Nosso caminho deve ser como "a luz da aurora, que vai brilhando mais e mais até ser dia perfeito" (PROVÉRBIOS 4:18). Nós devemos estar famintos e sedentos de justiça e por aumento da retidão. "...desejai ardentemente, como crianças recém-nascidas, o genuíno leite espiritual, para que, por ele, vos seja dado crescimento para salvação" (1 PEDRO 2:2). A perfeição do Céu deve ser a nossa marca: "...uma coisa faço: esquecendo-me das coisas que para trás ficam e avançando para as que diante de mim estão, prossigo para o alvo, para o prêmio da soberana vocação de Deus em Cristo Jesus" (FILIPENSES 3:13,14).

A perfeição do Céu deve ser a nossa marca.

Jonathan Edwards

UM AMIGO ETERNO

O seu falar é muitíssimo doce; sim,
ele é totalmente desejável. Tal é o meu amado, tal,
o meu esposo, ó filhas de Jerusalém.
CÂNTICO DOS CÂNTICOS 5:16

Você pode confortar-se grandemente por ter um amigo imutável em Cristo Jesus. A constância é justamente considerada a qualificação mais necessária e desejável em um amigo; ele não deve ser inconstante e, assim, sua amizade não poder ser confiada como a de um amigo firme e indubitável. Você pode descobrir quão excelente é a amizade dele pela maneira como Ele trata os Seus discípulos na Terra, a quem tratou graciosamente como um terno pai trata seus filhos: instruindo-os com mansidão, conversando com eles muito amigavelmente e sempre pronto para apiedar-se deles, ajudá-los e perdoar-lhes as fraquezas. Então, você poderá considerar essa doutrina e como ela evidencia que Ele é o mesmo que era no passado e será sempre o mesmo.

Devido à imutabilidade do seu Salvador, você pode ter certeza de sua permanência em um estado de graça. Quanto a si mesmo, você é tão mutável que, se estivesse por sua própria conta, logo cairia totalmente; na sua imutabilidade não há confiabilidade, mas Cristo é o mesmo e, portanto, quando Ele inicia uma boa obra em você, Ele a completará. Da mesma forma que Ele é o autor, será o consumador da sua fé. O seu amor por Cristo é, em si mesmo, mutável, mas o dele por você é imutável e, portanto, Jesus nunca fará o seu amor por Ele falhar totalmente. O apóstolo explica essa razão pela qual o amor dos santos por Cristo não pode falhar: porque o Seu amor por eles nunca falhará.

Jonathan Edwards

AMANDO SEU PRÓXIMO

*...e que amar a Deus de todo o coração
e de todo o entendimento e de toda a força,
e amar ao próximo como a si mesmo
excede a todos os holocaustos e sacrifícios.*
MARCOS 12:33

Amar ao nosso próximo como a nós mesmos é a essência da lei moral referente aos nossos semelhantes; ajudá-los e contribuir para o seu alívio é a expressão mais natural desse amor. É vão fingir um espírito de amor com nossos semelhantes se para nós é doloroso nos separarmos de qualquer coisa para ajudá-los quando estão em calamidade. Quem ama apenas com palavras, da boca para fora, e não em atos, não tem amor verdadeiro. Qualquer prática sem amor é um vão fingimento. Recusar-se a doar aos necessitados é irracional, porque fazemos aos outros o oposto do que gostaríamos que fizessem a nós em circunstâncias semelhantes. Nós estamos bem conscientes das nossas calamidades e, ao sofrermos, somos suficientemente rápidos em pensar que a nossa situação requer a compaixão e ajuda dos outros, e em pensar mal quando outros não desejam negar a si mesmos para nos apoiar quando estamos com dificuldades.

*Quem ama apenas com palavras, da boca para fora,
e não em atos, não tem amor verdadeiro.*

Jonathan Edwards

CRISTO BUSCA PECADORES

*Porque o Filho do Homem veio buscar
e salvar o perdido.*
LUCAS 19:10

O próprio Cristo está, neste momento, buscando a sua salvação. Ele a busca... designando homens para fazerem dessa busca sua ocupação; Ele a procura por intermédio deles; eles são Seus instrumentos e, em nome dele, imploram que você se reconcilie com Deus. Jesus a busca ao ordenar que seus próximos a busquem. Nas Escrituras, Cristo é representado como cortejando a alma dos pecadores. Ele utiliza meios para persuadi-los a escolherem e aceitarem a própria salvação. Frequentemente, Jesus os convida a irem a Ele para que possam ter vida, para que possam encontrar descanso para a alma; para beber da água da vida gratuitamente. Ele está à porta e não cessa de bater, embora os pecadores o recusem durante muito tempo. Ele suporta suas repetidas rejeições; contudo, misericordiosamente continua batendo, e diz: "Abra para mim, para que eu possa entrar e cear com você, e você comigo". Ele fica batendo durante muitos anos à porta de muitos pecadores. Para estes, Cristo se tornou muito importuno, por querer tornar-se seu soberano. Ele lhes mostra frequentemente a necessidade que têm dele, o estado deplorável em que se encontram e a grande provisão feita para o bem de sua alma; Ele os convida a aceitarem essa provisão e promete que, para obtê-la, lhes bastará recebê-la.

Jonathan Edwards

FUJA DA TENTAÇÃO

Foge, outrossim, das paixões da mocidade.
Segue a justiça, a fé, o amor e a paz com os que,
de coração puro, invocam o Senhor.
2 TIMÓTEO 2:22

É evidente que devemos evitar não somente pecar, mas também o que nos expõe e leva a pecar, porque é dessa maneira que agimos nas coisas que dizem respeito ao nosso interesse temporal. Os homens evitam não somente as coisas que são, em si mesmas, prejuízo ou ruína de seu interesse temporal, mas também as que tendem ou expõem a isso. Por amarem sua vida terrenal, eles não apenas evitam matar-se, mas têm muito cuidado em evitar tudo o que a coloca em perigo; embora certamente não saibam, eles podem fugir.

Eles têm o cuidado de não atravessar rios e águas profundas sobre gelo fino, embora, certamente, não saibam se cairão e se afogarão. Eles não somente evitam as coisas que seriam, em si mesmas, a ruína de suas propriedades, como incendiar suas próprias casas com seus pertences ou pegar seu dinheiro e jogá-lo ao mar, mas eles evitam cuidadosamente todos os meios pelos quais seus bens são expostos... Se um homem contrai uma enfermidade perigosa, tem o cuidado de evitar tudo que possa aumentar o distúrbio; não somente o que ele sabe ser mortífero, mas outras coisas que teme serem prejudiciais a ele. Dessa maneira, os homens têm a tendência de cuidar de seu interesse terreno. Portanto, se não formos tão cuidadosos em evitar o pecado quanto em evitar danos ao nosso interesse terreno, isso demonstrará uma disposição descuidada em relação ao pecado e ao dever, ou que não nos importamos muito se pecamos contra Deus. Certamente, a glória divina

Jonathan Edwards

merece tanta importância e preocupação quanto o nosso interesse secular. Certamente, devemos ter tanto cuidado para não sermos expostos a pecar contra a Majestade do Céu e da Terra quanto os homens costumam ter cuidado com um pouco de dinheiro; sim, este último cuidado não passa de ninharia em comparação ao anterior.

12 DE DEZEMBRO

ORAÇÃO E LOUVOR

*Não andeis ansiosos de coisa alguma;
em tudo, porém, sejam conhecidas, diante de Deus,
as vossas petições, pela oração e pela súplica,
com ações de graças.*

FILIPENSES 4:6

Nós também devemos seguir o exemplo do apóstolo Paulo em sua abundante oração e louvor. Ele era zeloso e muito empenhado nesses deveres e perseverava neles, como se depreende de muitas passagens: "Primeiramente, dou graças a meu Deus, mediante Jesus Cristo, no tocante a todos vós, porque, em todo o mundo, é proclamada a vossa fé. Porque Deus, a quem sirvo em meu espírito, no evangelho de seu Filho, é minha testemunha de como incessantemente faço menção de vós" (ROMANOS 1:8,9); "Por isso, também eu, tendo ouvido da fé que há entre vós no Senhor Jesus e o amor para com todos os santos, não cesso de dar graças por vós, fazendo menção de vós nas minhas orações" (EFÉSIOS 1:15,16). "Damos sempre graças a Deus, Pai de nosso Senhor Jesus Cristo, quando oramos por vós" (COLOSSENSES 1:3). "Damos, sempre, graças a Deus por todos vós, mencionando-vos em nossas orações e, sem cessar, recordando-nos, diante do nosso Deus e Pai, da operosidade da vossa fé, da abnegação do vosso amor e da firmeza da vossa esperança em nosso Senhor Jesus Cristo" (1 TESSALONICENSES 1:2,3).

Jonathan Edwards

CRESCENDO EM GRAÇA

*...antes, crescei na graça e no conhecimento
de nosso Senhor e Salvador Jesus Cristo. A ele seja a glória,
tanto agora como no dia eterno.*

2 PEDRO 3:18

A conversão é uma grande e gloriosa obra do poder de Deus, ao mesmo tempo transformando o coração e infundindo vida na alma morta, embora a graça então implantada se demonstre mais gradualmente em alguns do que em outros. Porém, quanto a estabelecer o momento preciso em que apresentam o primeiro ato da graça, há muita diferença entre as diversas pessoas: em algumas, o momento preciso parece ser muito discernível, em outras, ele é mais difuso. Quanto a isso, muitas pessoas não sabem que se trata da graça da conversão, mesmo quando a têm; e, às vezes, durante muito tempo, não pensam tê-la. Muitas delas, mesmo quando chegam a ter grandes esperanças de se converterem, ao se lembrarem do que experimentaram nos primeiros exercícios da graça, ficam sem saber se foi algo além de um esclarecimento comum ou se alguma outra experiência mais clara e notável que tiveram depois é que foi a primeira de natureza salvadora. O método da obra divina sobre a alma é, às vezes, especialmente, muito misterioso, tanto em relação ao reino de Deus quanto à sua manifestação no coração do convertido, como é dito no evangelho de Marcos: "...O reino de Deus é assim como se um homem lançasse a semente à terra; depois, dormisse e se levantasse, de noite e de dia, e a semente germinasse e crescesse, não sabendo ele como. A terra por si mesma frutifica: primeiro a erva, depois, a espiga, e, por fim, o grão cheio na espiga" (4:26-28).

Jonathan Edwards

BUSCA VITALÍCIA

Uma coisa peço ao Senhor, e a buscarei:
que eu possa morar na Casa do Senhor todos
os dias da minha vida, para contemplar
a beleza do Senhor e meditar no seu templo.

SALMO 27:4

A ocupação de buscar a salvação nunca acaba enquanto a vida não termina. Quem se empenha nesse trabalho laborioso, cuidadoso, caro e abnegado não deve esperar descansar de seus esforços enquanto a sua vida não findar. A longa continuidade da obra empreendida por Noé foi o que a tornou especialmente um grande empreendimento. Continuar durante tanto tempo, foi também o que fez a viagem dos filhos de Israel pelo deserto lhes parecer tão grande. Seu espírito enfraqueceu, eles ficaram desanimados e não relutaram em atravessar por uma tarefa tão pesada.

Porém, essa ocupação corre em paralelo à vida, seja ela mais longa ou mais curta. Embora possamos atingir uma idade avançada, nossa carreira e batalha não estarão concluídas enquanto a morte não chegar. Não devemos esperar que qualquer esperança de um bem que possamos obter possa pôr um fim em nosso esforço, cuidado e luta. As realizações e os sucessos passados não nos eximirão do que resta para o futuro, nem tornarão constantes os esforços e os cuidados futuros desnecessários à nossa salvação.

Jonathan Edwards

ACIMA DAS ESTRELAS

*Quando contemplo os teus céus, obra dos teus dedos,
e a lua e as estrelas que estabeleceste...*
SALMO 8:3

O Céu está muito acima das estrelas. Por isso, é dito que Cristo ascendeu muito acima de todos os céus. "Aquele que desceu é também o mesmo que subiu acima de todos os céus, para encher todas as coisas" (EFÉSIOS 4:10), isto é, muito acima de todo o céu que vemos. Esse é o monte Sião, a cidade do Deus vivo, a Jerusalém celestial, e para lá os anjos conduzem a alma dos santos quando ela deixa seu tabernáculo terrestre. Ao chegarem lá, eles serão recebidos com uma alegre acolhida, as portas dessa cidade gloriosa lhes serão abertas e eles terão sua entrada franqueada no Céu, como uma herança à qual têm direito. "Bem-aventurados aqueles que guardam os seus mandamentos, para que tenham direito à árvore da vida, e possam entrar na cidade pelas portas" (APOCALIPSE 22:14 ACF). E então se abrirá à vista aquele Mundo glorioso, aquela bela Cidade e delicioso Paraíso do qual eles haviam, frequentemente, ouvido falar, pensado e desejado; então, o verão e o possuirão como seu. Serão acolhidos e alegremente recebidos por aquela gloriosa companhia que ali habita, pelos anjos e pelos santos que foram para o Céu antes deles. Houve alegria entre os cidadãos celestiais em sua conversão e, agora, também haverá alegria entre os habitantes do Céu quando esses santos forem levados ao seu Lar de glória, para terem alguém que lhes foi caro anteriormente, porque um filho da mesma família e um discípulo do mesmo Senhor foi trazido ao Lar, vindo de um país estranho, para viverem juntos para sempre. Seus concidadãos e irmãos no Céu muito se alegrarão por eles, se regozijarão com eles e os abraçarão quando chegarem para se unirem em seus louvores a Deus e ao Cordeiro!

Jonathan Edwards

AS ORAÇÕES DOS HUMILDES

*Melhor é ser humilde de espírito
com os humildes do que repartir
o despojo com os soberbos.*

PROVÉRBIOS 16:19

Deus amará exaltar e ajudar a honrar tais pessoas. Lucas afirma: "...o que se humilha será exaltado" (14:11). Esse parece ser o caráter que atrai mais peculiarmente a generosidade do Todo-Poderoso e é a única maneira de ter Deus como um Pai para nós neste mundo. A única forma de nos manter em todos os nossos caminhos, nos prover, nos afastar de males e perigos e ser nosso consolador nas aflições e Aquele que responde às nossas orações, pois Deus tem grande prazer na oração dos humildes (SALMO 10:17).

Deus tem grande prazer na oração dos humildes.

Jonathan Edwards

O ESPLENDOR DO FILHO

Formosa és, querida minha, como Tirza, aprazível como Jerusalém, formidável como um exército com bandeiras.
CÂNTICO DOS CÂNTICOS 6:4

Imediatamente após a minha conversão, a excelência de Deus começou a mostrar-se a mim em tudo: no Sol, na Lua, nas estrelas, nas águas e em toda a natureza. O Filho de Deus criou o mundo para o exato propósito de nos transmitir, por meio do mundo, certa imagem de Sua própria excelência, para que, ao nos deleitarmos com prados floridos e brisas suaves, possamos ver em tudo isso somente a doce benevolência de Jesus Cristo.

Quando contemplamos a rosa perfumada e o lírio branco como a neve, devemos ver Seu amor e Sua pureza. O que são as árvores verdejantes e o canto dos pássaros senão o fluir de Sua infinita alegria e benignidade? O que são os rios cristalinos e os riachos murmurantes senão os passos de Seu favor, graça e beleza? Quando contemplamos o brilho do sol, as bordas douradas da nuvem do entardecer e o belo arco-íris que cobre todo o céu, contemplamos apenas alguns prenúncios de Sua bondade e glória.

E, sem dúvida alguma, essa é a razão pela qual Cristo é chamado de Sol da justiça, Estrela da manhã, rosa de Sarom, lírio dos vales, a macieira entre as árvores do bosque, saquitel de mirra, corça, gamo. Porém, vemos a imagem mais própria de Jesus Cristo quando contemplamos a beleza intelectual e espiritual da mente e do coração de um homem verdadeiramente santo.

Jonathan Edwards

NÃO HÁ SEGURANÇA PARA O ÍMPIO

*Como ao sonho, quando
se acorda, assim, ó Senhor, ao despertares,
desprezarás a imagem deles.*
SALMO 73:20

Nem por um momento sequer, representa segurança para os ímpios o fato de que os meios da morte não lhes sejam visíveis. Para um homem natural, não é segurança estar agora com saúde e não ver de que maneira deixaria imediatamente o mundo por algum acidente e não haver qualquer tipo de perigo visível nas suas circunstâncias. A múltipla e contínua experiência do mundo em todas as Eras mostra que isso não é evidência de que um homem não está à beira da eternidade e que o próximo passo não será entrar em outro mundo. Os modos e meios invisíveis e impensados de pessoas saírem repentinamente do mundo são inumeráveis e inconcebíveis. Homens não convertidos caminham sobre o abismo do inferno sobre uma cobertura podre; nela há inúmeros lugares tão fracos que não suportarão o seu peso, e esses lugares não são visíveis. As flechas da morte voam invisíveis ao meio-dia; a visão mais aguda é incapaz de discerni-las. Deus tem tantas maneiras diferentes e inescrutáveis de tirar os ímpios do mundo e mandá-los ao inferno, que não há nada que passe a impressão de que Deus precisou recorrer a um milagre ou sair do curso normal de Sua providência para destruir qualquer ímpio em qualquer momento. Todos os meios existentes para pecadores deixarem o mundo estão nas mãos de Deus de tal forma, e tão universal e absolutamente sujeitos ao Seu poder e determinação, que os pecadores irem para o inferno a qualquer momento não depende menos da mera vontade de Deus do que se os meios nunca fossem usados ou estivessem envolvidos no caso.

Jonathan Edwards

AS MARAVILHAS DE DEUS

*E acontecerá nos últimos dias,
diz o Senhor, que derramarei do meu Espírito
sobre toda a carne; vossos filhos e vossas
filhas profetizarão, vossos jovens terão visões,
e sonharão vossos velhos...*

ATOS 2:17

Deus se agrada novamente de derramar Seu Espírito em nós e está fazendo grandes coisas em nosso meio. O Senhor realmente voltou, o mesmo grande Deus que apareceu tão maravilhosamente entre nós alguns anos atrás e, desde então, devido aos nossos pecados, afastou-se de nós, deixando-nos durante tanto tempo em um estado tão monótono e morto e os pecadores à vontade em seus pecados, de modo que quase não se veem pecados em qualquer obra semelhante à da conversão. Esse mesmo Deus veio novamente agora. Ele realmente veio da mesma maneira e começa, como fez antes, a manifestar gloriosamente Seu grande poder e as riquezas de Sua graça. Ele tira os pecadores das trevas e os leva para a maravilhosa luz; resgata pobres almas cativas das mãos de Satanás; salva pessoas do fogo devorador; arranca um e outro como se tirasse brasas de uma fogueira; abre as portas da prisão, remove as correntes e leva para fora os pobres prisioneiros.

*Deus tira os pecadores das trevas e os leva
para a maravilhosa luz.*

Jonathan Edwards

GRAUS DE SOFRIMENTO

*Contudo, no Juízo,
haverá menos rigor para Tiro e Sidom
do que para vós outras.*

LUCAS 10:14

As Escrituras ensinam que os ímpios sofrerão diferentes graus de tormento, segundo os diferentes agravantes de seus pecados. "...todo aquele que sem motivo se irar contra seu irmão estará sujeito a julgamento; e quem proferir um insulto a seu irmão estará sujeito a julgamento do tribunal; e quem lhe chamar: Tolo, estará sujeito ao inferno de fogo" (MATEUS 5:22). Aqui, Cristo nos ensina que os tormentos dos ímpios serão diferentes para diferentes pessoas, segundo os distintos graus de sua culpa. Será mais tolerável para Sodoma e Gomorra, para Tiro e Sidom, do que para as cidades onde a maior parte das poderosas obras de Cristo foram realizadas. Mais uma vez, o nosso Senhor nos assegura de que quem conhece a vontade do seu Senhor e não se prepara nem age em conformidade com a Sua vontade receberá muitos açoites. Porém, quem não a conhece e comete atos dignos de açoite receberá poucos. As várias passagens das Escrituras provam infalivelmente que haverá diferentes graus de punição no inferno, o que é totalmente inconsistente com a suposição de que a punição consiste em aniquilação, da qual não pode haver graus.

Jonathan Edwards

OS SANTOS SUBIRÃO

*Porquanto o Senhor mesmo, dada a sua palavra
de ordem, ouvida a voz do arcanjo, e ressoada a trombeta
de Deus, descerá dos céus, e os mortos em Cristo
ressuscitarão primeiro; depois, nós, os vivos, os que ficarmos,
seremos arrebatados juntamente com eles, entre nuvens,
para o encontro do Senhor nos ares, e, assim,
estaremos para sempre com o Senhor.*

1 TESSALONICENSES 4:16,17

Todos os santos subirão, como se tivessem asas, para encontrar o Senhor nos ares e estar eternamente com Ele. Após os mortos em Cristo serem ressuscitados e os santos vivos, transformados, eles estarão preparados para ir até Cristo e encontrar o Noivo. O mundo estará prestes a ser destruído, e os ímpios estarão terrivelmente espantados, mas os santos serão libertos. "Nesse tempo, se levantará Miguel, o grande príncipe, o defensor dos filhos do teu povo, e haverá tempo de angústia, qual nunca houve, desde que houve nação até àquele tempo; mas, naquele tempo, será salvo o teu povo, todo aquele que for achado inscrito no livro" (DANIEL 12:1). Os santos se despedirão eternamente deste mundo maligno, em que há muito pecado e onde enfrentaram tantos problemas, serão arrebatados nas nuvens e ali encontrarão seu glorioso Redentor, e será um alegre encontro. Eles irão para Cristo, para nunca mais se separarem dele.

Jonathan Edwards

SOFRENDO DANOS

*Examina-me, SENHOR,
e prova-me; sonda-me o coração
e os pensamentos.*
SALMO 26:2

Nós devemos aprimorar o que os nossos amigos dizem a nós e a nosso respeito quando, por amizade, falam-nos de algo que observam de errado em nós. É da maior imprudência, e também totalmente não cristão, considerarmos inadequado e nos ressentirmos quando nos falam de nossas falhas. Em vez disso, devemos nos alegrar quando nos indicam os nossos defeitos. Assim também, devemos aprimorar o que os nossos inimigos dizem sobre nós. Se eles, por má índole, nos censurarem e nos insultarem frente a frente, deveremos considerá-lo, para refletir interiormente acerca de nós mesmos e investigar se não é como nos acusam. Porque, embora o que é dito seja dito de maneira reprovadora e ofensiva, ainda assim pode haver muita verdade nisso... assim, ao ouvirmos que outras pessoas estão falando contra nós pelas costas, embora façam muito mal com tal atitude, o aprimoramento correto será refletir sobre nós mesmos e considerar se realmente não temos tais defeitos de que nos acusam. Esse será um aprimoramento mais cristão e sábio do que ficar enfurecido, injuriar novamente e abrigar uma má vontade em relação a elas por sua maledicência. Esse é o aprimoramento mais sábio e prudente de tais coisas. Por meio disso, podemos extrair o bem do mal. E essa é a maneira mais segura de derrotar os desígnios de nossos inimigos ao nos injuriarem e difamarem. Eles o fazem por má índole e nos ferem, mas, dessa maneira, podemos reverter isso em nosso próprio bem.

Jonathan Edwards

ESPERANÇAS DE CÉU

*Alegra-se, pois, o meu coração,
e o meu espírito exulta; até o meu
corpo repousará seguro.*
SALMO 16:9

Cristo não apenas liberta de medos do inferno e da ira, mas também dá esperanças do Céu e de que desfrutemos do amor de Deus. Ele liberta de conflitos internos e da dor interior decorrentes da culpa de consciência, que é semelhante a um verme que rói por dentro, e dá deleite e glória interior. Ele nos tira de um deserto de covas abertas, aridez e espíritos voadores ferozes e nos leva a uma terra agradável, que mana leite e mel. Ele nos liberta da prisão, tira-nos do monturo, coloca-nos entre os príncipes e nos faz herdar o trono de glória. Portanto, se alguém estiver cansado, se alguém estiver na prisão, se alguém estiver no cativeiro, se alguém estiver no deserto, vá ao bendito Jesus, que é semelhante à sombra de uma grande rocha em uma terra sedenta. Não se demore: levante-se e saia.

*Vá ao bendito Jesus, que é semelhante à sombra
de uma grande rocha em uma terra sedenta.*

Jonathan Edwards

GRATIDÃO

*Entrai por suas portas com ações de graças
e nos seus átrios, com hinos de louvor; rendei-lhe
graças e bendizei-lhe o nome.*

SALMO 100:4

Esse temperamento de amar exaltar a Deus e rebaixar o ego surge da gratidão. O cristão considera o que Deus fez por ele, considera a grandeza e a multidão de Sua maravilhosa misericórdia, e um princípio de gratidão o faz deleitar-se em exaltar a Deus por isso. Considera como o Senhor se humilhou, isto é, condescendeu em ter misericórdia dele para ajudá-lo. Portanto, a gratidão o faz alegrar-se em fazer o que não é condescendência, e, sim, seu dever imperioso de humilhar-se pelo pecado e prostrar-se no pó por isso.

Ele considera como Jesus Cristo, que é Deus, humilhou-se, deixou o Céu, viveu em ignomínia na Terra e se tornou obediente até à morte, e morte de cruz, por ele. Por isso, a gratidão o faz humilhar-se e amar prostrar-se diante de Deus, vendo o quanto Seu Filho se humilhou por ele ao tomar a forma de servo e ser considerado um malfeitor. Portanto, busque ser comovido por aqueles maravilhosos exemplos da bondade de Deus e não permita que seu coração seja semelhante a uma pedra; não seja mais ingrato do que os animais selvagens e descobrirá aquela aversão a si mesmo e os elevados pensamentos de Deus, que farão você se deleitar em exaltá-lo, honrá-lo e humilhar-se.

Jonathan Edwards

SEMPRE ABERTO

Quero, portanto, que os varões
orem em todo lugar, levantando mãos santas,
sem ira e sem animosidade.
1 TIMÓTEO 2:8

Deus se assenta num trono de graça, e não há véu para esconder esse trono e nos manter afastados dele. O véu é rasgado de cima a baixo. O caminho está aberto o tempo todo e nós podemos nos achegar a Deus tantas vezes quanto quisermos. Embora Deus esteja infinitamente acima de nós, ainda assim podemos ir perante Ele com ousadia. "Acheguemo-nos, portanto, confiadamente, junto ao trono da graça, a fim de recebermos misericórdia e acharmos graça para socorro em ocasião oportuna" (HEBREUS 4:16). Como é maravilhoso vermos como nós terem permissão de ir ousadamente em todos os momentos até o Deus tão excelente! Assim, Deus sacia todos os tipos de pessoas, de todas as nações: "...com todos os que em todo lugar invocam o nome de nosso Senhor Jesus Cristo, Senhor deles e nosso: graça a vós outros..." (1 CORÍNTIOS 1:2,3). Sim, Deus permite os mais vis e indignos: os maiores pecadores têm permissão para entrar por intermédio de Cristo. E Ele não apenas permite, mas os incentiva e, frequentemente, os convida e se manifesta como deleitando-se em ser buscado por meio de oração. "...a oração dos retos é o seu contentamento" (PROVÉRBIOS 15:8) e, em Cântico dos Cânticos 2:14, temos Cristo dizendo à noiva: "Pomba minha,[...] faze-me ouvir a tua voz, porque a tua voz é doce...". A voz dos santos em oração é doce para Cristo; Ele se deleita em ouvi-la. Ele lhes permite serem ardentes e importunos, sim, na medida em que não aceitam a resposta negativa e, por assim dizer, não lhe dão descanso, e até incentivando-os a fazê-lo.

Jonathan Edwards

VESTIDO COM AMOR

*Aquele que não ama não conhece
a Deus, pois Deus é amor.*
1 JOÃO 4:8

Deus e Cristo aparecem na revelação do evangelho como se estivessem vestidos de amor; sentados, por assim dizer, num trono de misericórdia e graça, um assento de amor, cercado pelos doces raios do amor. O amor é a luz e a glória que há ao redor do trono em que Deus está sentado. E esse parece ser o significado da visão que o apóstolo João, aquele discípulo amoroso e amado, teve de Deus na ilha de Patmos: "...e, ao redor do trono, há um arco-íris semelhante, no aspecto, a esmeralda" (APOCALIPSE 4:3), isto é, ao redor do trono em que Deus estava assentado. Assim, Deus apareceu-lhe sentado em Seu trono, cercado por um círculo de luz excepcionalmente doce e agradável, como as belas cores do arco-íris e como uma esmeralda, uma pedra preciosa de cor extremamente agradável e bela — representando, assim, que a luz e glória com que Deus aparece cercado no evangelho é, especialmente, a glória de Seu amor e da graça da aliança, porque o arco-íris foi dado a Noé como um sinal. Portanto, é evidente que esse espírito de amor é o espírito que a revelação do evangelho motiva e incentiva particularmente; e esse é, especial e eminentemente, o espírito cristão — o correto espírito do evangelho.

Jonathan Edwards

SOFRENDO POR CRISTO

*Ora, se somos filhos, somos também
herdeiros, herdeiros de Deus e coerdeiros
com Cristo; se com ele sofremos, também
com ele seremos glorificados.*

ROMANOS 8:17

É frequente o apóstolo Paulo mencionar o sofrimento por causa de Cristo como um fruto do amor cristão. Portanto, não é provável que ele omitiria tão grande fruto de amor nesse lugar, onde está contabilizando declaradamente todos os frutos importantes do amor ou da caridade. É comum o apóstolo mencionar, em outros lugares, o sofrimento pela causa da religião como um fruto de amor ou caridade. Assim, ele faz em 2 Coríntios 5:14, onde, após falar sobre o que havia sofrido pela causa de Cristo, em razão de outros estarem prontos a dizer que Paulo estava fora de si, o apóstolo diz que a razão disso é o amor de Cristo o haver constrangido. E assim, novamente em Romanos 5:3-5, ele diz que a razão pela qual estava disposto a gloriar-se nas tribulações era o amor de Deus ter sido amplamente derramado em seu coração pelo Espírito Santo. Ainda mais uma vez ele declara que nem tribulação, nem angústia, nem perseguição, nem fome, nem nudez, nem perigo, nem espada deve ser capaz de separá-lo do amor de Cristo (ROMANOS 8:35). Ora, uma vez que o sofrimento pela causa do Senhor é tão grande fruto da caridade e tão frequentemente mencionado pelo apóstolo em outras passagens, não é provável que ele o omitisse aqui, onde está falando declaradamente dos diversos frutos da caridade.

Jonathan Edwards

O BEIJO DE TRAIÇÃO

*Jesus, porém, lhe disse: Judas,
com um beijo trais o Filho do Homem?*

LUCAS 22:48

Os homens que observam ordenanças e, não obstante, vivem voluntariamente em práticas iníquas, tratam a Cristo da mesma maneira que os judeus o trataram. Eles vão ao culto público e fingem orar a Ele, cantar-lhe louvores, sentar e ouvir a Sua palavra; vão ao sacramento fingindo comemorar a Sua morte. Assim, ajoelham-se diante dele e dizem: "Salve, Rei dos Judeus"; contudo, ao mesmo tempo, vivem em caminhos de iniquidade, que sabem ter sido proibidos por Cristo, pelos quais Ele declarou o maior ódio e que são extremamente desonrosos a Ele. Assim, eles o esbofeteiam e cospem em Seu rosto. Eles fazem como Judas fez, que foi a Cristo dizendo: "Salve, Mestre" e o beijou, ao mesmo tempo entregando-o nas mãos daqueles que buscavam tirar-lhe a vida.

> *Ajoelham-se diante dele e dizem:
> "Salve, Rei dos Judeus"; contudo, ao mesmo tempo,
> vivem em caminhos de iniquidade.*

Jonathan Edwards

COMO ESTA CRIANÇA

> *Portanto, aquele que*
> *se humilhar como esta criança, esse*
> *é o maior no reino dos céus.*
>
> MATEUS 18:4

A ternura do coração de um verdadeiro cristão é elegantemente representada pelo nosso Salvador ao compará-lo a uma criança. O corpo de uma criança é muito maleável; assim é o coração de uma pessoa nascida de novo. Isso é representado também no que nos é contado sobre a cura da lepra de Naamã por sua lavagem no rio Jordão, conforme a orientação do profeta, que foi, indubitavelmente, um tipo da renovação da alma por lavagem na pia da regeneração. As Escrituras dizem: "Então, desceu e mergulhou no Jordão sete vezes, consoante a palavra do homem de Deus; e a sua carne se tornou como a carne de uma criança..." (2 REIS 5:14). Não só o corpo de uma criança é maleável, como também sua mente. O coração de uma criança é facilmente movido, forjado e curvado; assim é um cristão nas coisas espirituais. Uma criança tende a ser afetada por compaixão, a chorar com quem chora e a não suportar ver os outros em aflição; assim ocorre com um cristão (JOÃO 11:35; ROMANOS 12:15; 1 CORÍNTIOS 12:26). Uma criança é facilmente conquistada pela bondade; assim é um cristão. Ela é facilmente afetada pela tristeza nos males temporais; seu coração se abate e ela cai em prantos; terno assim é o coração de um cristão no tocante ao mal do pecado. Uma criança assusta-se facilmente pela aparição de males exteriores ou qualquer coisa que a ameace de sofrimento; assim é um cristão, inclinado a alarmar-se com a aparição do mal moral e qualquer coisa que possa trazer sofrimento à alma. Quando uma criança se depara com inimigos ou animais selvagens, não tem a tendência de confiar em sua própria força, mas corre para seus pais em busca de refúgio; igualmente, um santo não é autoconfiante no enfrentamento de inimigos espirituais, mas corre para Cristo.

AUMENTE A SUA HUMILDADE

Se estes descem, então, dirás:
Para cima! E Deus salvará o humilde
JÓ 22:29

Seja exortado a crescer cada vez mais nessa índole e disposição. Essa é uma índole excelente e celestial; é o que faz você brilhar muito mais do que qualquer outro tipo de homem que é pecador e hipócrita. Não se exalte em qualquer pensamento de sua própria bondade ou dignidade; dê a Deus todo o louvor, "Pois quem é que te faz sobressair? E que tens tu que não tenhas recebido?…" (1 CORÍNTIOS 4:7). Quando você fizer boas obras, não se exalte em sua própria mente, e, sim, permita Deus receber o louvor. Não busque o aplauso e o elogio de homens. Deixe Deus receber o louvor e, depois, Ele o louvará. Deleite-se em ter seu coração quebrantado pelo pecado, em humilhar-se aos pés da misericórdia; e que seja seu prazer exaltar a Deus em seu coração e por seu reconhecimento.

Que seja seu prazer exaltar a Deus em seu coração.

Jonathan Edwards

DESPEDIDA

*A graça de nosso Senhor Jesus Cristo
seja com todos vós. Amém!*
ROMANOS 16:24

Queridos filhos, eu os deixo em um mundo mau, cheio de armadilhas e tentações. Só Deus sabe o que será de vocês. As Sagradas Escrituras nos disseram que há poucos salvos e temos abundante confirmação disso pelo que vemos. Observamos que crianças morrem tanto quanto as outras pessoas. Multidões morrem antes de crescer e, das que crescem, comparativamente poucas jamais dão boa prova de conversão salvadora a Deus. Eu oro a Deus para que se apiede e cuide de vocês, forneça-lhes os melhores meios para o bem de sua alma e que o próprio Deus se encarregue de ser o seu Pai celestial e o poderoso Redentor de sua alma imortal. Não negligenciem a oração por vocês mesmos. Cuidem de não fazer parte daqueles que abandonam o temor e deteêm a oração diante de Deus. Orem constantemente ao Senhor em secreto e lembrem-se frequentemente do grande dia em que vocês terão de comparecer perante o tribunal de Cristo e encontrar ali o seu ministro, que sempre os aconselhou e alertou.

Não negligenciem a oração por vocês mesmos.

Jonathan Edwards

Para leitura adicional

As biografias padrão são *Jonathan Edwards*, de Perry Miller (New York: W. Slone, 1949; reimpr., Amherst, Mass.: University of Massachusetts Press, 1981), *Jonathan Edwards, 1703–1758: A Biography*, de Ola Winslow (New York: Collier, 1940; reimpr., 1961), e *Jonathan Edwards, Pastor: Religion and Society in Eighteenth Century Northampton*, de Patricia J. Tracy (New York: Hill & Wang, 1980). Iain H. Murray preencheu muitas lacunas na biografia de Edwards com *Jonathan Edwards: A New Biography*. George M. Marsden produziu recentemente a obra definitiva sobre ele em *Jonathan Edwards: A Life* (New Haven: Yale University Press, 2003). Uma das mais acessíveis introduções à obra de Edwards é *Jonathan Edwards: A Guided Tour to His Life and Thought*, de Stephen J. Nichols (Phillipsburgh, N.J.: P&R, 2001).